사장님 몰래하는

파이썬 업무 자동화

정용범　　　　　　　　　　　　　　　　　손상우

나만 알고 싶은 칼퇴 비법, 파이썬으로 컴퓨터 부려먹기

서문

누구나 그렇듯 같은 일을 매일 반복하는 것은 굉장히 지루한 일입니다. 그건 저자인 저희에게도 마찬가지였습니다. 저희는 2019년 어느 날 파이썬이라는 프로그래밍 언어를 알게 되었고, 이를 이용해서 업무 자동화에 활용할 수 있다는 것을 알게 되었습니다.

실제 업무에 활용해 보기 위해 직장 동료와 스터디 그룹을 만들어서 파이썬 기초를 학습하기 시작했습니다. 기초를 배우고 각자 맡은 간단한 일부 업무를 자동화해 보기로 했습니다. 업무 자동화에 쓰이는 여러 라이브러리를 추가로 공부했고, 엑셀 데이터 처리 자동화, 구매 자동화를 위한 웹 크롤링 등 아주 간단한 반복 업무들을 자동화하여 실제 업무를 효율화했습니다.

물론 저자인 저희도 모두 컴퓨터공학을 전공하지 않은 비전공자였기에 초기에 작성한 프로그램 코드 수준은 높지 않았습니다. 수많은 시행착오를 겪었고 어쩌면 인터넷에서 검색한 코드의 복사, 붙여넣기의 연속에 가까웠다고 생각됩니다. 그럼에도 저희가 작성한 프로그램은 저희뿐만 아니라 동료의 업무 시간을 크게 줄여주었고, 스스로 업무 효율화를 해냈을 때 느꼈던 뿌듯함과 즐거움이 지금까지 공부를 계속하게 하는 원동력이 된 것 같습니다.

이 책은 파이썬 기초를 처음부터 다루지는 않습니다. 파이썬 기초는 다른 것에 비유하자면 자동차의 시동을 거는 법이라고 할 수 있습니다. 하지만 시동 거는 법을 안다고 해서 자동차를 움직일 수는 없습니다. 자동차를 움직이려면 운전하는 방법을 배워야 합니다. 이 책에서는 파이썬을 통해 목적지로 운전하는 법을 알려드립니다. 파이썬 기초를 활용해 실제 업무 자동화에 활용해 보며 프로그래밍의 원리를 배울 수 있습니다.

실무자로서 업무 자동화를 구현하는 데 필요한 것들이 무엇인지 고민했고, 이에 필요한 핵심 라이브러리들로 내용을 채웠습니다. 동시에 필자들이 독학으로 공부하면서 느꼈던 시행착오나 장애물들을 최대한 쉽게 풀어서 설명하려 노력했습니다.

Chapter 1에서는 왜 업무 자동화라는 목적지가 의미 있는지 간략히 다루었으며, Chapter 2에서는 파이썬이라는 자동차를 보다 편리하게 다루기 위한 개발 환경을 소개합니다.

Chapter 3~9에서는 직장인이 가장 많이 다루게 되는 엑셀, 워드, 메일, 웹 크롤링, OS 등을 다루는 파이썬 라이브러리와 사용법을 소개합니다. 간단한 연습하기 예제를 통해 독자들이 파이썬 코드를 실제 어떻게 작성해야 하는지 프로그래밍 관점에서 쉽게 설명하려 하였습니다.

Chapter 10에서는 위에서 다 다루지 못했던 GUI 구현, exe 파일 만들어서 배포하기, 원하는 시간에 프로그램을 실행하는 방법 등을 간략히 다루었고, 마지막 Chapter 11에서는 이전까지 배웠던 내용을 종합해서 실제로 사용할 법한 8가지 프로젝트를 다루었습니다.

이 책을 통해서 독자 여러분이 파이썬 언어에 좀 더 익숙해지셨으면 좋겠습니다. 실제 회사에서 반복적인 업무를 자동화하여, 남는 시간에 더 중요하고 가치 있는 일에 집중하실 수 있길 바랍니다.

정용범, 손상우

저자 소개

정용범

경희대학교 전자전파공학과를 졸업한 후, 카메라 제조 엔지니어로 약 5년 정도 근무하였다. 자기 개발을 위해 공동 저자와 파이썬 코딩 블로그와 전자책 집필을 시작했는데 좋은 기회가 생겨 다른 회사로 이직하게 되었다.

현재는 반도체 회사 연구소에서 선임 연구원으로 근무 중이다. 지금 하고 있는 일은 반도체 엔지니어들이 활용할 수 있는 자동화 툴을 파이썬 언어를 활용하여 개발하는 것이다. 다른 사람들에게 무언가를 알려주고 도움이 되는 게 좋아서 강사 활동을 하는 것도 계획하고 있다. 최근에는 데이터 분석과 AI 기술에 관심이 있어 성균관대 데이터사이언스 융합 전공으로 석사 학위 과정을 진행하고 있다

E-mail: eurydice1103@gmail.com
Blog: 투손플레이스 (Link: https://ybworld.tistory.com/)

손상우

경북대학교 기계공학과를 졸업한 후, 제품 기구 개발 업무를 주로 해왔다. 회사 동기들과 파이썬 공부를 시작했는데 업무 자동화에 적용해 보면서 흥미를 갖게 되었다. 공부한 내용을 정리하기 위해서 시작했던 블로그가 기회가 되어 공동 저자와 같이 전자책을 집필하게 되었고 이번 책으로 출판하게 되었다.

현재는 LG전자 H&A연구센터 선임 연구원으로 근무하고 있다. 본 업무 외에 책 집필 지식을 살려 파이썬 사내 강의를 진행하고 있다. 동료가 스스로 업무를 자동화하고서 뿌듯해하는 모습을 보면 큰 보람을 느낀다. 최근에는 딥러닝, 특히 자연어처리에 관심이 생겨서 공부하고 있다.

E-mail: codingswson@gmail.com
Blog: 코딩유치원 (Link: https://coding-kindergarten.tistory.com)

파이썬을 배웠지만 파이썬으로 무엇을 어떻게 해야 할지 감이 잡히지 않은 분들께 이 책을 추천합니다. 체계적인 챕터로 구성하여, 책 내용을 차근차근 따라가다 보면 비전공자분들도 업무 자동화를 구현할 수 있게 해주는 책입니다. 또한 다양한 라이브러리를 이용한 실용적인 예제들은 현업에서 바로 활용할 수 있도록 안내합니다. 반복되는 업무에 지쳐있는 직장인에게는 칼퇴 치트키가 될 것입니다!

- SK스토아 박찬호

최대한 단어를 쉽게 풀어서 설명해 줘서 이해하기가 쉽고, 현업에서 충분히 쓰일 만한 예제를 사용해서 업무에 적용하기 좋습니다. 또한 그림, 코드, 결과 화면 등 독자의 이해를 도울 수 있는 자료가 많아서 기초 지식이 부족하더라도 읽는 데 무리가 없습니다.

- 카카오 개발자 김응혁

파이썬을 통해 반복 업무를 단순화시키고 싶으신 분들에게 이 책을 추천합니다. 이 책은 파이썬을 모르는 사람이 A to Z까지 적혀있는 코드를 따라 하며 익혀나가면, 필요로 하는 간단한 반복 작업을 파이썬으로 개발할 수 있게 해주는 좋은 교재입니다.

- KT 엔지니어 하겸유

이 책은 파이썬이라는 가장 쉬운 프로그래밍 언어를 사용하여 프로그래밍을 잘 모르는 초보자들도 업무를 자동화할 수 있는 방법을 쉽고 자세히 알려주는 책입니다. 엑셀, 워드, PDF, 그리고 웹 크롤링에 이르기까지, 실전에 가까운 프로젝트를 통해 독자들이 자신의 업무에 즉시 적용할 수 있는 실력을 키울 수 있도록 돕습니다. 이 책은 업무 자동화를 통해 시간을 절약하고, 반복적인 작업에서 벗어나고 싶은 직장인들에게 이상적인 안내서가 될 것이라 생각합니다.

- 네이버 클라우드 딥러닝 엔지니어 유원준

파이썬 업무 자동화 영역에 대해 전혀 모르는 입문자부터 당장 내일 현업에 적용이 필요한 직장인들까지 모두에게 도움이 되는 교과서 같은 책입니다. 쉽고 재밌는 예시를 하나씩 따라 하다보면 단순히 업무 자동화를 넘어 프로그래밍 자체가 내 취미가 되고 있는 걸 발견하게 됩니다. 쉽고 현실적인 파이썬 업무 자동화 입문서가 필요하다면 이 책을 강력히 추천합니다.

- 현대자동차 엔지니어 이창재

목차

목차

Chapter 8
웹 크롤링

Chapter 9
마우스와
키보드

Chapter 10

알아두면 유용한 기타 작업

Chapter 11

실전 프로젝트

Chapter 1

업무 자동화

어느 직장인의 이야기 1.

손 사원은 작년에 치열한 취업 전쟁을 뚫고 '몰래컴퍼니'에 신입사원으로 입사했습니다.

입사 초에는 넘치는 열정으로 선배들이 알려주는 업무들을 열심히 배우고 하나씩 맡아가면서 뿌듯해하기도 했습니다. 그랬던 손 사원이 요즘 고민이 생겼습니다. 정신을 차리고 보니 선배들이 하기 싫어하는 반복적이고 평상적인 사무 업무들만 맡고 있었던 것이지요.

일이 지루할 뿐만 아니라 너무 많은 일들을 맡다 보니, 실수가 생겨서 상사에게 혼이 나기도 하면서 손 사원의 자신감은 점점 떨어져 갔습니다.

손 사원: '이렇게 규칙적이고 반복적인 것이라면 내가 아니라 로봇이 해도 되는 거 아닌가?'

문득 이런 생각이 들었던 손 사원은 왠지 세상에 그런 기술이 이미 있을 것 같다는 생각이 들어서, 인터넷에서 '업무 자동화'를 검색을 해보았습니다.

업무 자동화를 소개해 드리기 전에 전기밥솥을 통해 일상 속의 자동화된 일에 대해서 생각해 보면서, 업무 자동화의 필요성을 간접 체험해 보겠습니다.

앞서 소개해 드린 손 사원의 사례와 같이, 단순 반복 업무는 지루함을 유발하고 일에 대한 열정을 사라지게 만듭니다. 만약 지루함을 참고 억지로 현재 맡은 일에 소명 의식을 불어넣으면서 일을 지속할 수도 있겠지만, 먼 훗날 나의 인생을 뒤돌아보았을 때 그 일이 내 젊음을 투자할 만한 가치가 있었다고 생각할 수 있을지는 미지수입니다.

업무 자동화 말고 실제 우리의 삶에서 자동화된 일은 무엇이 있을까요?

전기밥솥이 생각나는데요. 우리 삶에 전기밥솥 같은 편리한 가전제품이 없었다면, 아직도 매일 밥솥 앞에 앉아서 밥이 타지 않게 불 조절을 하며 밥을 지어 먹어야 했을 것입니다.

https://m.blog.daum.net/jmhjq212/42

[그림 1-1]

혹시 전기밥솥이 있는 지금도 옛날 방식으로 밥을 짓는 사람이 있다면, 여러분들은 어떤 생각이 드시나요? '아~ 직접 하는 밥이 훨씬 맛있겠다.'라는 생각이 드시나요? 아니면 '전기밥솥으로 밥을 짓고 그 시간에 차라리 맛있는 요리를 만드는 게 더 좋겠다.'라는 생각이 드시나요?

우리의 업무도 마찬가지입니다. 매일 반복되는 규칙적인 일들을 컴퓨터라는 '고성능 전기밥솥'과 앞으로 배우게 되실 파이썬이라는 '조작 버튼'을 이용한다면 여러분들은 더 가치 있는 일에 집중할 수 있을 것입니다.

업무 자동화와 RPA

해시태그: #업무자동화 #RPA

업무 자동화와 RPA라는 용어에 대해서 설명하고, 이의 장점과 사례를 소개해 드리겠습니다.

인터넷에서 업무 자동화를 검색하시면, RPA라는 생소한 용어를 보실 수 있습니다. 완벽히 동일한 용어는 아니지만 그냥 쉽게 업무 자동화 = RPA라고 생각하셔도 무방합니다. RPA란 Robotic Process Automation의 약자로 말 그대로 로봇이 프로세스를 자동화하는 것을 말합니다. 조금 더 자세히 설명하자면 사람이 반복적으로 처리해야 하는 업무를 규칙화하고, 이를 로봇(보통은 컴퓨터)이 알아들을 수 있는 프로그래밍 언어로 명령을 내림으로써 업무를 자동화하는 것을 말합니다.

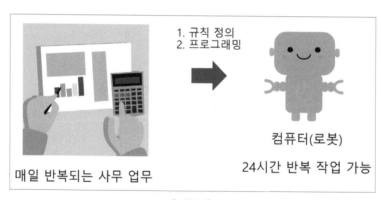

[그림 1-2]

RPA의 장점은 다음과 같습니다.

첫째, 기계적이고 지루한 작업을 대신 처리해 주고 작업자가 보다 창의적이고 가치 있는 일에 집중할 수 있게 합니다.

둘째, 사람이 하는 것과 비교가 안 될 정도로 업무 처리 속도가 빠르면서 휴먼 에러가 발생할 일도 줄여줍니다.

기업 입장에서는 이 두 가지 장점으로 인해 RPA 도입에 많은 관심을 가지고 있고, 실제로도 많이 도입하고 있습니다. 직원들이 즐겁게 일할 수 있게 해줄 뿐만 아니라 무엇보다 비용을 절감할 수 있으니까요.

그럼 RPA의 사례를 한번 살펴볼까요?

국내의 한 은행은 183개 업무에 RPA를 도입하여 업무 자동화를 구현하였습니다. 그리고 업무 시간으로 환산하면 총 125만 시간이 축소될 것으로 예상하였습니다. 직원 1명당 평균 2,000시간으로 연간 근로 시간을 가정할 때 600명 이상이 투입되는 단순 반복 업무를 로봇 SW로 자동화한 것입니다.

기업 입장에서는 단기적인 비용 투자를 통해, 장기적으로 지출되는 고정비용인 인건비를 아낄 수 있는 것입니다. 고정비를 줄일수록 영업이익은 늘어나므로 이런 성공 사례가 많아질수록 점점 더 많은 기업들이 업무를 자동화해 갈 것은 당연한 이야기입니다.

누군가는 이런 것을 보고 로봇과 AI가 점점 사람들의 일자리를 빼앗는다고 부정적으로 생각할 수 있습니다. 하지만 자본주의 사회에서 이런 변화가 거스를 수 없는 흐름이라면 차라리 그 흐름에 올라타는 것이 더 현명하지 않을까 생각합니다.

이 책을 읽고 계신 여러분들은 내 일상의 여러 가지 업무를 자동화함으로써 회사에서는 좀 더 일찍 퇴근하여 미래를 준비하거나, 사업을 하시는 분이라면 여러 명의 업무를 컴퓨터 한 대로 대체함으로써 고용의 리스크와 비용을 줄일 수 있길 바랍니다.

1.3 파이썬 업무 자동화

해시태그: #파이썬 #업무자동화 #RPA

이번 장에서는 파이썬이란 언어가 왜 업무 자동화에 적합한지 소개해 드리겠습니다. 서론이 너무 길면 지루해지므로 아주 간단하게 설명해 드리고 넘어가겠습니다.

첫째, 파이썬은 프로그래밍 언어 중에 가장 쉽습니다. 바쁜 직장인에게는 쉽게 배워서 실무에 곧바로 적용할 수 있는 언어인 파이썬이 최고입니다.

둘째, 집에서나 회사에서나 무료로 사용할 수 있습니다. 단, 아래에서 소개해 드릴 패키지에 따라서 각각 다른 라이선스 정책을 가지고 있으니 주의가 필요합니다.

셋째, 많은 사람들이 사용해서 수많은 패키지가 존재합니다. 여기서 패키지란 쉽게 말해서 파이썬 고수들이 미리 만들어 둔 추가 기능이라고 할 수 있습니다. 파이썬 기초만 공부하신 후에 이런 패키지들의 사용법만 익히신다면 초보도 금방 엑셀을 자동화하거나 웹에서 정보들을 가져오는 크롤링을 할 수 있는 것입니다.

아래는 파이썬으로 활용할 수 있는 다양한 패키지들입니다. 정말 매력적이지 않나요? 다음 챕터에서는 파이썬을 설치하고 사용할 수 있는 환경을 세팅해 보겠습니다.

웹크롤링: selenium, requests, beautifulsoup

엑셀: openpyxl, xlwings

MS Office(Excel, Word, Outlook 등): pywin32

폴더&파일경로: os, shutil, glob

PDF: pypdf

매크로: pyautogui

GUI(Graphical User Interface) : tkinter, pyqt, pyside

메세지: python-telegram-bot

주기적 실행: schedule

이메일: smtplib, email

[그림 1-3]

Chapter 2

파이썬 환경
설정하기

2.1 파이썬 설치하기

해시태그: #아나콘다 #파이썬

업무 자동화를 위한 가장 처음 단계로 파이썬을 설치해 보겠습니다. 파이썬을 설치하는 방법에는 크게 두 가지가 있습니다.

1) 순수 파이썬 설치(파이썬 공식 홈페이지)

2) 아나콘다 패키지 설치(아나콘다 공식 홈페이지)

무엇을 설치하든 책 내용을 따라오시는 데에는 문제가 없지만 라이선스 관련해서 참고하실 부분이 있습니다. 아나콘다의 경우에는 설치 시 아래와 같은 안내가 나옵니다.

[If you are using Anaconda in a commercial environment with more than 200 employees, you need to purchase a Commercial Edition license.]

200인 이상의 사기업의 경우엔 상업용 에디션 라이선스를 구매해서 사용하라는 내용입니다. 개인적인 학습을 위해서라면 아나콘다를 사용하셔도 되지만, 우리 책의 콘셉트처럼 회사에서 몰래 사용하기 위해서는 순정 파이썬을 사용하시는 게 좋겠습니다.

그럼 지금부터는 파이썬 설치를 함께 진행해 보겠습니다.

step 1 구글에서 'Python'으로 검색하신 후, 그림에 표시한 링크를 클릭해 주세요.

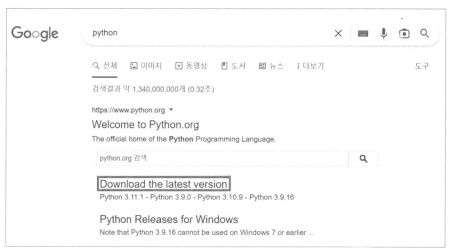

[그림 2-1]

step 2 아래 그림에 표시한 노란색 버튼을 클릭해 주세요. 해당 버튼은 현재의 가장 최신 버전인 파이썬의 설치 파일을 다운로드하는 버튼입니다.

[그림 2-2]

step 3 설치 파일이 다운로드되면 실행해 주세요. 설치 파일이 실행되면 가장 먼저 아래와 같은 창이 뜨는데, 파이썬이 원활히 실행될 수 있도록 'Add python.exe to PATH'를 체크해 주신 후, 'Install Now'를 클릭해 주세요.

만약 PATH 설정을 체크 안 하고 넘어가셨더라도 추후에 설정하는 방법이 있으니 너무 걱정하지 마세요.
아주 조금 귀찮을 뿐이니까요.

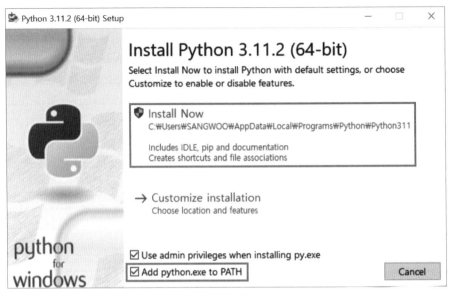

[그림 2-3]

step 4 설치가 모두 완료되길 잠시 기다리셨다가 아래와 같이 완료되었다는 창이 뜨면, 'Close' 버튼을
눌러주세요. 이로써 설치가 완료되었습니다. 간단하죠?

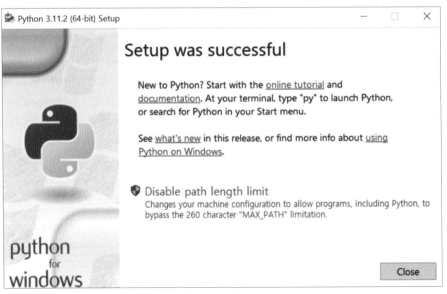

[그림 2-4]

VS Code 설치하기

오늘 배워볼 내용은 파이썬 개발을 도와주는 유용한 도구 IDE(Integrated Development Environment)입니다. 파이썬을 설치하거나 아나콘다를 설치했을 때에 코드를 작성하고 실행할 수 있는 IDLE Shell이 기본적으로 제공됩니다. 하지만 마치 메모장에 코딩을 하는 느낌을 주기 때문에, 사용하기가 매우 매우 불편합니다.

그래서 우리는 지금부터 효율적인 파이썬 코딩을 위해서 IDE라 불리는 것에 대해서 알아보고 무엇을 사용할지 정해보는 시간을 가지겠습니다.

2.2.1 IDE란?

IDE란 Integrated Development Environment의 약자이며, 효율적으로 소프트웨어를 개발하기 위한 통합 개발 환경 소프트웨어로 크게 아래와 같은 4가지 기능을 가지고 있습니다.

- 코드 편집기(Code Editor)

코드를 알록달록 예쁘게 하고 자동 완성, 자동 들여쓰기, 맞춤법 검사 등의 기능으로 코드 편집을 쉽게 해주는 역할

- 디버거(Debugger)

코딩을 할 때, 코드가 잘 돌아가는지, 변수에는 어떤 값이 들어가 있는지 모니터링해 주는 역할

- 컴파일러(Compiler)

작성된 코드 전체를 컴퓨터가 알아듣기 쉬운 언어(기계어)로 번역해서 작동시켜 주는 역할

- 인터프리터(Interpreter)

코드를 한 줄 한 줄 실행시켜 주는 역할

2.2.2 VS Code 설치

마이크로소프트에서 오픈소스로 개발한 VS Code는 정확히 말하면 IDE가 아닌 코드 에디터입니다. 하지만 기능이 IDE만큼 뛰어나고 편리하여 IDE처럼 취급됩니다.

VS Code는 주요 운영체제(윈도우, macOS, 리눅스)와 거의 모든 주요 프로그래밍 언어를 지원할 뿐만 아니라, 각 언어와 함께 사용할 수 있는 편리한 기능들을 제공하면서도 무료이기 때문에 2022년 현재 가장 인기 있는 IDE입니다. 그럼 지금부터 같이 VS Code를 설치해 보겠습니다.

step 1 구글에서 VS Code를 검색 후, Download 페이지를 클릭해 주세요.

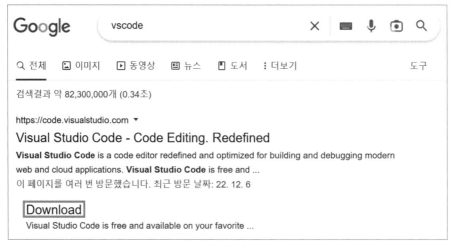

[그림 2-5]

step 2 각자의 운영체제에 맞는 것을 골라서 다운로드해 줍니다. 이 책에서는 Windows 기준으로 진행합니다.

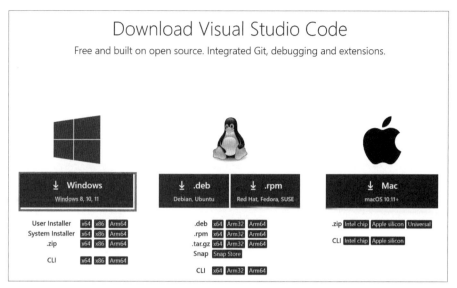

[그림 2-6]

step 3 다운로드가 완료되면 좌측 하단 혹은 Download 폴더에서 exe 파일을 찾아서 실행해 주세요.

step 4 라이선스 관련 동의 절차입니다. [동의합니다] 체크 후, [다음] 버튼을 클릭해 주세요.

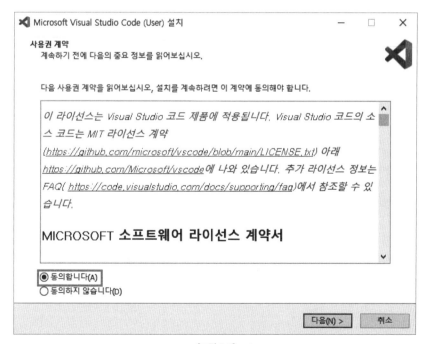

[그림 2-7]

step 5 설치 경로를 정해준 후에 [다음] 버튼을 클릭해 주세요.

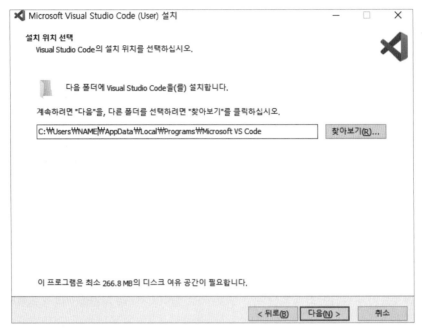

[그림 2-8]

step 6 시작 메뉴에 바로가기를 만드는 설정입니다. 그리 중요한 설정이 아니니 바로 [다음] 버튼을 클릭해 주세요.

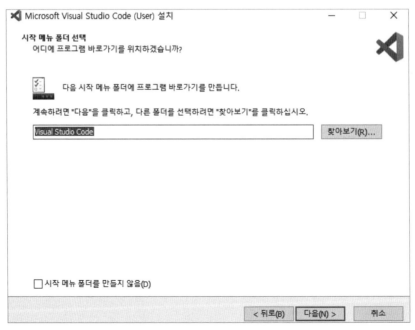

[그림 2-9]

step 7 [바탕 화면에 바로가기 만들기] 옵션을 선택해 준 후에, [다음] 버튼을 눌러주세요.

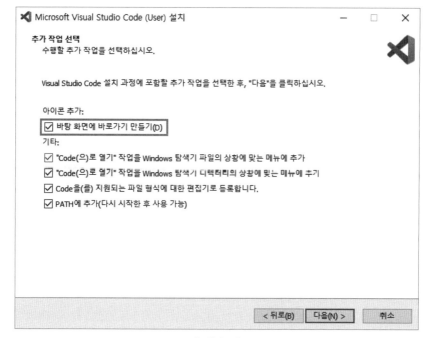

[그림 2-10]

step 8 [설치] 버튼을 누르고, 설치가 완료되기를 기다려 주세요.

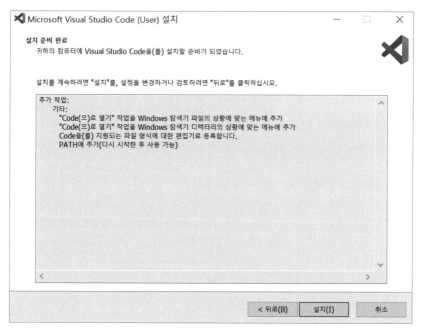

[그림 2-11]

step 9 설치가 완료되었습니다. [종료] 버튼을 누르면 VS Code가 시작될 거예요.

[그림 2-12]

2.2.3 필수 Extension 설치

VS Code 설치가 완료되었다면, VS Code에서 파이썬 언어로 코딩을 하기 위해서 추가적으로 설치해 주어야 할 필수 Extension들이 있습니다.

설치 방법은 정말 간단합니다. 화면 좌측의 Extension 버튼을 클릭한 후, 검색창에 python을 검색하면 나오는 2가지 Extension들을 'Install' 버튼을 눌러 설치해 주시면 됩니다.

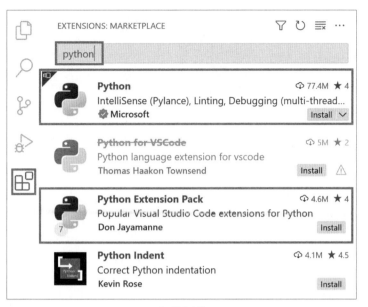

[그림 2-13]

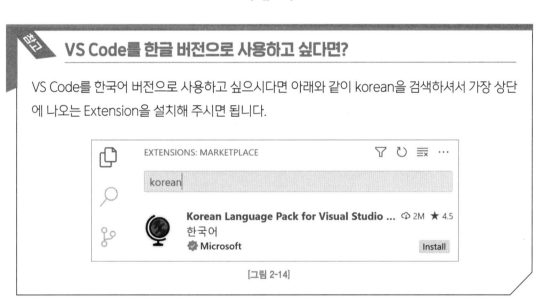

VS Code 사용법

해시태그: #VSCode #기초 #사용법

2.3.1 기초

방금까지 VS Code를 설치하고, 파이썬 코딩을 위해 파이썬 관련 Extension 몇 가지를 설치해 보았습니다.

이번에는 VS Code를 본격적으로 사용하기 위해서, 주요 기능들을 알아보겠습니다. 추가로 조금 설정할 부분도 있어서 그 부분도 간략히 설명하도록 하겠습니다.

1. 프로젝트용 폴더 생성

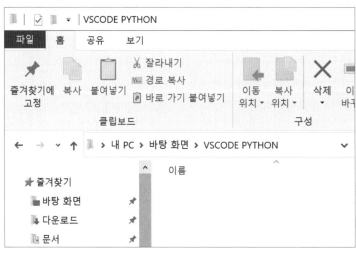

[그림 2-15]

가장 처음에 할 것은 파이썬 파일이나 기타 파일들을 전부 넣어두는 하나의 프로젝트용 폴더를 만드는 것입니다.

위치는 원하시는 어느 곳이든 상관없습니다. 폴더명은 제가 테스트해 보니 한글로 만드셔도 작동하지만 웬만하면 영어로 해주세요. 보통 외국 프로그램들은 한글이랑 안 친해서 오류가 생기는 경우가 많거든요.

그리고 폴더를 생성하지 않고 그냥 바탕화면이나 기존 폴더를 사용해도 되지만 추천해 드리지 않습니다. 나중에 파일이 많아졌을 때 관리도 힘들고, 프로젝트를 하면서도 직관성이 떨어지니까요.

2. Python 파일 만들기

step 1 VS Code를 실행시킨 후, 화면 상단의 파일을 클릭하면 나오는 폴더 열기를 선택 해주세요.

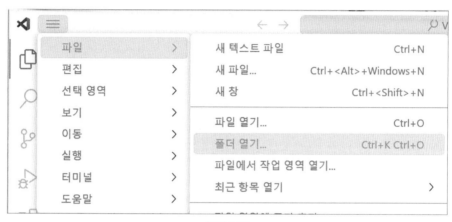

[그림 2-16]

step 2 방금 만들었던 프로젝트 폴더(VSCODE PYTHON)를 선택하고, 폴더 선택을 클릭해 주세요.

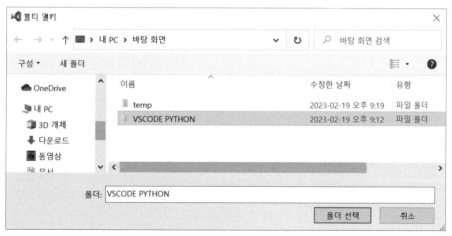

[그림 2-17]

step 3 아래의 그림과 같은 화면이 나올 텐데요. 좌측의 탐색기 쪽으로 커서를 가져가면, + 표시가 있는 아이콘이 2개 나타납니다. 왼쪽부터 차례대로 '파일 생성'과 '폴더 생성' 아이콘입니다.

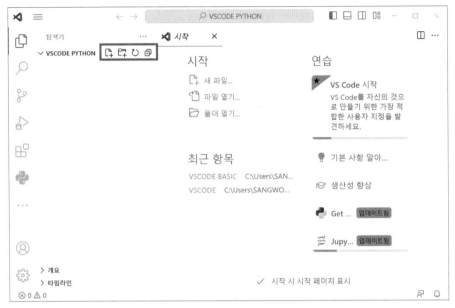

[그림 2-18]

step 4 파이썬 파일(.py)을 만들기 위해서는 파일 생성 아이콘을 클릭 후, '파일 이름.py'로 이름을 지어 주세요. hello.py로 파이썬 파일을 생성했습니다.

[그림 2-19]

3. Hello Python 출력해 보기

자! 이제 드디어 파이썬 언어로 코딩을 한 줄 해봅시다. 흔히 프로그래밍 언어를 처음 배우면 하는 "Hello World"는 식상하니 "Hello Python"을 출력해 볼게요.

step 1 아래의 코드를 그림과 같은 위치에 입력해 보세요. 아주 직관적인 파이썬답게 "Hello Python"을 출력해 달라는 코드입니다.

```python
print("Hello Python")
```

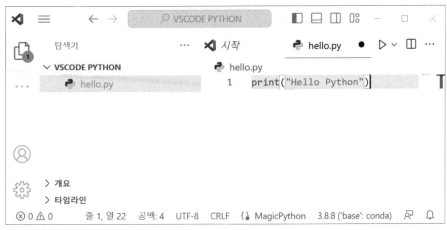

[그림 2-20]

step 2 우측 상단의 재생 모양의 파이썬 실행 버튼을 눌러서 파이썬 코드를 실행시켜 봅시다. 그러면 화면 아래에 터미널 창이 생성되면서 Hello Python이라는 문자열이 출력됩니다.

[그림 2-21]

2.3.2 VS Code에서 Jupyter 사용하기

VS Code에서 Jupyter를 사용하는 방법에 대해서 설명해 드리기 전에, Jupyter가 무엇인지, 왜 사용하면 좋은지 설명해 드리는 게 먼저일 것 같습니다.

1. Jupyter란?

파이썬 코드의 실행 결과를 바로 보여주는 환경을 "대화형 개발 환경" 또는 "대화형 셀"이라고 합니다. 지금 소개해 드릴 Jupyter가 대표적인 웹 기반의 대화형 개발 환경으로, 코드를 입력하고 실행하면 바로 결과를 볼 수 있기 때문에 빠르게 프로그래밍을 할 수 있으며, 실험적인 코드를 작성하거나 데이터 분석, 시각화, 통계 등 다양한 작업을 수행할 수 있습니다.

Jupyter는 주피터 노트북(Jupyter Notebook)과 주피터 랩(Jupyter Lab)이 있으며, 차이점이 있지만 이 책에서 상세히 다룰 필요는 없기 때문에 이런 것이 있다는 정도만 알아두시면 되겠습니다.

참고로 주피터는 오픈소스 프로젝트이며, Google의 Colab 역시 Jupyter 프로젝트에 의해 개발된 웹 기반 파이썬 개발 환경입니다.

앞서 잠시 언급했지만 Jupyter는 셀(Cell) 단위로 코드를 원하는 만큼씩 실행하며, 바로바로 실행 결과를 확인할 수 있기 때문에, 데이터 분석뿐만 아니라 업무 자동화를 구현함에 있어서도 매우 유용합니다.

지금부터 사용하는 환경은 모두 VS Code 위에서 실행되는 Jupyter 환경이기 때문에 반드시 사용법을 잘 익히고 넘어가시는 것을 권장해 드립니다.

2. VS Code에서 Jupyter를 사용하는 법

VS Code에서 Jupyter를 사용하는 방법은 매우 간단합니다. 앞서 배우셨듯이 '새 파일' 버튼을 클릭 후, '원하는 파일명.ipynb'로 파일을 생성해 주세요. 반드시 .py가 아닌 .ipynb로 생성해 주셔야 합니다.

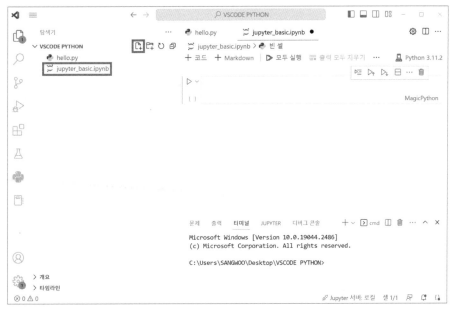

[그림 2-22]

파일을 생성하면 셀(Cell)이 한 칸 생성되어 있는데, 그 안에 아래와 같이 print("hi jupyter")라고 입력해 주세요. 해당 셀의 코드를 실행하는 단축키는 'Ctrl + Alt + Enter'이고, 실행 후 다음 셀로 이동하는 단축키는 'Shift + Enter'입니다. 매우 자주 사용하게 될 단축키이므로 꼭 기억해 주세요.

[그림 2-23]

가장 처음 실행하면 아직 ipykernel 패키지가 설치되어 있지 않아 아래와 같이 경고창이 뜨므로 '설치'를 클릭해 주시면 됩니다. VS Code 창의 우측 하단에서 무언가 막 설치될 텐데 완료될 때까지 잠시 기다려 주세요. 만약 해당 창이 바로 뜨지 않고 VS Code 창 상단 중앙에 무언가 뜬다면 엔터를 눌러 주시면 됩니다.

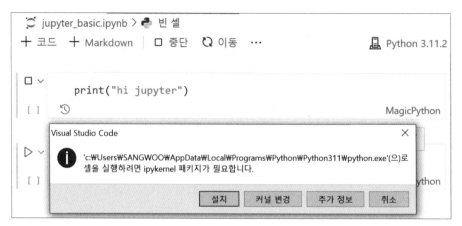

[그림 2-24]

실행이 완료되면 아래와 같이 '초록색 체크 표시'가 뜨면서 실행에 소요된 시간(초)이 함께 표시됩니다. 실행 결과는 셀 아래에 출력됩니다.

[그림 2-25]

함수, 모듈, 패키지, 라이브러리

해시태그: #함수 #모듈 #패키지 #라이브러리

Chapter 3으로 넘어가기 전에 함수, 모듈, 패키지, 라이브러리가 무엇인지 큰 맥락에서 이야기해 보려 합니다. 앞으로 누군가가 만들어 놓은 코드들을 가져와서 이용하기 위해서는 이것들이 무슨 의미인지에 대해서 큰 그림을 그리는 것이 중요하기 때문입니다.

2.4.1 함수

1. 함수란 무엇일까요?

a ⇨ f (x) ⇨ f (a)

[그림 2-26]

학창 시절 수학을 공부하면서 한 번쯤 들어보았던 함수입니다. 우리가 많이 본 함수란 y=5x+10 이런 것입니다. 다들 알고 계실 테지만 함수란 "입력(Input)을 받아서 내부적인 처리를 통해 출력(Output)을 돌려주는 시스템"을 말합니다.

이런 딱딱한 함수의 정의 말고 실생활에 빗대어서 함수를 이해해 보는 시간을 가져보겠습니다. 예를 들어, 식당 함수라는 것이 있다고 생각해 봅시다. 식당 사장님이 자본을 가지고 인력을 뽑아서 식당 함수를 만들었습니다.

[그림 2-27]

식당 함수 안에는 당연히 세부적인 함수들이 있겠죠? 맛있게 요리를 하는 함수, 손님에게 주문을 받고 음식을 가져다주는 함수, 식사를 끝내고 나가는 손님에게 돈 계산을 하는 함수, 남은 그릇들을 깨끗이 설거지하는 함수 등등 그 외에도 다양한 함수들이 있습니다.

이렇게 직원들이 각자의 함수를 수행함으로써 최종적으로 원하는 Output인 영업이익을 낼 것입니다. 물론 그 안에서도 직원에게 주는 월급, 식자재 구입 등의 Input 등이 있을 거란 것도 아시겠죠?

곰곰이 생각해 보면 세상의 모든 일들을 함수로 생각해 볼 수 있겠네요!

2. 함수는 왜 사용할까요?

파이썬을 제외하더라도 거의 모든 프로그래밍 언어에서는 함수의 개념을 사용합니다. 도대체 왜 함수라는 것을 따로 정의해서 사용할까요?

그것은 바로 인간의 본성에 있습니다. 사람은 태생적으로 반복적인 일을 지루해하고 싫어하기 때문입니다. 간편하고 편리한 것을 선호하는 게 인간의 본성이니까요. 마치 자주 찾는 사이트를 즐겨찾기 해놓는 것을 생각하면 바로 이해가 가실까요?

자주 사용하는 코드를 하나의 함수로 만들어 놓으면 나도 편하고, 남들도 편합니다.

내가 편한 건 알겠는데 남들은 왜 편하냐고요? 그 이유는 함수로 코드를 제작하면 가독성이 뛰어날 뿐만 아니라 내가 제작한 함수를 남도 사용하도록 배포할 수 있기 때문입니다.

가독성이 뛰어나다는 것은 내가 코드를 다시 볼 때도 좋지만, 협업할 때 남도 읽기 쉽다는 장점이 있습니다. 그리고 내가 제작한 함수를 남도 사용할 수 있다는 것은 바꿔 말하면 남이 제작한 함수를 내가 사용할 수 있다는 말입니다.

우리 같은 초보 입장에서는 코딩 고수들이 이미 만들어 놓은 함수를 쓸 수 있다는 것이 가장 큰 매력일 것입니다. 이 책의 거의 모든 내용은 어떻게 보면 코딩 고수분들이 만들어 놓은 함수들을 소개하고 어떻게 사용하는지에 대한 것일 겁니다.

2.4.2 모듈과 패키지, 라이브러리

남이 제작한 함수를 사용하는 것은 지금부터 배울 모듈과 패키지, 라이브러리 개념과 관련이 있으니 조금만 더 집중해 봅시다.

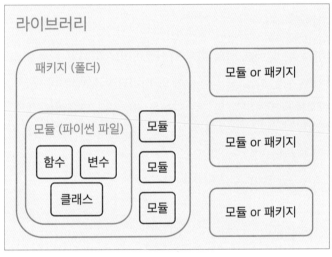

[그림 2-28]

1. 모듈

모듈이란 파이썬 프로그램을 작성할 때, 함수나 변수 또는 클래스를 불러와서 사용할 수 있게끔 모아 놓은 파이썬 파일(.py)입니다.

우리가 설치한 VS Code에서 파이썬 파일을 만들 때, '제목.py'로 만들었던 것 기억하시나요? 바로 그 파일을 모듈화하는 규칙을 추가해서 작성하면 그것이 바로 모듈입니다.

2. 패키지

패키지는 아주 쉽게 말해서 모듈을 잔뜩 모아서 폴더에 넣어둔 것이라고 생각하시면 됩니다. 참고로, 패키지 안에 패키지가 있는 경우도 있습니다.

파이썬의 강점은 강력한 패키지들이 많다는 것입니다. 데이터 사이언스와 관련된 Pandas, Numpy를 비롯하여 엑셀을 다루는 Openpyxl, 딥러닝을 위한 Tensor Flow 등 다양한 패키지들을 조금만 공부하면 사용할 수 있다는 게 참 매력적이지 않나요?

3. 라이브러리

라이브러리(library)란 다른 프로그램의 구성요소로 사용하기 위해 미리 만들어 둔 프로그램 조각입니다. 즉, 앞서 배운 모듈과 패키지 등을 모아 둔 것입니다. 파이썬은 프로그램을 만들 때 공통적으로 필요한 기능을 미리 만들어 공식적으로 파이썬 표준 라이브러리(Python Standard Library, PSL)라는 이름으로 제공합니다.

파이썬을 계속 공부하다 보면, 여러 가지 외부 라이브러리와 패키지를 보실 수 있을 텐데요. 두 용어가 혼용되어 사용되는 것을 보실 수 있을 거예요. 하지만 이걸 엄밀히 구분하기도 까다로울뿐더러, 우리의 목적은 이것들을 가져다가 원하는 기능을 구현하기 위함이니 크게 신경 쓰지 않으시는 것을 추천합니다.

Chapter 3

엑셀

어느 직장인의 이야기 3.

손 사원의 주요 업무 중에는 정 사장이 중요하게 챙겨보는 일일 보고서 작성이 있습니다. 여러 부서에서 작성한 4~5개의 엑셀에서 필요한 부분만 취합해서 일일 보고서 형식에 맞게 입력해야 합니다. 엑셀 파일을 하나씩 열어서 필요한 부분을 복사하고, 보고서에 붙여 넣는 단순한 루틴의 반복입니다.

정해진 포맷에 맞춰 값을 입력하고, 값에 이상이 있는지 확인하는 간단한 일이지만, 문제는 타 부서들에서 퇴근 시간이 다 되어서 파일들을 보내준다는 것입니다. 정 사장은 꼭 이 보고서를 아침에 출근해서 보길 원하기 때문에 손 사원은 어쩔 수 없이 매일 1시간씩 늦게 퇴근합니다.

손 사원 : '본인들은 보내고 퇴근하면 그만이지… 나는 왜 항상 늦게 퇴근해야 하는 거야? 나도 칼퇴하고 싶은데 누가 대신 이 일 좀 해줬으면 좋겠다.'

손 사원은 속으로 투덜투덜하긴 했지만 빠른 퇴근을 위해서 파이썬으로 이 작업을 자동화할 수 없을지 공부해 보기로 했습니다.

이번 **3.1**절에서는 엑셀 자동화에 대한 부분을 다뤄보겠습니다. 직장인이라면 가장 많이 활용할 수 있는 부분인데요. 파이썬에서 엑셀을 다루는 대표적인 라이브러리로는 OpenPyXL, Win32com, Xlwings가 있습니다. 이 책에서는 OpenPyXL을 주요 라이브러리로 엑셀 자동화를 학습할 겁니다.

3.1.1 OpenPyXL

OpenPyXL은 파이썬에서 엑셀 업무 자동화에 자주 쓰이는 라이브러리입니다. OpenPyXL은 엑셀의 데이터를 쉽게 읽고 쓸 수 있는 기능을 제공하고 있는데요. 이 책에서는 엑셀 챕터에서 OpenPyXL 라이브러리를 기본으로 설명할 겁니다. OpenPyXL은 다른 라이브러리에 비해 사용이 간단하며, IT 비전공자인 경우 파이썬의 기본 문법만 안다면 금방 학습하여 업무에 적용할 수 있습니다. 이 책에선 비전공자 대상으로 최대한 쉽게 설명하려고 하였습니다. 어렵진 않으니, 걱정하지 말고 천천히 따라오세요. 자세한 내용은 **3.2**절부터 학습해 보겠습니다.

3.1.2 Win32com

Win32com은 Microsoft에서 제공하는 윈도우 프로그램을 파이썬이라는 언어를 매개체로 제어할 수 있도록 만든 API입니다. Win32com을 사용하면 Microsoft Excel, Power point, Word, Outlook 등의 프로그램을 제어할 수 있습니다.

앞에서 소개했던 OpenPyXL과 Win32com으로 엑셀을 다루는 것이 무슨 차이가 있나 궁금증이 생기시지 않나요? OpenPyXL과 대표적인 차이점은 Win32com을 사용했을 때 엑셀 실행 상태에서 제어가 가능하다는 점을 들 수 있습니다. OpenPyXL은 해당 엑셀 파일을 실행하면 파이썬 코드에서 접근이 불가능합니다. 하지만 Win32com을 사용하여 엑셀을 제어하면 실행 상태를 바로 볼 수 있어 편리한 부분이 있습니다.

두 번째는, 좀 더 엑셀의 기능적인 측면에서 접근할 수 있습니다. 쉽게 설명하자면 자동 줄 채우기 기능, 복사 붙여넣기 등 실제 엑셀 프로그램에서 사용하는 기능을 함수 하나로 대체하여 사용할 수 있습니다. 이 부분은 OpenPyXL에는 없는 부분이므로 차이가 있습니다. 엑셀 VBA를 아시는 분이라면 코드 구조가 VBA랑 매우 비슷함을 느끼실 수 있습니다.

이 책에서는 Win32com에 대해 자세히 다루진 않습니다. 장점만을 놓고 봤을 때, 왜 이 책에서는 Win32com이 아니라 OpenPyXL을 주로 다루는지에 대해 궁금하실 수도 있을 것 같네요. 그 이유는 Win32com은 OpenPyXL에 비해 다룰 내용이 많기 때문입니다. 대신 엑셀 자동화에서 자주 찾는 기능인 시트 이동/복사에 대한 내용만 Chapter 10 실전 프로젝트에서 간단히 다뤄보도록 하겠습니다.

3.1.3 Xlwings

엑셀을 많이 사용하시는 분이라면 VBA 또는 매크로라는 말을 들어보셨을 겁니다. VBA란 Visual Basic for Application의 약자로 Microsoft 사에서 제공하는 프로그래밍 언어인데요. Excel, Power point, Word, Outlook과 같은 Microsoft 응용 프로그램을 위한 언어라고 생각하시면 됩니다. 엑셀 VBA는 Excel에서 사용자가 원하는 기능을 프로그래밍 언어를 통해 개발할 수 있는 도구입니다.

파이썬의 Xlwings 라이브러리를 사용하면 엑셀의 VBA와 연동이 가능해집니다. 엑셀에서 파이썬 코드를 불러와서 사용할 수 있고, 반대로 파이썬에서 엑셀 VBA를 실행시키는 것도 가능합니다.

최근 파이썬으로 쉽게 엑셀을 제어할 수 있는 라이브러리가 많이 개발되어 있어 VBA를 사용하지 않아도 엑셀 자동화 프로그램을 개발할 수 있습니다. 다만, 엑셀 VBA는 엑셀을 위한 프로그래밍 언어라서 파이썬에 비해 엑셀을 제어하는 기능이나 속도 측면에서 좀 더 나은 부분이 있습니다.

따라서 필요에 따라 엑셀 VBA를 파이썬과 연동한다면 엑셀 업무 자동화에서 좀 더 활용도 높은 자동화 프로그램을 개발할 수 있습니다. 이 책에서는 VBA에 대해 자세히 다루진 않습니다. 다만, VBA는 엑셀과 유래를 같이한 만큼 인터넷에 자료가 많은 편입니다. 처음부터 직접 모든 걸 개발하지 않고 원하는 기능의 VBA 코드를 인터넷에서 찾아 Xlwings와 연동하는 방법만 알고 있어도 유용하게 활용할 수 있습니다.

엑셀 프로그래밍 개념 잡기

해시태그: #엑셀기초 #엑셀관계도 #엑셀객체개념

3.2.1 엑셀의 구성요소

엑셀 자동화에 사용하는 OpenPyxl 사용법을 설명하기 전에 엑셀의 구성요소인 Workbook, Worksheet, Cell, Range에 대한 개념을 알면 코드를 이해하는 데 도움이 됩니다. OpenPyxl뿐만 아니라 엑셀을 다룰 수 있는 라이브러리라면 아래 내용은 공통적으로 알아야 할 내용입니다. 먼저 엑셀의 기본적인 구성요소에 대해 설명해 보겠습니다.

1. Workbook(=통합문서)

엑셀에는 Workbook이라는 개념이 있습니다. Workbook은 말 그대로 사용자가 작업하고 있는 엑셀 파일을 말합니다. 쉽게 말하자면 실행하는 엑셀 파일 1개를 Workbook 1개라고 지칭할 수 있습니다. 엑셀 파일을 새로 생성했을 때, "통합문서"라는 명칭을 보신 적이 있으시죠? 예를 들어, '통합문서1.xlsx'라는 파일이 1개가 있다면 이 파일을 파이썬에서는 Workbook 객체 1개라고 표현할 수 있습니다. 객체라는 단어는 조금 생소하실 수도 있으나 아래 참고상자에서 쉽게 설명해 보았으니 참고해 주세요.

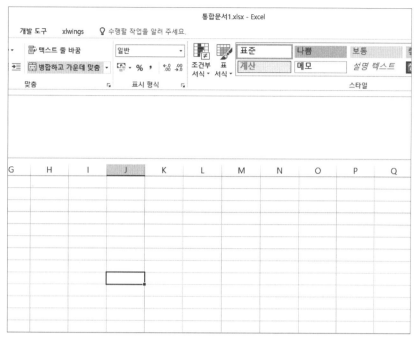

[그림 3-1]

2) Worksheet(=시트, Sheet)

Worksheet란 엑셀 파일에서 실제 작업을 할 수 있는 공간을 의미합니다. Worksheet는 데이터를 입력할 수 있는 셀이 모여진 공간입니다. 아래 이미지를 보시면 'Sheet1', 'Sheet2', 'Sheet3'라는 명칭이 보이시나요? 엑셀 파일에서 시트를 생성하면 자동으로 넘버링이 되어 추가됩니다. 흔히 저희가 엑셀 작업 시 보는 Sheet를 Worksheet라고 합니다. 엑셀을 많이 사용해 보신 분이라면 알겠지만 엑셀 파일 1개에는 다수의 Worksheet가 존재할 수 있습니다. Workbook과 마찬가지로 Worksheet 1개를 객체 1개로 표현할 수 있습니다. 실제 엑셀 파일에는 여러 개의 Worksheet가 있을 수 있기 때문에, 특정 Sheet에 접근하기 위해 이를 객체로 설정하는 코드를 작성하는 과정이 필수입니다. 해당 내용은 **3.2**절부터 자세히 다룰 예정입니다.

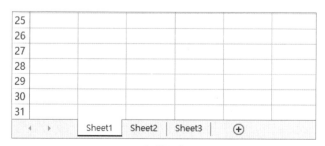

[그림 3-2]

3. Cell(=셀)

엑셀 Worksheet에서 데이터를 쓸 수 있는 공간 1개(또는 1칸)을 Cell이라고 합니다. 엑셀에서는 특정 위치의 데이터를 읽어오거나 쓰고 싶을 때, 위칫값은 Cell의 Row와 Column값을 통해 접근합니다. Row는 말 그대로 몇 번째 행인가를 의미하는 값이며, Column은 몇 번째 열인지를 나타냅니다. 아래 이미지는 1개의 Cell에 대해서 표시했지만 실제로는 여러 개의 Cell을 한 번에 설정할 수도 있습니다.

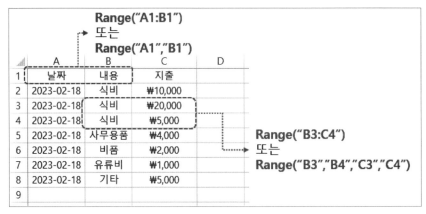

[그림 3-3]

4. Range

엑셀에서는 각 Cell을 지칭하는 고유한 인덱스를 제공합니다. 예를 들면 1행 1열의 위치는 "A1", 1행 2열의 위치는 "B1"과 같은 인덱스입니다. Range를 사용하면 사용자가 직관적으로 인덱스를 통해 각 Cell에 쉽게 접근할 수 있습니다. 3.에서 설명했던 내용 중 Cell을 통해 접근할 때는 row, column 숫잣값을 알아야 하는 점과는 차이가 있습니다. 아래 이미지를 보며 이해해 보겠습니다.

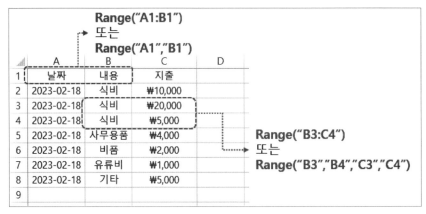

[그림 3-4]

"날짜"라는 텍스트 "A1"을 가리키는 방법에는 2가지가 있습니다. Range("A1")과 같이 고유 인덱스를 사용하는 방법과 Cell(1,1)과 같이 행과 열의 값을 통해 접근하는 방법입니다. 만약, 연속된 영역을 가리키고 싶다면 [그림 3-4]와 같이 콜론(:)을 사용하여 설정할 수 있습니다.

객체(Object)

프로그래밍을 공부하다 보면 객체라는 단어를 많이 사용합니다. 그리고 오브젝트(Object)라는 단어도 보이고요. 사실 이 단어들은 같은 의미입니다. 사전적인 의미로는 "실제로 존재하는 모든 것들"이라고 표현합니다. 뭔가 어렵고 추상적이죠? 예를 들어 설명해 보겠습니다.

자동차가 있다면 자동차 한 대에는 수많은 부품이 있습니다. 바퀴, 창문, 헤드램프 등이 있죠. 이 자동차를 구성하는 하나의 부품들을 객체라고 해요. 바퀴라는 객체가 있다고 하면 바퀴는 여러 가지 속성을 가집니다. 어떤 종류의 타이어인지, 가격은 얼마인지, 제조사가 어디인지 하는 것처럼요.

엑셀 프로그래밍에서도 마찬가지입니다. 본문에서 설명한 엑셀 프로그램이 있다면 엑셀에는 Workbook(통합문서), Worksheet(시트)와 같은 객체가 있는 것이죠. Workbook(통합문서)에는 Sheet를 몇 개 가지고 있는지에 대한 정보(속성)도 있고요. 따라서 객체란 어떤 큰 틀을 구성하는 한 부분이라고 이해하시면 되겠습니다.

3.2.2 엑셀의 구성 관계

엑셀 프로그래밍을 공부하기 전에 엑셀 객체 간의 구성 관계를 알고 있으면 도움이 됩니다. 실제 엑셀을 실행하여 작업하는 과정을 생각해 봅시다. 실제 엑셀 파일을 열어서 시트의 A1이라는 곳에 "파이썬"이라는 단어를 입력하는 과정을 진행해 보겠습니다. 이 과정은 아래 4단계로 구분할 수 있습니다.

1) 엑셀 프로그램 실행: 먼저 엑셀 프로그램을 실행해야 합니다.

[그림 3-5]

2) 새로운 통합문서 열기: 새로운 통합문서를 엽니다.

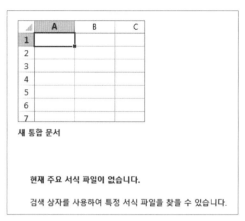

[그림 3-6]

3) 새로운 시트 생성하기: 통합문서의 시트를 생성합니다. 참고로 새로운 통합문서를 열 경우 자동으로 시트 1개가 생성됩니다.

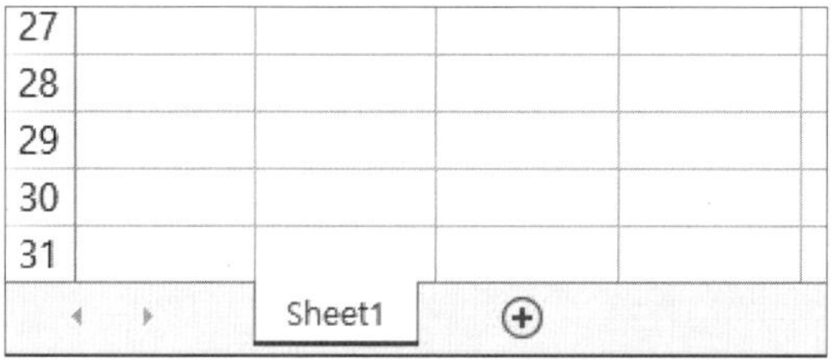

[그림 3-7]

4) 원하는 위치 "A1"에 데이터 입력하기: A1 셀을 선택하고 파이썬이라는 단어를 입력합니다.

[그림 3-8]

엑셀을 많이 사용해 본 분이라면 위 과정은 어렵지 않으실 겁니다. 엑셀 프로그래밍에서도 마찬가지로 위 과정을 똑같이 수행합니다.

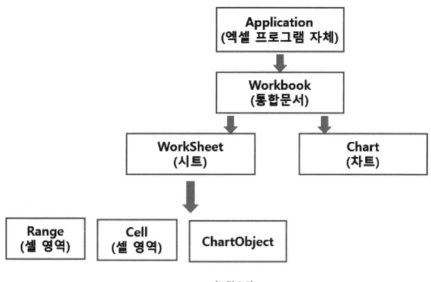

[그림 3-9]

위 [그림 3-9]는 엑셀 객체 간의 구성 관계를 나타냅니다. 구성 관계라고 표현은 했지만 사실상 저희가 엑셀을 실행하는 과정을 그대로 도식으로 나타낸 겁니다. 혹시 객체라는 단어가 기억이 나지 않는다면 **3.1.1**의 [참고상자]를 확인해 주세요. 위에서 엑셀 프로그램을 실행해서 "파이썬"이라는 단어를 A1에 입력하고 저장하는 과정을 파이썬으로 프로그래밍한다면 아래 5단계를 거칩니다.

[코드]

```
import openpyxl # 엑셀 라이브러리 openpyxl import하기
wb = openpyxl.Workbook() # 새 통합문서 생성하기(열기)
ws = wb.active # Worksheet를 선택하기
ws["A1"].value = "파이썬" # A1에 파이썬 문자열 입력하기
wb.save("파일저장.xlsx") # 파일 저장하기
wb.close( ) # 통합문서(워크북) 닫기
```

위 코드는 위에서 손으로 직접 작업했던 과정을 코드로 옮긴 겁니다. 지금 당장은 코드가 세부적으로 어떤 의미인지 모르셔도 됩니다. 엑셀 프로그래밍도 마찬가지로 우리가 직접 엑셀을 작업하는 과정을 순서대로 따라가고 있구나 정도만 이해하셔도 충분합니다. 엑셀 프로그래밍에 대한 자세한 내용은 **3.3**절부터 학습하겠습니다. 저희는 위 openpyxl이라는 라이브러리를 중심으로 엑셀 프로그래밍을 배울 겁니다.

Workbook, Worksheet 설정하기

해시태그: #Workbook설정 #Worksheet설정 #OpenPyXl설치

3.3.1 Workbook 설정하기

이번 **3.2.1**항에서는 엑셀 프로그램의 가장 초기 과정인 Workbook을 설정하는 방법을 알아보겠습니다. 이 책에서는 openpyxl을 라이브러리를 기본으로 설명할 겁니다. 먼저, 파이썬에서 openpyxl을 설치하고 import하는 방법을 알아볼까요?

1. openpyxl 설치

openpyxl은 파이썬의 기본 내장 모듈이 아니므로 따로 설치가 필요합니다. 앞에서 설치한 VS Code 터미널 창에 아래 명령어를 입력하여 해당 라이브러리를 설치하도록 합시다.

```
pip install openpyxl
```

2. import하기

```
import openpyxl as op  # openpyxl 라이브러리 import하기
```

openpyxl 라이브러리를 사용하려면 위와 같이 코드를 작성합니다. openpyxl 라이브러리를 해당 파이썬 파일(.py)에서 사용하겠다는 의미입니다. 뒤의 'as op'는 openpyxl을 'op'라는 단어로 줄여서 사용하겠다는 의미입니다.

3. Workbook 객체 생성하기

Workbook 객체를 생성한다는 의미는 사용자가 접근해야 할 엑셀 파일을 설정하겠다는 의미입니다. Workbook을 생성하는 경우는 2가지 케이스입니다. 새로운 엑셀 파일을 만들거나 원래 만들어져 있는 파일에 접근하는 경우입니다.

- 새로운 엑셀 파일을 만들 경우

새로운 엑셀 파일을 객체로 생성하는 코드를 작성해 보겠습니다. 아래와 같이 코드를 입력하면 새로운 Workbook 객체를 파이썬에서 생성합니다. 아직 저장한 상태는 아니므로 실제 엑셀 파일은 존재하지 않는 상태입니다.

[코드]

```
import openpyxl as op # openpyxl import하기
wb = op.Workbook() # 새로운 워크북 객체 생성하기
print(wb) # 위에서 생성한 wb 객체 출력해 보기
```

[결과]

```
<openpyxl.workbook.workbook.Workbook object at 0x00000229549DDF88>
```

wb를 출력해 보면 openpyxl의 Workbook object라는 내용을 확인할 수 있습니다. 위 결과는 openpyxl의 Workbook 클래스의 객체라는 것을 의미합니다. 지금은 이 말이 무엇을 의미하는지는 정확히 아실 필요는 없습니다. 그냥 단순하게 엑셀 Workbook 파일 1개를 의미한다고 이해하시면 됩니다.

생성한 Workbook 객체를 실제 엑셀 파일로 저장하기 위해선 .save( )라는 함수를 사용합니다. 아래 코드는 위에서 생성한 Workbook 객체인 'wb'를 'openpyxl_test.xlsx'라는 파일로 저장합니다. 한번 작성해서 실행시켜 보겠습니다.

[코드]

```
wb.save("openpyxl_test.xlsx") # openpyxl_test.xlsx 파일명으로 저장하기
```

[결과]

이름	수정한 날짜	유형	크기
🗎 openpyxl_test.xlsx	2022-08-28 오후 11:26	Microsoft Excel ...	11KB

[그림 3-10]

코드를 실행시켜 보면 위와 같이 "openpyxl_test.xlsx"라는 파일이 실제로 생성된 것을 확인하실 수 있습니다. 만약 특정 경로에 저장이 필요하다면 아래와 같이 경로를 지정하여 작성합니다.

```
# 경로 지정하여 저장하기
wb.save(r"C:\Users\Desktop\VS CODE\openpyxl_test.xlsx")
```

참고로 업무 자동화 프로그램을 제작할 때, 경로에 대한 코드를 많이 작성합니다. 위 코드에서 작성한 경로는 전체 경로가 표시되어 있다고 해서 절대 경로라고 합니다. 경로 설정 방법에는 절대 경로, 상대 경로가 있으며 자세한 내용은 "Chapter 6. 파일과 폴더"에서 배웁니다. 경로 안에 있는 r 표시는 unicode 에러 발생 시 사용합니다. 파이썬에서는 백슬래시(₩)를 인식하지 못해 백슬래시(₩)가 경로 안에 들어갈 경우 디코더 에러가 발생합니다. 이를 방지하려면 경로를 표현할 때 슬래시(/)를 사용하거나, 백슬래시(₩)를 사용하는 경우 경로 앞에 r을 표시합니다.

- 기존에 만들어져 있는 엑셀 파일을 활용할 경우

이번에는 기존에 만들어져 있는 엑셀 파일을 Workbook 객체로 생성해 보겠습니다. 실제 엑셀 자동화 프로그래밍을 할 때는 기존 파일에 접근하는 경우가 훨씬 많습니다. 위에서 새로운 Workbook 문서를 객체로 생성하기 위해선 .Workbook( )을 사용했었습니다.

기존에 만들어져 있는 엑셀 파일을 활용하려면 .load_Workbook( )을 사용합니다. 아래 [그림 3-11]의 경로에 있는 "test.xlsx" 파일을 Workbook 객체로 생성해 보겠습니다.

[그림 3-11]

[코드]

```
import openpyxl as op # openpyxl 라이브러리 import하기
# 엑셀 파일 path 설정하여 Workbook 객체 생성하기
path=r"C:\VS CODE\...\Excell\test.xlsx" # 엑셀 파일의 경로
wb = op.load_workbook(path) # 위 경로 엑셀 파일을 객체로 생성
print(wb) # Workbook 객체 정보 출력
```

```
wb.close() # 워크북 닫기
```

[결과]

```
<openpyxl.workbook.workbook.Workbook object at 0x000001A31F895F08>
```

path는 저자의 PC에 있는 엑셀 파일 경로를 설정해 본 것입니다. 이전 내용인 '새로운 엑셀 파일을 만들 경우'에서 엑셀 파일을 저장하는 코드에서 절대 경로와 경로 앞에 있는 "r" 문자에 대해 설명했었습니다. 이 경우에도 마찬가지로 unicode 에러를 방지하기 위해 문자열 앞에 "r"을 표기하였습니다.

wb를 출력해 보면 Workbook 객체가 제대로 생성된 것을 확인할 수 있습니다. "새로운 엑셀 파일을 만들 경우"와 생성하는 코드가 다른 것일 뿐, 기존에 있는 엑셀 파일을 객체로 생성하여 저장할 때도 .save( ) 함수를 동일하게 사용합니다.

import ~ as, from ~ import

이번 참고상자에서는 파이썬 코딩 시 import에 대한 3가지 표기법을 알아보겠습니다.

1) import openpyxl as op
import ~ as 구문은 라이브러리, 패키지의 명칭을 코드상에서 줄여서 표현하고 싶을 때 사용합니다. 예를 들어, openpyxl을 as op로 표현함으로써, 아래 실제 코드 작성 시 openpyxl을 op로 줄여서 표현할 수 있습니다.
Ex) op.Workbook( ), op.load_Workbook( )

2) from openpyxl import *
import *와 같은 표현을 와일드 임포트(Wild import)라고 합니다. 위와 같이 표현하는 경우 openpyxl이라는 단어를 사용하지 않아도 됩니다. 예를 들어, openpyxl.Workbook( )이라는 구문이 있을 때, 위와 같이 와일드 임포트를 사용하면 Workbook( )만 작성할 수 있습니다.
Ex) Workbook( ), load_Workbook( )

3) from openpyxl import Workbook
라이브러리의 특정 클래스만 사용하고 싶은 경우 위와 같이 import합니다. 이 구문의 의미는 openpyxl 라이브러리에서 Workbook 클래스만 사용한다는 의미입니다.
ex) Workbook( )만 가능

3.3.2 Worksheet 설정하기

3.3.1 과정에서는 엑셀 통합문서(Workbook)를 새로 생성하거나 이미 만들어져 있는 파일에 접근하는 방법에 대한 내용을 배웠습니다. 이번 3.3.2 과정에서는 엑셀 파일 내부의 Sheet에 접근하는 방법에 대해 배웁니다. "3.2.1 **엑셀의 구성요소**"에서 엑셀 파일 1개에는 Sheet가 여러 개 있을 수 있다는 것을 배웠습니다. Worksheet를 설정하는 방법도 Workbook과 마찬가지로 새로운 Sheet를 생성하는 방법, 이미 만들어져 있는 Sheet에 접근하는 방법 2가지가 있습니다.

1. 새로운 Worksheet 객체 생성하기

OpenPyXL에서는 Worksheet를 새로 생성하는 기능도 제공합니다. 먼저 파이썬 코드상으로 새로운 Worksheet를 어떻게 생성할 수 있는지 배워보겠습니다.

[코드]

```python
import openpyxl as op # openpyxl import하기
wb = op.Workbook( ) # Workbook 객체 생성하기
ws = wb.create_sheet("업무자동화") # 시트명이 "업무자동화"인 시트 생성
print(ws) # Worksheet 객체 변수인 ws 출력해 보기
```

[결과]

```
<Worksheet "업무자동화">
```

2번째 줄까지는 이전에도 보셨던 코드입니다. openpyxl을 import하고 새로운 Workbook 객체를 생성하는 과정입니다. 그다음은 "업무자동화"라는 Sheet를 생성하는 코드입니다. 저희가 새로 생성한 엑셀 Workbook 객체 변수인 'wb'를 통해 접근해야 하기 때문에 wb.create_sheet라는 코드를 사용합니다. 결과인 'ws'를 출력해 보면 "업무자동화"라는 이름을 가진 Worksheet라는 것을 알 수 있습니다. 이 상태에서 Workbook을 "openpyxl_test.xlsx"라는 이름으로 저장해 보겠습니다.

[코드]

```python
wb.save("openpyxl_test.xlsx") # openpyxl_test.xlsx 파일명으로 저장하기
```

[그림 3-12]

위 이미지는 저장된 엑셀 파일을 실행시킨 결과입니다. 엑셀 파일의 하단을 보시면 "업무자동화"라는 Sheet가 생성되어 있습니다. 코드에서 생성하지 않았던 "Sheet"라는 이름을 가진 Sheet도 보이네요. 이것은 엑셀에서 Workbook 객체(새로운 통합문서)를 생성하면 자동으로 Sheet 1개를 생성하기 때문입니다.

2. 기존에 만들어져 있는 Worksheet에 접근하기

새로운 Sheet를 생성하는 것이 아닌 원래 만들어져 있는 Sheet에 접근하려면 어떻게 할까요? 이번 내용을 설명하기 위해 "test.xlsx"라는 파일에 아래 5개 Sheet를 임의로 생성해 보았습니다.

[그림 3-13]

기존에 만들어져 있는 Sheet에 접근하기 위한 방법은 2가지가 있습니다. 순서대로 알아보겠습니다.

첫 번째 방법은 활성화되어 있는 Sheet에 접근하는 방법입니다. "활성화되어 있는 Sheet"란 엑셀 파일에서 현재 선택되어 있는 Sheet입니다. 위 이미지의 경우 "업" 시트가 되겠네요. 활성화되어 있는 Sheet의 경우 .active란 코드를 통해 Sheet를 설정할 수 있습니다. 먼저 "test.xlsx" 파일을 통해 Workbook 객체를 생성해 보겠습니다. 이전에 봤던 코드여서 익숙하죠?

[코드]

```
import openpyxl as op # openpyxl 라이브러리 import하기
# 엑셀 파일 path 설정하여 Workbook 객체 생성하기
path=r"C:\VS CODE\Project\...\연습\test.xlsx"
wb = op.load_workbook(path)
```

그리고 이어서 아래 코드를 작성하여 결과를 확인해 보겠습니다. 현재 선택되어 있는 "업" Sheet 가 출력되는 것을 확인할 수 있습니다.

[코드]

```
ws = wb.active # 현재 선택되어 있는 시트를 worksheet 객체로 설정
print(ws) # ws 출력해 보기
```

[결과]

```
<Worksheet "업">
```

두 번째 방법은 시트 이름으로 접근하는 방법입니다. wb["시트이름"]을 통해 원하는 시트를 설정 할 수 있습니다. 아래 코드를 추가로 작성하여 실행시켜 보세요.

[코드]

```
ws = wb["무"] # '무'라는 이름을 가진 Sheet 선택
print(ws) # ws 출력해 보기+
```

[결과]

```
<Worksheet "무">
```

지금까지 배운 Sheet 설정 변수(ws)를 통해 해당 Sheet의 데이터를 읽어오거나 쓸 수 있습니다. 이 내용은 **3.4**항에서 배울 예정입니다.

3. Workbook 객체의 모든 Sheet를 출력해 보기

이번에는 엑셀 파일의 모든 Sheet를 출력해 보겠습니다. .sheetnames( )라는 함수를 통해 엑셀 파일의 내부 Sheet 목록을 모두 출력할 수 있습니다. 내부 Sheet를 파이썬의 자료형 중 리스트로 저장하기 때문에 for문과 같이 반복문을 통해 접근하는 게 가능해집니다. 위 엑셀의 파일 시트 5개 (업, 무, 자, 동, 화)를 리스트로 저장하여 출력하는 코드를 작성해 보겠습니다.

[코드]

```
import openpyxl as op # openpyxl 라이브러리 import하기
path=r"C:\VS CODE\Project\사장님몰래하는파이썬업무자동화\연습\test.xlsx"
wb = op.load_workbook(path) # 엑셀 파일 path 설정하여 Workbook 객체 생성하기
ws_list = wb.sheetnames # wb의 시트를 리스트화하기
```

```
print(ws_list) # 출력
wb.close() # 워크북 닫기
```

[결과]

```
['업', '무', '자', '동', '화']
```

위 코드를 응용하여 for 반복문을 통해 각 sheet 객체를 생성하여 출력하는 코드를 작성해 보겠습니다.

[코드]

```
import openpyxl as op # openpyxl 라이브러리 import하기
path=r"C:\...\test.xlsx"
wb = op.load_workbook(path) # 엑셀 파일 path 설정하여 Workbook 객체 생성하기
ws_list = wb.sheetnames # wb의 시트를 리스트화하기
for sht in ws_list:
    ws = wb[sht] # Sheet 객체 생성
    print(ws) # 객체 출력
wb.close() # 워크북 닫기
```

[결과]

```
<Worksheet "업">
<Worksheet "무">
<Worksheet "자">
<Worksheet "동">
<Worksheet "화">
```

for문에 따라 각 sheet가 출력되는 것을 확인하실 수 있습니다. 위 코드 블록은 엑셀을 자동화할 때 자주 쓰이는 부분입니다. 예를 들어, 해당 엑셀 파일의 모든 시트에서 특정 데이터를 읽어오거나 쓰는 등의 작업을 할 때 사용할 수 있습니다. sheetnames라는 이름은 기억해 두시면 좋습니다.

파이썬에서 반복문이 가능한 자료형: 튜플과 리스트의 차이점

이번 참고상자에서는 파이썬에서 반복문이 가능한 대표적인 2가지 자료형인 튜플과 리스트의 차이점에 대해 간단히 알아보겠습니다. 가장 큰 차이점은 2가지입니다. 바로 출력 형태와 수정 가능여부에 대한 내용입니다.

먼저 리스트는 [ ] (대괄호)로 출력이 됩니다. 리스트가 생성이 되고 중간에 데이터를 삽입하거나 삭제하는 등 수정이 자유롭습니다. 튜플의 경우 ( ) (소괄호)로 형태로 출력이 됩니다. 리스트와 다르게 튜플은 한 번 생성이 되면 추가, 수정이 불가능합니다.(요소 삭제는 가능)

만약, 프로그램상 데이터가 수정이 되지 않기를 원한다면 고민 없이 튜플을 사용해야 합니다. 하지만 일반적으로 데이터가 수정되는 경우가 더 많기 때문에 리스트를 주로 사용하게 됩니다.

추가로 튜플은 수정이 불가하다는 특징 때문에 파이썬의 딕셔너리 키(Key)로도 활용될 수 있습니다.

Cell 데이터 조작하기

해시태그: #Cell데이터 조작 #.rows #.columns

3.4.1 Cell 데이터 읽어오기

Cell의 Data를 읽어오는 방법을 학습하기 전에 먼저 3.2.1에서 다뤘던 엑셀의 구성요소에 대해 간단하게 복습해 보도록 합시다. 아래 이미지는 이전에 공부했던 내용을 요약한 것입니다.

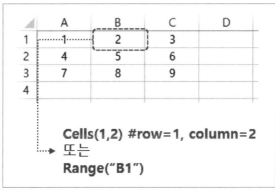

[그림 3-14]

위 이미지에서 숫자 2를 가리키는 표현법은 2가지입니다. Cell 속성을 사용하려면 행과 열에 대한 위칫값을 각각 알면 됩니다. 숫자 2를 기준으로 Cell(1, 2)라고 표현할 수 있습니다. Cell( ) 내부의 숫자는 row=1(행), column=2(열)을 의미합니다. 만약 엑셀의 고유 인덱스인 Range로 표기하려면 "B1"이라고 표기할 수 있습니다.

그럼 위에서 숫자 2를 파이썬으로 읽어오기 위해선 어떻게 코드를 작성해야 할까요? 아래 예시 코드를 보며 이해해 보도록 합시다. 이전에 배웠던 Sheet 설정 객체 변수 ws를 통해 읽어올 값 위치에 접근할 수 있습니다.

엑셀 파일은 이전 파트에서 진행했던 'test.xlsx' 파일을 그대로 활용합니다. 위 숫자가 입력된 시트는 "업"이라는 이름을 가진 시트이며 현재 선택되어 있습니다.

[코드]

```python
import openpyxl as op # openpyxl 라이브러리 import하기

path=r"C:\...\test.xlsx"
wb = op.load_workbook(path) # 엑셀 파일 path 설정하여 Workbook 객체 생성하기
ws = wb.active # 활성화되어 있는 시트 설정(숫자가 입력되어 있는 시트 : "업")

# 방법 1 : Sheet의 Cell 속성 사용하기
data1 = ws.cell(row=1, column=2).value

# 방법 2 : 엑셀 인덱스(Range) 사용하기
data2 = ws["B1"].value

# 위 결과 출력해 보기
print("cell(1,2) : ", data1)
print('Range("B1"):', data2)
```

[결과]

```
cell(1,2) : 2
Range("B1"): 2
```

숫자 2를 openpyxl 코드로 읽어오는 방법은 2가지입니다. 첫 번째는 Cell 속성을 사용하는 것입니다. 코드에서 보시다시피 .cell 함수를 통해 row값과 column값을 입력해 주면 해당 위치의 값을 읽어올 수 있습니다.

두 번째는 엑셀 고유 인덱스를 통해 직접 접근하는 것입니다. ws["위치인덱스"]와 같이 입력해 주면 해당 위치의 값을 읽어올 수 있습니다.

각 표현법의 뒤에 .value를 붙여줘야 실제 값을 읽어올 수 있다는 점은 주의해야 합니다. .value를 붙이지 않으면 각 Cell 위치에 대한 정보 값을 튜플로 읽어옵니다. 직접 .value를 빼고 출력시켜 보면 확인하실 수 있습니다. 아래 코드 및 결과를 보겠습니다.

[코드]

```python
# .Value 빼고 출력해 보기
data1 = ws.cell(row=1, column=2)
data2 = ws["B1"]
```

```
print(data1)
print(data2)
```

[결과]

```
<Cell '업'.B1>
<Cell '업'.B1>
```

.value를 삭제하고 출력한 결과 [Cell '업' .B1]과 같은 형태로 저장되는 것을 확인할 수 있습니다. 해당 결과는 "Cell의 속성을 가지고 있고 '업'이라는 Sheet의 B1 위치의 값을 가리키고 있다"라는 뜻으로 이해하시면 됩니다. 그래서 결과를 보시면 알겠지만 위 2가지 코드의 결과는 동일합니다. 표현법이 다른 것일 뿐 2가지 코드는 같은 의미입니다.

다음은 조금 응용하여 다중 영역으로 된 부분의 data를 읽어오는 방법에 대해 배워보겠습니다. 먼저 아래 이미지를 볼까요?

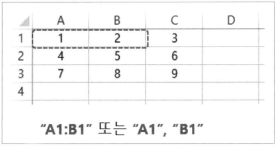

[그림 3-15]

숫자 1, 2를 모두 가리키는 표현법은 그림에 표시된 2가지로 나타낼 수 있습니다. 1개씩 선택하는 방법은 이전에 배웠으니까 이번에는 2개 영역을 한 번에 선택하는 코드를 작성해 보겠습니다. 위 그림에서 "A1:B1"을 활용하는 겁니다.

[코드]

```
# 다중 범위 선택하기 1
rng = ws["A1:B1"] # A1:B1 범위를 변수 rng로 설정
print("Range(a1:b1) : ", rng) # 출력 유형은 튜플임
```

[결과]

```
Range(a1:b1) :  ((<Cell '업'.A1>, <Cell '업'.B1>),)
```

결과에서 보시는 대로 변수 rng를 출력해 보니 해당 영역의 위치 정보가 튜플로 저장되어 출력됐습니다. 이번에는 조금 차이를 둬서 위 그림의 데이터가 입력된 영역인 "A1:C3"를 모두 선택하여 출력해 보겠습니다.

[코드]

```
# 다중 범위 선택하기 2
rng = ws["A1:C3"] # A1:C3 범위를 변수 rng로 설정
print(rng) # 출력 유형은 튜플임
```

[결과]

```
(((<Cell '업'.A1>, <Cell '업'.B1>, <Cell '업'.C1>), (<Cell '업'.A2>, <Cell '업'.B2>,
<Cell '업'.C2>), (<Cell '업'.A3>, <Cell '업'.B3>, <Cell '업'.C3>))
```

ws["A1:C3"]를 출력해 보니 튜플 속의 튜플인 2차원 튜플로 각 위치 정보가 표기되어 저장됩니다. 결과가 복잡해 보이죠? 단순히 결과만 보면 이해가 어려울 수 있으니 간단히 도식화를 해보겠습니다.

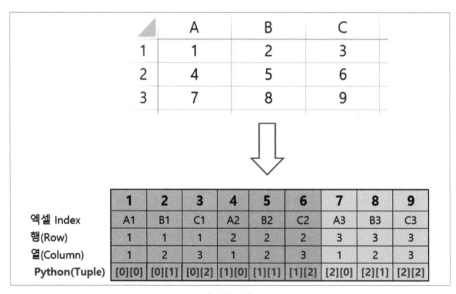

[그림 3-16]

위 [그림 3-16] 표에서 색깔이 다른 부분을 각각 하나의 튜플 요소라고 생각하시면 됩니다. 따라서 파이썬 튜플을 인덱스로 접근하기 위해서는 위 표를 이해하시면 됩니다. (튜플, 리스트 등 자료형은 인덱스가 0부터입니다.)

위 튜플에 저장된 위치 정보를 .value를 통해 값을 출력하려면 이중 for문을 사용하셔야 합니다. 왜냐하면 튜플이 2차원 배열이기 때문입니다. 이중 for문을 통해 출력해 보는 코드를 아래처럼 작성해 보겠습니다.

[코드]

```
# 다중 범위 선택하기 3
rng = ws["A1:C3"] # A1:C3 범위 저장(총 9개 Cell)
for  rng_data  in  rng: # 튜플의 첫 번째 차원 : 색깔이 다른 영역 data
    for  cell_data  in  rng_data: # 튜플의 두 번째 차원을 위한 for문 : 1개의 Cell 요소
        print(cell_data.value) # 각 Cell 요소의 값 출력
```

[결과]

```
1
2
3
4
5
6
7
8
9
```

위 결과를 보시면 2차원 튜플에서 각 행마다 순서대로 숫자 데이터가 출력되는 것을 확인할 수 있습니다. 이번엔 아래처럼 데이터를 한 줄 더 추가하는 것을 가정해 보겠습니다.

[그림 3-17]

같은 시트 4번째 행에 숫자 10, 11, 12를 추가해 보았습니다. 만약, 위 코드처럼 모든 데이터를 출력하려면 선택 영역을 "A1:C3"에서 "A1:C4"로 변경해야 합니다. 또 데이터가 추가되면 다시 영역 코

드를 수정해야 할 겁니다. 굉장히 번거롭겠지요?

만약, 데이터가 추가되어도 자동으로 영역을 설정해 주는 코드가 있다면 업무 자동화에서 굉장히 유용할 겁니다. 이런 문제를 해결해 주는 것이 Worksheet의 ".rows"와 ".columns"라는 속성입니다.

[코드]

```
# 다중 영역 출력하기 4(.rows 활용)
rng = ws.rows # .rows 속성을 rng 변수로 설정
print("# rows 출력 :", rng)
```

[결과]

```
#rows 출력 : <generator object Worksheet._cells_by_row at 0x0000019F44F923C8>
```

".rows"를 출력해 보면 generator object라는 결과가 나옵니다. 파이썬 generator라는 내용인데 아직은 모르셔도 무관합니다. 대신 generator를 출력하려면 for문을 활용해야 한다는 부분을 기억해 주세요. 아래처럼 코드를 작성해 보겠습니다.

[코드]

```
# 다중 영역 출력하기 5(.rows 활용)
print("# rows를 for문 통해 출력해 보기")
rng = ws.rows # .rows 속성을 rng 변수로 설정
for row_rng in rng:
    print(row_rng) # 각 행에 대한 1차원 배열 출력(위치 정보)
```

[결과]

```
#rows를 for문 통해 출력해 보기
(<Cell '업'.A1>, <Cell '업'.B1>, <Cell '업'.C1>)
(<Cell '업'.A2>, <Cell '업'.B2>, <Cell '업'.C2>)
(<Cell '업'.A3>, <Cell '업'.B3>, <Cell '업'.C3>)
(<Cell '업'.A4>, <Cell '업'.B4>, <Cell '업'.C4>)
```

각 행의 정보가 1행당 튜플로 표시되어 출력됩니다. ".rows"는 현재 Worksheet에 입력되어 있는 데이터가 있는 모든 행 위치 정보를 담고 있습니다. 그럼 이번엔 ".columns"로 코드를 수정하여 출력해 볼까요?

```
# 다중 영역 출력하기 6(.columns 활용)
print("# columns를 for문 통해 출력해 보기")
rng = ws.columns # .columns 속성을 rng 변수로 설정
for row_rng in rng:
    print(row_rng) # 각 행에 대한 1차원 배열 출력(위치 정보)
```

[결과]

```
#columns를 for문을 통해 출력해 보기
(<Cell '업'.A1>, <Cell '업'.A2>, <Cell '업'.A3>, <Cell '업'.A4>)
(<Cell '업'.B1>, <Cell '업'.B2>, <Cell '업'.B3>, <Cell '업'.B4>)
(<Cell '업'.C1>, <Cell '업'.C2>, <Cell '업'.C3>, <Cell '업'.C4>)
```

".rows"와는 다르게 ".columns"는 열을 기준으로 출력됩니다. 1열당 정보가 1차원 튜플로 출력되는 것이죠. 만약 위치 정보가 아니라 실제 값을 출력해 보고 싶다면 이중 for문을 작성해야 합니다. 위에서 row_rng의 각 결과가 1차원 배열(튜플)이기 때문입니다. 아래와 같이 코드를 작성하여 결과를 확인해 보겠습니다.

[코드]

```
# 다중 영역 출력하기 7(이중 for문)
print("# columns를 이중 for문을 통해 출력해 보기")
rng = ws.columns # .columns 속성을 rng 변수로 설정
for row_rng in rng: #2차원에서 각 튜플에 접근(2차원 배열)
    for cell in row_rng: # 각 튜플에서 각 값에 접근(1차원 배열)
        print(cell.value) # 각 셀의 값 출력
```

[결과]

```
#columns를 이중 for문을 통해 출력해 보기
1
4
7
10
2
5
8
11
```

| 3 |
| 6 |
| 9 |
| 12 |

openpyxl을 통해 데이터를 더 쉽게 읽어오는 방법: ws.values

위에서 배웠던 내용은 ws.row를 이중 for문을 통해 데이터를 출력하는 방법입니다. 이는 파이썬의 기본 동작 원리를 같이 설명해 드리기 위한 부분으로 조금 복잡할 수 있습니다. openpyxl에는 ws.row 이외에도 간단히 사용할 수 있는 방법이 있습니다. 바로 ws.values입니다.

위 [그림 3-17]의 이미지를 ws.values를 통해 출력해 보겠습니다.

[코드]

```
print("# ws.values를 for문을 통해 출력해 보기")
rng = ws.columns # .columns 속성을 rng 변수로 설정
for row in ws.values: #2차원에서 각 튜플에 접근(2차원 배열)
    print(row)
```

[결과]

```
# ws.values를 for문을 통해 출력해 보기
(1, 2, 3)
(4, 5, 6)
(7, 8, 9)
(10, 11, 12)
```

ws.values를 활용하면 각 행의 데이터를 튜플 형태로 바로 출력할 수 있습니다.

3.4.2 Cell 데이터 쓰기

지금까지 "3.4.1 Cell의 데이터 읽어오기"에서는 Cell의 각 위치에 접근하여 데이터를 읽어오는 방법을 배웠습니다. 이 내용을 이해하셨다면 데이터를 쓰는 방법은 어렵지 않습니다. 각 Cell에 접근하는 방법은 같기 때문입니다. 이번엔 "test.xlsx" 파일의 "무" Sheet에 접근하여 Cell에 데이터를 쓰는 방법을 배워보겠습니다.

아래 코드를 작성해 보고 결과 엑셀 파일(result.xlsx)을 확인해 보겠습니다.

[코드]

```
import openpyxl as op # openpyxl 라이브러리 import

path=r"C:\...\test.xlsx"
wb = op.load_workbook(path) # 엑셀 파일 path 설정하여 Workbook 객체 생성하기
ws = wb["무"] # WorkSheet 객체 생성("무" Sheet)
# "B1" Cell에 입력하기
ws.cell(row=1, column=2).value = "업무사동화는 사장님 몰래"

# "C1" Cell에 입력하기
ws["C1"] = "일 줄이려고 했다가 일 많아짐"


wb.save("result.xlsx") # 결과 파일 저장(파일명 : result.xlsx)
wb.close() # 워크북 닫기
```

[결과]

	A	B	C	D
1		업무자동화는 사장님 몰래	일 줄이려고 했다가 일 많아짐	
2				
3				
4				

[그림 3-18]

위 이미지는 결과 파일 "result.xlsx"를 실행하여 "무" 시트를 확인한 결과입니다. 코드에서 입력하였던 텍스트가 정해진 위치에 입력된 것을 확인할 수 있습니다. 코드를 보시면 아시겠지만 Cell에 데이터를 읽어올 때처럼 접근하는 방법은 동일합니다. 참고로, ws["C1"]과같이 엑셀 고유 인덱스로 접근하여 데이터를 쓸 경우에는 뒤에 .value를 붙이지 않아도 됩니다. (읽을 때에는 .value를 붙여야 함.)

openpyxl을 통해 데이터를 더 쉽게 쓰는 법: ws.append

입력해야 할 데이터가 2차원 배열인 경우 append를 통해 쉽게 입력할 수 있습니다.

append는 각 행을 자동으로 1개씩 증가시키면서 데이터를 1행씩 입력합니다. 아래 코드는 append에 대한 예시입니다. 궁금하신 분은 코드를 작성해서 결과 파일을 확인해 보세요. 데이터가 한 행씩 엑셀 파일에 순서대로 입력되어 있는 것을 확인할 수 있습니다.

[코드]

```python
import openpyxl as op
header = ['번호', '이름', '나이', '사는 곳'] # 제목 행
data = [[1, 'YB', 32, '안양'],
        [2, 'SW', 31, '창원'],
        [3, 'EJ', 29, '포항']] # 입력할 2차원 데이터


wb = op.Workbook() # 신규 Workbook 생성
ws = wb.active # 활성화 시트 선택
ws.append(header) # 제목 행 삽입(append 사용)
for row in data: # 데이터 행 삽입(append 사용)
    ws.append(row)


wb.save('sample.xlsx') # 엑셀 파일 저장
```

3.4.3 Cell 데이터 삭제하기

Cell의 데이터를 삭제하는 간단한 방법 3가지를 소개하겠습니다.

1. Cell값을 공백으로 설정하기

"3.4.2 Cell 데이터 쓰기"에서 저희는 원하는 위치의 Cell에 데이터를 입력하는 방법을 배웠습니다. openpyxl을 통해 data를 삭제하는 방법은 Cell에 공백을 입력하는 것입니다. 아래 이미지는 [그림 3-17]의 일부를 그대로 가져온 것입니다.

	A	B	C	D
1	1	2	3	
2	4	5	6	
3	7	8	9	
4	10	11	12	
5				

[그림 3-19]

위 엑셀 시트의 숫자 data 중 짝수만 공백 처리하는 코드를 작성해 보셨습니다. **3.4.1**항에서 다뤘던 내용과 같이 "A1:C4" 영역을 튜플로 저장해서 조건문으로 처리해 보겠습니다.

[코드]

```python
import openpyxl as op # openpyxl 라이브러리 import

path=r"C:\...\test.xlsx"
wb = op.load_workbook(path) # 엑셀 파일 path 설정하여 Workbook 객체 생성하기
ws = wb.active # 활성화되어 있는 시트 선택

# ws에서 데이터 범위 설정
rng = ws["A1:C4"] # A1:C4 범위 저장(Cell 12개)
for row_data in rng: # 튜플에 대한 2차원 for문
    for data in row_data: # 각 튜플에 대한 1차원 for문
        if (data.value % 2) == 0: # 해당 data가 2로 나눈 나머지가 0이면 공백 처리
            data.value = ""

wb.save("result.xlsx") # 결과 파일 저장
wb.close() # 워크북 닫기
```

	A	B	C	D
1	1		3	
2		5		
3	7		9	
4		11		
5				

[그림 3-20]

결과 이미지를 보시면 짝수만 삭제된 것을 확인하실 수 있습니다. 코드 중 2차원 for문의 경우 "3.4.1 Cell 데이터 읽어오기"에서 배웠던 내용이니 코드가 이해되지 않는다면 다시 복습해 보시길 바랍니다.

2. delete_rows, delete_cols 함수 사용하기

1에서 다뤘던 내용은 어떻게 보면 공백 " "을 입력하는 과정으로 "2. Cell Data 쓰기"와 크게 다른 점이 없습니다.

Openpyxl에서는 delete_rows, delete_cols 함수를 제공합니다. 이 함수들은 원하는 행이나 열을 설정한 범위 기준으로 삭제해 줍니다. 1)과 다른 점은 Cell data만 삭제하는 것이 아닌 행, 열을 제거한다는 것입니다. 먼저 사용법은 아래와 같습니다.

[사용법]

```
"Worksheet 객체명".delete_rows(첫 행값, 첫 행부터 몇 개까지?)
"Worksheet 객체명".delete_cols(첫 열값, 첫 열부터 몇 개까지?)
```

이전에 사용했던 예시 파일에서 [3.4.3-그림 3-19]에 함수를 적용해 보겠습니다. 아래 코드는 delete_rows 함수를 활용한 예시 코드입니다.

[코드]

```
import openpyxl as op # openpyxl 라이브러리 import
path=r"C:\...\test.xlsx"
wb = op.load_workbook(path) # 엑셀 파일 path 설정하여 Workbook 객체 생성하기
ws = wb.active # 활성화되어 있는 시트 선택
```

```
#1행부터 2개행까지 행을 삭제한다.
ws.delete_rows(1,2)
wb.save("result.xlsx")  # 결과 파일 저장
wb.close()  # 워크북 닫기
```

[결과]

◢	A	B	C	D
1	7	8	9	
2	10	11	12	
3				
4				

[그림 3-21]

결과 이미지에서 확인할 수 있듯이 1행과 2행이 삭제되었습니다. 주석에도 설명한 내용이지만 delete_rows(1, 2)라는 의미는 1행에서 2개 행(1행, 2행)을 삭제한다는 의미입니다. delete_cols는 기준이 행에서 열로 바뀐 것일 뿐 사용법은 동일합니다.

Cell에 함수 사용하기

해시태그: #엑셀함수파이썬 #엑셀함수자동화 #max_row #max_column

3.5.1 Cell에 함수를 사용하는 기본 방법

엑셀에는 데이터를 계산하거나 조작하기 위해 함수 기능을 제공합니다. 예를 들면 합계를 구하는 =SUM( ), 평균을 구하는 =AVERAGE( ), 조건문을 나타내는 =IF( ) 등으로 나타낼 수 있습니다. 그럼 파이썬을 통해 엑셀 함수를 적용할 수 있을까요? 이번 **3.5.1**항에서는 파이썬으로 엑셀 함수를 적용하는 방법을 공부합니다. 먼저 아래 [**3.5.1**-그림 3-22]와 같이 가상의 엑셀 파일을 예시로 만들었습니다.

	A	B	C	D
1	날짜	항목	가격	
2	2022-07-01	다과비	₩5,000	
3	2022-07-02	점심 식대	₩10,000	
4	2022-07-02	저녁 식대	₩13,000	
5	2022-07-03	유류비	₩100,000	
6	2022-07-03	커피	₩5,000	
7	2022-07-04	다과비	₩5,000	
8	2022-07-04	점심 식대	₩10,000	
9	2022-07-04	커피	₩5,000	
10	2022-07-04	저녁 식대	₩13,000	
11	2022-07-04	유류비	₩50,000	
12				

[그림 3-22]

간단한 예시를 보여주기 위해 위 이미지에서 지출 내역의 총합계를 구하고 엑셀에 표시해 주는 코드를 작성해 보겠습니다. 이런 경우에는 엑셀에서 제공하는 SUM 함수를 사용하면 빠르게 합계를 구할 수 있습니다. 하지만 이 책의 목적은 openpyxl를 업무 자동화에 활용하는 방법을 배우는 것이므로 파이썬 코드로 작성해 보겠습니다.

엑셀을 아시는 분이라면 위 지출 합계(C 열의 총합계)를 구하기 위해선 "=SUM(C:C)"를 적용하면 된다는 것을 쉽게 알 수 있으실 겁니다. 실제로 파이썬 코드로 엑셀 SUM 함수를 입력하면 적용되는지 확인해 볼까요? 위 엑셀 내용은 "지출내역서.xlsx"라는 파일명을 가졌으며, Sheet는 선택되어 있는 상태입니다.

[코드]

```
import openpyxl as op
path=r"C:\...\지출내역서.xlsx"
wb = op.load workbook(path) # 엑셀 파일 path 설정하여 Workbook 객체 생성하기
ws = wb.active # 활성화되어 있는 시트 선택
ws["E11"] = "=SUM(C:C)" # 엑셀 함수를 실제 Cell에 써보기
wb.save("result.xlsx")  # 결과 파일 저장
wb.close() # 워크북 닫기
```

[결과]

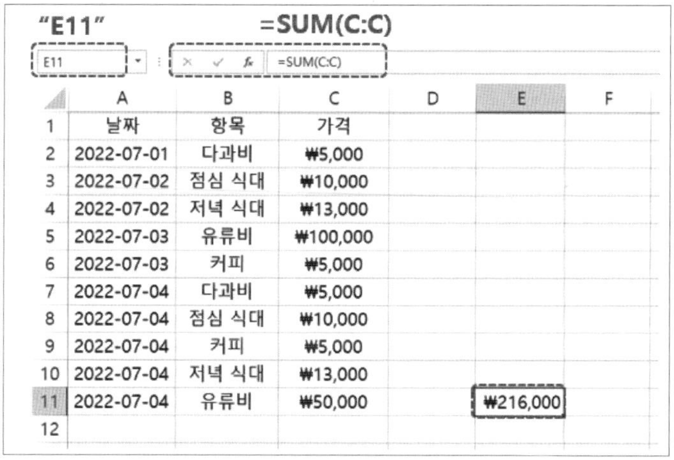

[그림 3-23]

[그림 3-23]을 보시면 코드에서 작성한 대로 "E11"에 SUM 함수가 정상적으로 적용된 것을 확인하실 수 있습니다.

3.5.2 여러 행에 함수 적용하기

3.5.1에서 다뤘던 내용은 1개 Cell에 함수를 입력하는 방법입니다. 사실 엑셀을 사용하다 보면 여러 줄에 동시에 적용해야 하는 경우가 더 많습니다.

다음 예시에서는 코드를 어떻게 작성하면 될지 확인해 봅시다. 위 1번에서 다뤘던 예시를 조금 수정하여 지출 내역에서 단가(C 열), 인원(D 열)을 통해 총가격을 구해보는 함수를 파이썬을 통해 적용해 보겠습니다.

	A	B	C	D	E	F
1	날짜	항목	단가	인원	총 가격(단가*인원)	
2	2022-07-01	다과비	₩5,000	2		
3	2022-07-02	점심 식대	₩10,000	3		
4	2022-07-02	저녁 식대	₩13,000	3		
5	2022-07-03	유류비	₩100,000	1		
6	2022-07-03	커피	₩5,000	3		
7	2022-07-04	다과비	₩5,000	3		
8	2022-07-04	점심 식대	₩10,000	3		
9	2022-07-04	커피	₩5,000	3		
10	2022-07-04	저녁 식대	₩13,000	1		
11	2022-07-04	유류비	₩50,000	1		
12						

[그림 3-24]

이전과 다른 점이라면 "E" 열에 행마다 함수를 다르게 적용해야 한다는 점입니다. "줄별로 계산식을 다 넣으면 되지 않을까요?"라고 생각하실 수도 있지만, 이 책은 업무 자동화를 다루고 있으므로 파이썬으로 코드를 작성해 볼 것입니다. 지출 내역부는 데이터가 계속 추가될 수 있는 점도 고려할 겁니다.

코드를 작성하기 전에 먼저 WorkSheet(ws)의 속성 2가지를 추가로 알아보겠습니다. openpyxl에는 이전 파트에서 다뤘던 WorkSheet의 .rows, .columns 말고도 데이터가 입력된 최대 행값, 열값을 정수로 반환하는 속성도 존재합니다. 바로 .max_row와 .max_column입니다. 엑셀 업무 자동화에서 굉장히 유용한 속성이니 공부해 보겠습니다. 먼저 샘플 코드를 보도록 하겠습니다.

[코드]

```
import openpyxl as op
path=r"C:\...\지출내역서.xlsx"
wb = op.load_workbook(path) # 엑셀 파일 path 설정하여 Workbook 객체 생성하기
ws = wb.active # 활성화되어 있는 시트 선택

col_max = ws.max_column # 최대 열값
row_max = ws.max_row # 최대 행값
```

```
# 출력해 보기
print("최대 행값 : ", row_max)
print("최대 열값 : ", col_max)
wb.close() # 워크북 닫기
```

[결과]

```
최대 행값 :  11
최대 열값 :  5
```

결과에서 보시다시피 .max_row와 .max_column은 최대 행값과 최대 열값을 정수로 반환합니다. 데이터를 새로 추가하면 최대 행값과 최대 열값은 자동으로 바뀌게 됩니다. 이번 코드는 이 row_max값을 활용해 작성할 것입니다.

이번에 계산해야 할 총가격(단가 x 인원)은 엑셀 열로 따지면 C x D입니다. 즉, 두 번째 행의 함수는 "=C2 x D2", 3번째 행의 함수는 "=C3 x D3"로 각 행마다 열 번호가 바뀌면서 반복됩니다. 따라서 행의 시작 값은 2, 행의 마지막 값은 row_max로 설정하여 반복문을 진행하시면 됩니다.

[코드]

```
import openpyxl as op

path=r"C:\...\지출내역서.xlsx"
wb = op.load_workbook(path) # 엑셀 파일 path 설정하여 Workbook 객체 생성하기
ws = wb.active # 활성화되어 있는 시트 선택
row_max = ws.max_row # 최대 행값 저장

# for문을 통해 2행~최대행까지 반복문
# range(a,b+1) : a부터 b까지 반복하는 range 구문
for row in range(2, row_max+1):
    # 함수 자동 작성
    ws["E"+str(row)] = "=C"+str(row)+"*"+"D"+str(row)
wb.save("result.xlsx") # 결과 파일 저장
wb.close() # 워크북 닫기
```

[결과]

"E2"　　　　=C2 * D2

	A	B	C	D	E	F
1	날짜	항목	단가	인원	총 가격(단가*인원)	
2	2022-07-01	다과비	₩5,000	2	₩10,000	
3	2022-07-02	점심 식대	₩10,000	3	₩30,000	
4	2022-07-02	저녁 식대	₩13,000	3	₩39,000	
5	2022-07-03	유류비	₩100,000	1	₩100,000	
6	2022-07-03	커피	₩5,000	3	₩15,000	
7	2022-07-04	다과비	₩5,000	3	₩15,000	
8	2022-07-04	점심 식대	₩10,000	3	₩30,000	
9	2022-07-04	커피	₩5,000	3	₩15,000	
10	2022-07-04	저녁 식대	₩13,000	1	₩13,000	
11	2022-07-04	유류비	₩50,000	1	₩50,000	

[그림 3-25]

E 열에 행마다 함수가 적용되어 총가격 계산값을 확인할 수 있습니다. 코드 중 한 가지 주의해야 할 점은, 위 반복문의 정수 row를 str(row)로 표기한 것입니다. 엑셀 함수를 적용하는 것은 각 Cell 에 문자열을 입력하는 것이므로 정수 타입의 row를 그대로 코드로 작성하면 에러가 발생합니다. 정수 타입의 row를 str( ) 함수를 통해 문자열로 변경함으로써, 에러를 해결할 수 있습니다.

각 계산될 대상(C 열, D 열)을 리스트나 튜플로 입력받아 파이썬에서 계산하여 값을 출력하는 방법도 있습니다. 예를 들어 엑셀 함수 부분을 아래와 같이 수정할 수 있습니다.

[코드]

```
ws["E"+str(row)] = vws["C"+str(row)].value * ws["D"+str(row)].value
```

위와 같이 .value 속성을 사용하여 직접 셀의 값을 읽어 연산하는 방식으로 적용할 수 있습니다.

이번 **3.5.2**의 내용은 "엑셀 함수로 적용이 더 쉽다면 위와 같이 openpyxl을 통해 엑셀 함수를 적용하는 방법도 있다."는 것을 알려드리기 위해 작성하였습니다.

파이썬 range(a, b+1) 반복문

위 코드 내용 중 for row in range(2, row_max+1):라는 부분이 있었죠? for문을 진행할 때, range(a, b+1) 구문을 알아두시면 업무 자동화 코드 작성 시 유용하게 활용할 수 있습니다. "for 변수 in range(a, b+1)"은 a에서 b까지 반복하겠다는 구문입니다. b를 b+1로 표현하는 이유는 끝 숫자를 포함하지 않기 때문입니다. 내용이 잘 이해가 가지 않는 분은 아래 코드를 작성해서 파이썬으로 출력해 보시기 바랍니다.

[코드]

```
for num in range(1,10) :
    print(num)
```

[결과]

```
1
2
...
<생략>
...
8
9
```

range(1, 10)으로 설정하면 출력 결과가 1에서 9까지인 것을 확인할 수 있습니다.

3.5.3 함수 결과를 읽어오기

[3.5.2-그림 3-25] 결과 파일에서 "E 열"을 행별로 읽어와서 파이썬 리스트 자료형으로 저장하는 코드를 작성해 보겠습니다. 파일명은 "result.xlsx"이고 결과 시트는 현재 선택되어 있는 상태로 가정하고 진행하겠습니다.

[코드]

```
import openpyxl as op
path=r"C:\Users\...\result.xlsx"
wb = op.load_workbook(path) # Workbook 객체 생성
```

```
ws = wb.active # 현재 선택되어 있는 시트를 WorkSheet 객체로 생성
data = [] # 빈 리스트 생성
# ws.rows 속성 활용하여 for문 진행
for row in ws.rows:
    data.append(row[4].value) # E 열 데이터를 리스트에 추가(0:A,1:B,2:C,3:D,4:E)
print(data) # 최종 리스트 출력
```

[결과]

```
['총가격(단가*인원)', '=C2*D2', '=C3*D3', '=C4*D4', '=C5*D5', '=C6*D6', '=C7*D7',
'=C8*D8', '=C9*D9', '=C10*D10', '=C11*D11']
```

위 결과를 확인해 보시면 총가격(E 열)에 대한 결과가 리스트로 저장된 것을 확인할 수 있습니다. 그런데 한 가지 이상한 점이 보이시나요? 계산된 결과가 아니라 엑셀에 적용했던 수식이 리스트에 그대로 저장되었습니다. 업무 자동화에 활용하려면 수식으로 계산된 결괏값을 읽어오는 방법이 필요하겠죠?

이 부분은 코드 중 기존 파일을 Workbook 개체로 생성하는 .load_workbook( ) 함수의 내부 옵션값을 수정해야 합니다.. 내부 옵션값에는 data_only와 read_only라는 항목이 있습니다. 2개 옵션에 대해 아래 설명을 보며 이해해 보겠습니다.

1. data_only = True

data_only = True일 경우 수식이 계산된 값을 읽어옵니다. (기본 False이므로 설정하지 않으면 함수나 수식 그대로 읽어옵니다.)

2. read_only=True

read_only = True일 경우 읽기 전용으로 읽어오는 옵션입니다. 엑셀을 수정하지 않고 데이터만 읽어올 경우 read_only=True로 작성하는 게 속도 측면에서 빠릅니다. (기본 False이므로 설정하지 않으면 읽기/쓰기 모두 가능합니다.)

위에서 작성했던 코드 중 load_workbook( ) 함수에 data_only=True 옵션값을 입력하여 다시 실행시켜 보겠습니다.

[코드]

```
import openpyxl as op

path=r"C:\Users\...\result.xlsx"
wb = op.load_workbook(path, data_only=True) # Workbook 객체 생성
ws = wb.active # 현재 선택되어 있는 시트를 WorkSheet 객체로 생성

data = [] # 빈 리스트 생성

# ws.rows 속성 활용하여 for문 진행
for row in ws.rows:
    data.append(row[4].value) # E 열 데이터를 리스트에 추가(0:A,1:B,2:C,3:D,4:E)

print(data) # 최종 리스트 출력
```

[결과]

```
['총가격(단가*인원)', None, None, None, None, None, None, None, None, None]
```

이번엔 수식이 아닌 결괏값이 없다는 표시의 None이 나오네요. 사용자에 따라 결괏값을 바로 확인할 수 있는 분도 있고 위 경우처럼 None이 출력되는 분도 계실 겁니다. None 이 나오시는 분은 불러온 엑셀 파일을 한번 실행시켜서 저장한 후, 다시 코드를 실행시켜 보도록 하세요.

[결과]

```
['총가격(단가*인원)', 10000, 30000, 39000, 100000, 15000, 15000, 30000, 15000, 13000, 50000]
```

이번에는 정상적으로 결과를 확인하실 수 있습니다. 위와 같은 현상이 나오는 이유는 openpyxl 라이브러리의 특성 때문입니다. "**3.5.2 여러 행에 함수 적용하기**"에서 함수를 적용 후 엑셀 파일을 .save( ) 함수를 통해 저장했었죠?

openpyxl에서는 "=C2*D2"와 같은 수식을 문자열로 인식하여 엑셀 파일에 입력은 하지만 실제 위 수식을 계산하여 표시하진 않습니다. 엑셀 함수를 통한 계산의 영역은 파이썬이 아닌 실제 엑셀 프로그램의 영역이기 때문입니다. 그래서 파이썬 코드상에서 .save( )를 하고 그대로 "result.xlsx" 결과 파일을 읽어오면 입력한 수식 문자열을 그대로 불러오는 겁니다.

따라서 엑셀 파일을 직접 실행하면 저희가 코드를 통해 입력했던 수식은 자동으로 계산이 되고, 그때 저장이 되면 수식이 계산된 값을 인식하게 됩니다. 물론 "**3.5.2 여러 행에 함수 적용하기**"에서 다룬 내용처럼 직접 셀의 값에 접근하여 연산하는 방식이 가장 편리합니다. 다만, 연산 코드 적용이 어려워 엑셀 함수를 적용하는 게 더 편리하다면 위와 같은 문제를 해결할 방법이 필요합니다.

그런데 엑셀 파일을 실행하고 저장하는 부분을 직접 하려면 굉장히 번거롭습니다. 이 부분도 코드로 작성해 보겠습니다. 엑셀을 직접 실행하고 저장하는 부분은 아래 win32com 라이브러리를 사용한 코드를 추가해야 합니다.

win32com은 엑셀을 직접 실행하고 저장할 수 있는 라이브러리입니다. "**3.1 라이브러리 소개**"에서 말씀드렸다시피 win32com을 이번 책에서는 자세히 다루진 않습니다. 엑셀 프로그램을 직접 실행하고 저장하는 부분만 코드로 작성해 보겠습니다. 아래 코드를 실행하면 엑셀 파일이 실행되어 저장되는 과정을 실시간으로 확인하실 수 있습니다.

[코드]

```python
import win32com.client # win32com.client import
excel = win32com.client.Dispatch("Excel.Application") # excel 프로그램 객체 생성
excel.Visible = True # 앞으로 실행 과정을 보이게
path = r"C:\Users\...\result.xlsx"
temp_wb = excel.Workbooks.Open(path) # 결과 파일 Workbook 객체 생성
temp_wb.Save() # 결과 파일 저장하기
temp_wb.Close() # 워크북 닫기
```

서식 지정하기

해시태그: #openpyxl 엑셀서식 #조건부서식자동화

3.6.1 기본 서식

지금까지는 Cell에 데이터를 읽고 쓰는 방식에 대해 알아봤습니다. 엑셀에는 데이터를 읽고 쓰는 것 말고도 셀 서식(테두리, 셀 색상, 글씨체 등)을 지정하고 조건부 서식을 적용할 수 있는 기능이 있습니다. 조건부 서식이란 조건에 따라 다르게 지정하는 셀 서식을 의미합니다. 이번 **3.6.1**에서는 openpyxl을 통해 셀 서식을 적용하는 방법을 배워보겠습니다.

```python
from .alignment import Alignment
from .borders import Border, Side
from .colors import Color
from .fills import PatternFill, GradientFill, Fill
from .fonts import Font, DEFAULT_FONT
from .numbers import NumberFormatDescriptor, is_date_format, is_builtin
from .protection import Protection
from .named_styles import NamedStyle
```

위 모듈들은 openpyxl.style에서 제공하는 내용입니다. 순서대로 보면 alignment(정렬), borders(테두리), colors(색상), fill(채우기), fonts(글씨체) 등입니다. **3.6.1**에서는 대표적인 모듈 4가지에 대한 사용법을 설명하겠습니다.

1. Font(글꼴)

openpyxl Font 모듈에서는 글자의 크기, 글꼴, 밑줄 등의 옵션을 설정할 수 있습니다. 먼저 아래 코드를 작성하여 실행해 보도록 하겠습니다.

[코드]

```python
import openpyxl as op
from openpyxl.styles.fonts import Font
```

```
# Workbook 및 Worksheet 객체 설정하기
wb = op.Workbook()
ws = wb.active


# font test1 : 직접 font 설정하기
ws["A1"].value = "업무자동화는 사장님 몰래"
ws["A1"].font = Font(size=20, italic = True, bold = True)


# font test2 : format을 정해 놓고 font 설정하기
ws["A2"].value = "일 줄이려고 했다가 일 더 많아짐"
font_format = Font(size=12, name='굴림', color = 'FF0000')
ws["A2"].font = font_format


# Workbook(엑셀) 저장 및 객체 닫기
wb.save("result.xlsx")
wb.close() # 워크북 닫기
```

[결과]

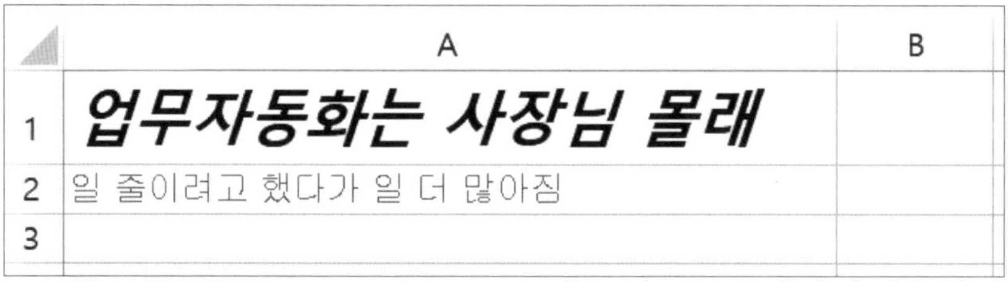

	A	B
1	**업무자동화는 사장님 몰래**	
2	일 줄이려고 했다가 일 더 많아짐	
3		

[그림 3-26]

위 코드에서는 Font를 설정하는 2가지 방식을 나타내 보았습니다. 첫 번째 문장("업무 자동화는 사장님 몰래")은 Cell 주소에 직접적으로 font를 설정하는 방식입니다. 두 번째 문장("일 줄이려고 했다가 일 더 많아짐")은 특정 format을 변수로 설정해 놓고 Cell에 입력하는 방식입니다. 두 번째 방식은 밑에서 다룰 조건부 서식에서 사용할 수도 있습니다.

코드 중 "Font(size=20, italic = True, bold = True)"의 괄호 안에는 엑셀에서 font를 설정할 수 있는 여러 설정값들을 가지고 있습니다. size는 폰트 크기, Italic은 글자 기울임, bold는 굵기 등입니다. 아래는 Font를 설정할 수 있는 여러 설정값들을 정리해 보았습니다.

옵션	설명	설정값
name	원하는 글꼴 선택	ex) Arial, 굴림, 바탕체 등
size	글씨 크기 선택	글씨 크기를 정수로 입력
bold	굵게 표시	True/False
italic	기울임체 적용	True/False
vertAlign	위 첨자/아래 첨자	superscript(위 첨자)/subscript (아래 첨자)/baseline(기본형)
underline	밑줄 적용	single(실선)/double(이중 실선) /singleAccounting(회계용 실선) /doubleAccounting(회계용 이중 실선)
strike	취소선	True/False
color	글씨 색상 적용	참고상자 내용 확인

 font color "000000"

color의 속성값인 "000000"은 openpyxl에서 제공하는 IndexedColours값으로서 "000000"은 검은색을 나타내는 인덱스입니다. 일반적으로 색상은 16진수 표기법으로 이루어집니다. "FF0000"는 빨간색, "0000FF"는 파란색 등 색별로 여러 인덱스가 존재하는데 처음부터 각 2자리씩 R, G, B를 표시하며 00이 어두움, FF가 밝음을 표시하는 것으로 이해하시면 됩니다. 하지만 굳이 16진수를 정확히 이해하실 필요는 없습니다. 아래 〈그림 3-27〉과 같이 색상표를 보고 원하는 인덱스를 찾아가시는 게 더 쉬운 방법이라고 할 수 있겠네요.

Index	16진수	Color	Index	16진수	Color
0	000000	BLACK	8	FFFF00	YELLOW
1	FFFFFF	WHITE	9	FF6600	ORANGE
2	FF0000	RED	10	8B4513	BROWN
3	800000	DARK RED	11	C0C0C0	GREY25%
4	0000FF	BLUE	12	808080	GREY50%
5	000080	DARK BLUE	13	404040	GREY75%
6	00FF00	GREEN	14	333333	GREY80%
7	008000	DARK GREEN	15	0F0F0F	GREY95%

[그림 3-27]

위 그림의 표는 openpyxl에서 사용하는 컬러 인덱스 중 1~12번까지 인덱스에 대해 정리해 본 것입니다. 실제로는 0~63번까지 총 64가지 색상을 제공하고 있으며, 자세한 정보는 openpyxl tutorial 사이트에서 확인하실 수 있습니다. 더 많은 색상 정보를 원하시는 분은 구글에서 "openpyxl color index"를 검색해 보시면 되겠습니다.

추가로 "00 FFFFFF"와 같이 6자리가 아닌 8자리 값으로 표기할 수도 있습니다. 앞 2자리는 투명도를 나타내고 뒤의 6자리는 컬러 인덱스를 표시한 것입니다. 투명도의 경우 00을 입력할 경우 투명도 0%(기본값), 80을 입력할 경우(투명도 50%)입니다. 80이 투명도 50%인 이유는 16진수 기준으로 80이 반을 나타내기 때문입니다. 투명도 수치가 높을수록 색상이 불투명해지는 것으로 이해하시면 되겠습니다.

2. Border, Side(테두리)

Border, Side 모듈은 엑셀의 셀 테두리를 설정할 수 있는 모듈입니다. Border의 경우 원하는 Cell 위치 상하좌우 어떤 부분에 테두리를 설정할 것인지 선택할 수 있습니다. Side는 어떤 테두리 형식을 적용할 것인지에 대한 부분이라고 이해하시면 됩니다.

예를 들어 아래와 같이 1개 Cell "C3", "C5"에 테두리를 적용한다고 생각해봅시다. 위와 아래에 적용하고 싶을 때 위치를 설정하는 코드는 Border입니다. top(위), bottom(아래), left(왼쪽), right(오른쪽)가 있을 수 있겠네요. 위에는 실선, 아래는 이중선이라는 테두리 형식은 Side를 사용하면 됩니다.

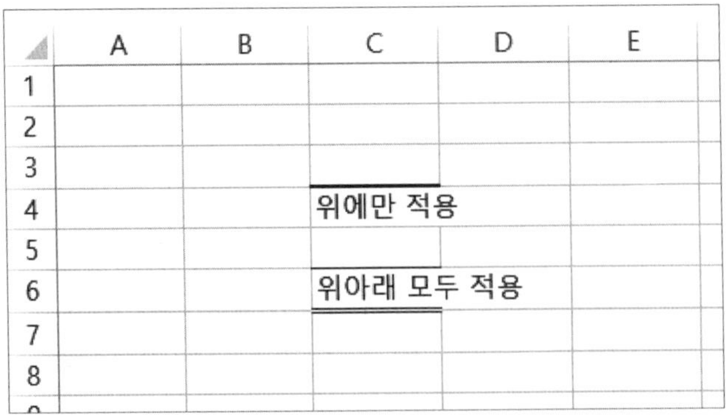

[그림 3-28]

아래 코드를 작성하여 실행해 보시기 바랍니다. 주의해야 할 점은 각 셀 위치의 테두리를 설정할 때, ws["C3"].border와 같이 뒤에 설정할 속성을 써주어야 한다는 것입니다.

[코드]

```
import openpyxl as op
from openpyxl.styles import Border, Side

# Workbook 객체 생성 및 Sheet 설정
wb = op.Workbook()
ws = wb.active

# 셀에 값 입력
ws["C3"].value = "위에만 적용"
ws["C5"].value = "위아래 모두 적용"

# border test1 : 위에만 굵은 실선 적용 예시 코드
ws["C3"].border = Border(top=Side(border_style="thick"))

# border test2 : 위에는 실선, 아래에는 이중선 적용 예시 코드
ws["C5"].border = Border(top = Side(border_style="thin"),
                         bottom=Side(border_style="double"))

# 결과 파일 저장
wb.save("result.xlsx")
wb.close() # 워크북 닫기
```

위 코드에서는 각 테두리에 대한 형태만 설정했지만 테두리의 색상도 설정할 수 있습니다. 색상은 아래와 같이 지정하시면 됩니다. 색상은 Side 내부에 있는 color 파라미터를 활용하시면 됩니다.

[테두리 색상 코드 설정 예시]

```
ws["C3"].border = Border(top = Side(border_style="thin", color="0000FF"))
```

color 옵션값의 경우 위에 "1)Font (글꼴)" 참고상자에서 다뤘던 font color 내용과 동일합니다. Border에 대한 옵션값은 아래 표를 참고해 주세요.

세부 설정 요소	설정값	기본값
left/right/top/bottom vertical/horizontal /outline	'dashDot'/'dashDotDot'/'dashed'/'dotted'/'double'/'hair'/'medium'/'mediumDashDot'/'mediumDashDotDot'/'mediumDashed'/'slantDashDot'/'thick'/'thin'	None
diagonal	'dashDot'/'dashDotDot'/'dashed'/'dotted'/'double'/'hair'/'medium'/'mediumDashDot'/'mediumDashDotDot'/'mediumDashed'/'slantDashDot'/'thick'/'thin'	None
diagonal_direction	0/1	0

3. Alignment(정렬)

Alignment는 정해진 Cell의 text를 어떤 방법으로 정렬할 것인지에 대한 모듈입니다.

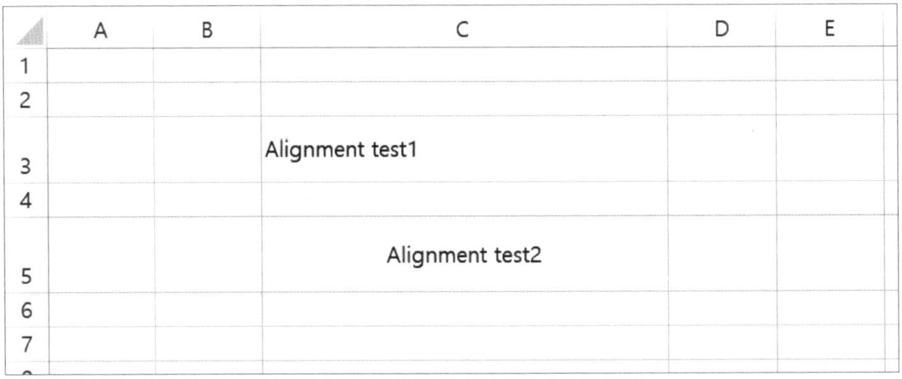

[그림 3-29]

위 이미지를 봤을 때, "C2"의 Alignment test1은 수직으로 가운데 정렬, 수평 방향으로 왼쪽 정렬을 하였습니다. "C4"의 Alignment test2는 수평, 수직 방향으로 모두 가운데 정렬한 것입니다.

이 내용을 openpyxl 코드로 구현하면 어떻게 될까요?

[코드]

```
import openpyxl as op
from openpyxl.styles import Alignment


wb = op.Workbook()
ws = wb.active
```

```
# "C2"와 "C4"에 Text 입력
ws["C2"].value = "Alignment test1"
ws["C4"].value = "Alignment test2"

# 셀 너비, 높이 설정하기
ws.row_dimensions[2].height = 50 #2행의 높이 50으로
ws.row_dimensions[4].height = 50 #4행의 높이 50으로
ws.column_dimensions['C'].width = 50 # C 열의 너비 50으로

# Alignment test1
ws["C2"].alignment = Alignment(horizontal = 'left', vertical='center')

# Alignment test2
format1 = Alignment(horizontal = 'center', vertical='center')
ws["C4"].alignment = format1

# 결과 파일 저장
wb.save("result.xlsx")
wb.close() # 워크북 닫기
```

위 이미지와 코드를 비교해서 이해해 보시길 바랍니다. Alignment 내부 속성인 horizontal, vertical은 정렬 방향을 설정하는 속성입니다. 각 속성에 대한 설정값은 아래와 같습니다.

구분	설정값
horizontal	'center'/'left'/'right'
vertical	'top'/'bottom'/'center'

4. PatternFill(셀 채우기)

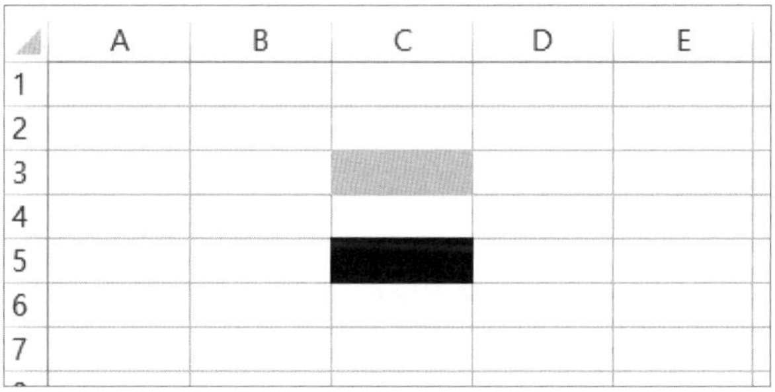

[그림 3-30]

PatternFill은 셀 채우기를 설정하는 모듈입니다. 예를 들어 아래와 같이 "C3"와 "C5"에 각각 다른 색으로 셀 채우기를 해봤습니다. 이것을 openpyxl을 통해 구현하려면 어떻게 할까요?

아래 코드를 작성하여 실행해 보겠습니다.

[코드]

```python
import openpyxl as op
from openpyxl.styles import PatternFill

# Workbook 생성 및 시트 설정
wb = op.Workbook()
ws = wb.active

# PatternFill test1 : green
ws["C3"].fill = PatternFill(fill_type='solid', fgColor="00FF00")
# PatternFill test2 : Black
ws["C5"].fill = PatternFill(fill_type='solid', fgColor="000000")

# 결과 파일 저장
wb.save("result.xlsx")
wb.close() # 워크북 닫기
```

제대로 실행되었다면 [3.6.1 - 그림 3-30]와 결과가 동일해야 합니다. 셀 채우기는 PatternFill 함수를 사용합니다. 내부 옵션값 중 fill_type은 채우기 형태를 나타냅니다. "solid"는 설정한 색상으로 Cell을 모두 채우는 설정값입니다. fgColor는 색상을 나타냅니다. "00FF00"은 연두색, "000000"은 검은색을 나타냅니다.

세부 설정 요소	설정값	기본값
patternType	PatternFill( ) / GradientFill( ) / Fill( )	-
fill_type	'solid'/'darkDown'/'darkGray'/'DarkGrid'/'darkHorizontal'/ 'darkTrellis'/'darkUp'/'darkVertical'/'gray0625'/'gray125'/ 'lightDown'/'lightGray'/'lightGrid'/'lightHorizontal'/ 'lightTrellis'/'lightUp'/'lightVertical'/'mediumGray'	None
fgColor(배경색)	'000000~FFFFFF' or '00000000~FFFFFFFF'	000000 (검은색)

세부 설정 요소	설정값	기본값
bgColor(패턴 색)	'000000~FFFFFF' or '00000000~FFFFFFFF'	000000 (검은색)
start_color/end_color (그라데이션)	'000000~FFFFFF' or '00000000~FFFFFFFF'	None

자세한 내용은 위 표에 정리해보았습니다. patterType의 GradientFill( )은 셀 채우기 형태의 다른 형태입니다. GradientFill( )을 사용할 경우 셀 배경색을 설정할 때, 속성을 fgColor가 아닌 start_color/end_color를 사용합니다.

3.6.2 조건부 서식

openpyxl의 셀 서식 기능을 업무 자동화에 활용한다면 대표적인 예시가 조건부 서식을 적용하는 것입니다. 조건부 서식은 어떤 특정 조건에 따라 셀 서식을 달리 적용하도록 할 수 있습니다. 엑셀에서 기본적으로 조건부 서식이라는 기능을 제공하나, 이 파트에서는 파이썬 openpyxl을 통해 조건부 서식을 적용하는 방법을 알아보겠습니다.

1. 성적표에 합격/불합격 표시하기

먼저 아래와 같은 성적표를 임의로 작성해 보았습니다. 먼저 조건부 서식을 적용하기 전에 평균이 85점 이상일 경우 "합불여부" 열에 합격/불합격을 표시하는 코드를 작성해 볼까요?

◢	A	B	C	D	E	F	G
1	이름	국	영	수	평균	합불여부	
2	YB	90	100	100	96.66667		
3	SW	100	80	80	86.66667		
4	BJ	80	80	70	76.66667		
5	MJ	100	70	80	83.33333		
6							

[그림 3-31]

아래 엑셀의 파일명은 "성적표.xlsx"입니다.

```python
import openpyxl as op
from openpyxl.styles.fonts import Font

# test 엑셀 파일이 있는 경로 지정
path=r"C:\User\...\성적표.xlsx"

# Workbook 객체 생성, 엑셀 함수 수식이 계산된 값을 읽어오도록 설정
wb = op.load_workbook(path, data_only=True)
# 선택되어 있는 시트를 Worksheet 객체로 생성
ws = wb.active

# 합격/불합격을 표시해 주는 함수 정의
def writePassFail():
    # 최대 행값 구하기
    max_row = ws.max_row
    # 최대 행값 활용하여 for문 (2행부터~최대 행까지)
    for row_index in range(2, max_row+1):
        # 평균값 데이터를 average 변수에 저장
        average = ws.cell(row = row_index, column=5).value
        # 평균이 85점 이상이면 '합격' 표시
        if average >= 85:
            ws.cell(row=row_index, column=6).value = "합격"
        # 평균이 70점 미만이면 '불합격' 표시
        else:
            ws.cell(row=row_index, column=6).value = "불합격"

# 함수 호출 및 결과 파일 저장
writePassFail()
wb.save("pass_fail.xlsx")
wb.close() # 워크북 닫기
```

위 코드는 이전에 학습했던 openpyxl 내용들을 이해하셨다면 충분히 작성해 볼 수 있는 코드입니다. 주석을 보며 천천히 이해해 보시길 바랍니다. 결과는 아래와 같습니다. 아래 이미지는 결과 파일 "result.xlsx"를 실행해서 나온 결과입니다.

▨	A	B	C	D	E	F	G
1	이름	국	영	수	평균	합불여부	
2	YB	90	100	100	96.66667	합격	
3	SW	100	80	80	86.66667	합격	
4	BJ	80	80	70	76.66667	불합격	
5	MJ	100	70	80	83.33333	불합격	
6							
7							

[그림 3-32]

2. 합격/불합격 표시에 대해 조건부 서식 적용하기

조건부 서식을 적용하기 전에 1번 합격/불합격을 엑셀 파일에 표시해 보았습니다. 조건부 서식 내용이 아닌데 1번을 왜 먼저 다뤘을까요? 조건부 서식을 적용하는 방법이 1)의 코드 내용과 크게 다르지 않기 때문입니다. 파이썬 openpyxl을 통해 조건부 서식을 적용하는 방법은 아래와 같이 코드를 작성하시면 됩니다.

- 각 조건에 따른 셀 서식 format을 변수로 설정하기
- if ~ else 등 조건문을 사용하여 조건에 따라 셀 서식을 적용하기

위 내용만으로는 이해하기 어려울 수 있으니 직접 코드를 작성해 보겠습니다. 위에서 작성했던 코드에서 함수 하나를 더 추가해 보겠습니다. 혹시 파이썬 함수 형태의 코드를 작성하시는 방법을 모르신다면 아래 참고상자를 확인해 보세요.

[코드]

```
# 조건부 서식을 적용하는 함수 정의
def conditionFormat():
    # 합격일 때 format 변수로 설정
    pass_format =  Font(size=12, name='굴림', color = '000000FF') # 000000FF은 파란색
    # 불합격일 때 foramt을 변수로 설정
    fail_format =  Font(size=12, name='굴림', color = '00FF0000') #00ff000은 빨간색
    # 행 최댓값 구하기
    max_row  = ws.max_row
```

```
# 행 최댓값 사용하여 for문 사용(반복)
for row_index in range(2, max_row+1):
    # 합격/불합격인지 문자열 읽어오기
    result_str = ws.cell(row = row_index, column=6).value
    # 합격일 경우 셀 서식 적용
    if result_str == "합격":
        ws.cell(row=row_index, column=6).font = pass_format
    # 불합격일 경우 셀 서식 적용
    else:
        ws.cell(row=row_index, column=6).font = fail_format
```

위 코드에 주석을 달아놨으니 천천히 따라가면서 이해해 보세요. 결과 이미지는 아래와 같습니다. 합격일 경우 "굴림", "font size = 12", "파란색"을 적용하고 불합격일 경우 "굴림", "font size = 12", "빨간색"인 조건부 서식을 적용하는 코드입니다.

	A	B	C	D	E	F	G
1	이름	국	영	수	평균	합불여부	
2	YB	90	100	100	96.66667	합격	
3	SW	100	80	80	86.66667	합격	
4	BJ	80	80	70	76.66667	불합격	
5	MJ	100	70	80	83.33333	불합격	
6							

[그림 3-33]

파이썬 함수(Function) 코드 작성법

함수의 개념에 대해서는 "2.4 함수, 모듈, 패키지, 라이브러리"에서 언급한 적이 있습니다. 이번 참고상자에서는 함수 코드를 작성하는 방법에 대해 배워보겠습니다. 함수를 정의하는 방법은 아래와 같습니다.

[함수를 정의하는 방법]

```
def 함수명(매개변수 1, 매개변수 2....):
    함수 동작 코드 작성
    return 반환값
```

함수는 기본적으로 위와 같은 형태를 가집니다. def를 통해 함수를 정의하고 그 아래에 함수에 대한 동작 코드를 작성합니다. 함수를 정의할 때 매개변수는 함수를 사용할 때 필요한 값이라고 할 수 있습니다. 필수 요소가 아니므로 어떤 함수냐에 따라 매개변수가 없을 수도 있습니다. 함수에서 결과를 반환해야 한다면 return을 활용하시면 됩니다.

아래 예시를 통해 확인해 보겠습니다. 매개변수 2개를 정수로 입력받아 덧셈 결과를 반환하는 sum 함수입니다.

[코드]

```
# a, b를 입력받아 덧셈 결과를 리턴하는 함수
def sum(a, b):
    sum_result = a+b
    return sum_result

print("1+3 = ", sum(1,3))
```

[결과]

```
1+3 = 4
```

시트 조작하기

해시태그: #openpyxl시트생성 #openpyxl시트이동 #openpyxl시트복사

3.7.1 시트 생성하기

이번 3.7.1에서는 openpyxl을 이용해 엑셀의 시트를 조작하는 여러 가지 방법을 배워보겠습니다. 먼저, 새로운 Workbook 객체를 생성하고 해당 Workbook의 시트명을 출력하는 코드를 작성해 보겠습니다.

[코드]

```
import openpyxl as op
wb = op.Workbook() # 새로운 Workbook 객체 생성
print(wb.sheetnames) # 새로운 Workbook의 시트명 리스트 출력해 보기
```

[결과]

```
['Sheet']
```

새로운 Workbook 객체를 생성하고 sheet 리스트를 출력해 보면 'Sheet' 라는 리스트 요소 1개가 출력됩니다. 새로운 엑셀 파일을 생성할 시 기본적으로 'Sheet'라는 이름을 가진 시트가 자동으로 생성되기 때문입니다.

Workbook 객체에 시트를 새로 추가하는 방법은 .create_sheet 함수를 사용하는 것입니다. 시트 생성 함수는 이전 내용에서도 다룬 적이 있습니다. 이번 편은 해당 내용에 대해 좀 더 자세히 다뤄 보겠습니다.

create_sheet 함수 사용법은 아래와 같습니다.

[사용법]

```
'Workbook 객체명'.create_sheet('시트명',위칫값(정수))
```

바로 예시를 통해 알아보겠습니다. 시트를 생성하는 방법은 간단합니다. 아래 코드를 보실까요?

[코드]

```python
import openpyxl as op
wb = op.Workbook() # 새로운 Workbook 객체 생성
ws = wb.create_sheet("연습") # 시트 새로 생성
print(wb.sheetnames) # 시트 리스트 출력
```

[결과]

```
['Sheet', '연습']
```

위 사용법과 같이 create_sheet("시트명")을 입력해 주면 자동으로 해당 Workbook 객체(=wb)에 새로운 Sheet가 자동으로 생성됩니다. 추가로, 변수로 지정한 ws는 새롭게 생성한 '연습' Sheet의 객체가 됩니다. 만약, 기존에 생성된 시트가 많아 시트의 위치를 지정해 주고 싶다면 아래 코드와 같이 사용하시면 됩니다.

[코드]

```python
# 첫 번째 위치에 생성
ws = wb.create_sheet("첫 번째", 0)
print("첫 번째 : ", wb.sheetnames)

# 마지막에서 두 번째 위치에 생성
ws = wb.create_sheet("뒤에서 두 번째",-1)
print("뒤에서 두 번째 : ", wb.sheetnames)

# 두 번째 위치에 생성
ws = wb.create_sheet("두 번째",1)
print("두 번째 : ", wb.sheetnames)

# 세 번째 위치에 생성
ws = wb.create_sheet('세 번째',2)
print("세 번째 : ", wb.sheetnames)
```

[결과]

```
첫 번째 :  ['첫 번째', 'Sheet', '연습']
뒤에서 두 번째 :  ['첫 번째', 'Sheet', '뒤에서 두 번째', '연습']
```

```
두 번째 : ['첫 번째', '두 번째', 'Sheet', '뒤에서 두 번째', '연습']
세 번째 : ['첫 번째', '두 번째', '세 번째', 'Sheet', '뒤에서 두 번째', '연습']
```

위 코드와 결과를 대조해서 확인해 보시기 바랍니다. create_sheet( ) 내부의 숫자 입력값에 따라 시트의 위치가 다르게 생성되는 것을 확인하실 수 있습니다. 한 가지 주의할 점은 위에서 생성한 시트 내용은 wb.save( ) 함수를 통해 저장을 해야 원본에 반영이 된다는 것입니다. 자동화 프로그램을 작성할 때는 save( )를 꼭 넣도록 합시다. 이 부분은 시트 생성뿐만 아니라 시트를 제어하는 모든 기능에 해당합니다.

3.7.2 시트 이름 변경하기

시트 이름을 변경하는 방법은 WorkSheet 객체의 title 속성을 사용하면 됩니다. 아래 코드를 3.7.1 에 이어서 작성하고 실행해 보겠습니다.

[코드]

```
# '첫 번째'라는 이름을 가진 시트를 'First'로 변경
ws1 = wb["첫 번째"]
ws1.title = "First"
print("변경 후 1 :", wb.sheetnames)

# '두 번째'라는 이름을 가진 시트를 'Second'로 변경
ws2 = wb["두 번째"]
ws2.title = "Second"
print("변경 후 2 :", wb.sheetnames)
```

[결과]

```
변경 후 1 : ['First', '두 번째', '세 번째', 'Sheet', '뒤에서 두 번째', '연습']
변경 후 2 : ['First', 'Second', '세 번째', 'Sheet', '뒤에서 두 번째', '연습']
```

위 코드와 같이 이름을 바꾸려고 하는 WorkSheet 객체의 title 속성값을 변경할 값으로 지정해 주시면 결과와 같이 시트명을 변경할 수 있습니다.

3.7.3 시트 이동, 복사, 삭제하기

1. 시트 이동/복사

이번엔 같은 파일에서 시트의 위치를 변경하고 복사하는 방법을 알아보겠습니다. 시트 위치 이동과 복사는 .move_sheet 함수와 copy_worksheet 함수를 사용하면 됩니다.

먼저 시트 이동부터 알아보겠습니다. 시트 이동은 .move_sheet 함수를 사용하면 됩니다. move_sheet는 현재 위치(기준)에서 상대적인 위칫값(offset)을 입력하여 시트를 이동시킵니다.

[코드]

```
print("원본 : ", wb.sheetnames) # 원본 출력
ws = wb['Second'] # Worksheet 객체 설정(시트명 : Second)
wb.move_sheet(ws, -3) # 'Second sheet'를 기준점에서 앞으로 3칸 이동
print("이동 후 : " , wb.sheetnames) # 위치 이동 후 출력
```

[결과]

```
원본 :  ['First', 'Second', '세 번째', 'Sheet', '뒤에서 두 번째', '연습']
이동 후 :  ['First', '세 번째', 'Sheet', 'Second', '뒤에서 두 번째', '연습']
```

시트 복사는 copy_worksheet를 사용하면 가능합니다. 특정 시트 복사 시 '해당 시트명' + 'Copy'라는 이름으로 시트가 생성됩니다. 아래 예시를 보겠습니다. 위 코드에서 추가 작성하여 실행해 보겠습니다.

[코드]

```
# 'Second' 시트를 Worksheet 객체로 설정
sht = wb["Second"]
# 'Second' 시트를 복사하고 복사한 시트를 ws_copy 객체로 설정
ws_copy = wb.copy_worksheet(sht)

# 출력해 보기
print("복사한 시트명 : ", ws_copy)
print("시트 리스트 : ", wb.sheetnames)
```

[결과]

```
복사한 시트명 : <Worksheet "Second Copy">
시트 리스트 : ['First', '세 번째', 'Sheet', 'Second', '뒤에서 두 번째', '연습',
'Second Copy']
```

결과를 보시면 'Second Copy'라는 시트가 뒤에 새로 생성된 것을 확인할 수 있습니다.

2. 시트 삭제

그럼 이번에는 생성한 시트를 다시 삭제하는 코드를 작성해 보도록 하겠습니다. 시트를 삭제하는
방법은 간단합니다. Workbook 객체의 remove 함수를 사용하면 됩니다. 사용법은 간단하므로 바
로 코드를 통해 이해해 보겠습니다. 마찬가지로 위 코드에 이어서 작성해 보겠습니다.

[코드]

```
print("원본 : ", wb.sheetnames)
ws = wb['First']
wb.remove(ws)# 시트 삭제 : 삭제 시 괄호 안의 내용은 Worksheet 객체이다.
print("삭제 후 :", wb.sheetnames)# 삭제 후 시트 리스트 출력
```

[결과]

```
원본 : ['First', '세 번째', 'Sheet', 'Second', '뒤에서 두 번째', '연습', 'Second
Copy']
삭제 후 : ['세 번째', 'Sheet', 'Second', '뒤에서 두 번째', '연습', 'Second Copy']
```

객체로 설정했던 'First'라는 시트가 삭제된 것을 확인하실 수 있습니다.

 파일 간 시트 이동/복사

openpyxl은 파일 간 시트 이동/복사 기능을 지원하지 않습니다. 위에서 설명해 드린 내용은 같
은 파일 내에서만 시트를 이동/복사하는 기능입니다. 파일 간 시트 이동/복사 기능은 Microsoft
에서 제공하는 win32com이라는 라이브러리를 사용하셔야 합니다. 이 책에서 엑셀을 다루는 주
요 내용은 openpyxl이므로 Chapter 3에서는 다루지 않습니다. 해당 기능은 업무 자동화에서
자주 찾는 기능인 만큼 "Chapter 11. 실전 프로젝트"에서 다룰 예정입니다.

3.8 차트 만들기

해시태그: #openpyxlchart #파이썬엑셀차트

이번 **3.8**에서는 openpyxl 라이브러리를 활용해 엑셀 차트를 생성하는 법을 공부하겠습니다. 먼저 **3.6**에서 다뤘던 성적표 파일을 다시 가져오겠습니다. 각 학생들의 국영수 성적과 평균을 막대 차트로 나타내 볼 것입니다. 파일명은 "성적표.xlsx"이며, 단계별로 설명해 보겠습니다.

	A	B	C	D	E	F	G
1	이름	국	영	수	평균	합불여부	
2	YB	90	100	100	96.66667	합격	
3	SW	100	80	80	86.66667	합격	
4	BJ	80	80	70	76.66667	불합격	
5	MJ	100	70	80	83.33333	불합격	
6							

[그림 3-34]

1. Workbook 및 Worksheet 객체 생성

가장 먼저 해야 할 일은 위 "성적표.xlsx" 파일에 대한 객체를 생성하는 코드를 작성하는 것입니다. 지금까지 많이 다뤄왔던 코드이지만 import하는 부분(2번째 줄)이 추가되었습니다. openpyxl 라이브러리를 통해 차트를 생성하려면 차트 모듈을 사용하시면 됩니다. 아래 코드에서는 기본적으로 구성하려는 차트가 막대 차트이기 때문에 chart 모듈 중 BarChart를 import하였으며, 다른 종류의 chart를 사용하려면 그에 따른 클래스를 import해야 합니다. openpyxl에서 지원하는 chart는 아래 표에서 간단히 정리해 보겠습니다.

[코드]

```python
import openpyxl as op # Openpyxl import
from openpyxl.chart import BarChart, Reference # Openpyxl chart import

path = r"C:\Users\..\VS CODE"
```

```
wb= op.load_workbook(path+"/"+"성적표.xlsx")
ws = wb.active
```

[openpyxl.chart 모듈에서 제공하는 차트 종류]

차트 형태(엑셀)	모듈명(openpyxl)	설명
꺾은선 그래프	LineChart	- X축, Y축으로 구성된 데이터 시각화 - 데이터가 시간, 날짜와 같이 순서대로 나열된 경우 사용
막대 그래프	BarChart	- X축, Y축으로 구성된 데이터 시각화 - 데이터 간 비교가 필요할 때 사용
누적 막대 그래프	StackedBarChart	- 막대 그래프와 비슷하지만 한 막대 고리 안에 여러 카테고리 데이터를 누적하여 표시 - 전체적인 데이터 및 비율 비교 시 사용
그룹 막대 그래프	GroupBarChart	- 여러 카테고리 데이터를 그룹화하여 다른 막대로 표시
파이 그래프	PieChart	- 원 형태로 전체 데이터에서 각 데이터가 차지하는 비율을 비교할 때 사용
산점도 그래프	ScatterChart	- X축과 Y축으로 구성된 데이터를 산점도로 표시 - 두 변수 간의 관계를 비교할 때 사용
레이더 차트	RadarChart	- 각각 카테고리가 중심을 기준으로 뻗어나간 선으로 표시 - 전체적인 비교 및 패턴을 보여 줌
주식 차트	StockChart	- 주식 가격 등 금융 데이터를 표시할 때 사용
표면 그래프	SurfaceChart	- X축, Y축, Z축으로 구성된 3차원 데이터
버블 차트	BubbleChart	- 각각의 데이터 포인트가 크기, 색상으로 비교될 수 있도록 표시함. (3개의 변수 표시)

2. 차트 양식 설정하기

2번째 과정은 차트의 양식을 정하는 일입니다. BarChart에서도 가로 막대 차트인지, 세로 막대 차트인지 형태를 구분할 수 있습니다. 그리고 차트의 색상 스타일과 제목, 축에 대한 이름을 설정할 수 있습니다. 코드는 아래와 같으며, 마지막 add_chart는 생성한 차트를 실제 시트에 추가하는 부분입니다.

```
chart1 = BarChart() # 차트 객체 생성
chart1.type = "col" # col : 세로 막대 or bar : 가로 막대
chart1.style = 10 # 차트 색상 스타일
chart1.title = "국영수 성적표" # 차트 제목
chart1.y_axis.title = '점수' # y축 이름
chart1.x_axis.title = '학생이름' # x축 이름
ws.add_chart(chart1, "A10")
wb.save("성적표 차트.xlsx")
wb.close() # 워크북 닫기
```

[결과]

	A	B	C	D	E	F	G	H
1	이름	국	영	수	평균	합불여부		
2	YB	90	100	100	96.66667	합격		
3	SW	100	80	80	86.66667	합격		
4	BJ	80	80	70	76.66667	불합격		
5	MJ	100	70	80	83.33333	불합격		
6								
7								
8								
9								
10								
11								
12								
13								
14								
15								
16								
17								
18								
19								
20								
21								
22								
23								

[그림 3-35]

결과에서는 빈 chart format으로 나오는 게 정상입니다. 다음 과정에서 차트의 데이터 영역과 범례 영역을 설정하면 정상적으로 출력됩니다.

3. 차트 범례, 데이터 영역 설정하기

차트의 빈 양식에 차트의 데이터 영역과 범례 영역을 설정하는 코드를 작성해 보겠습니다. 참고로 2)에서 chart 1을 이미 ws.add_chart( ) 함수를 통해 시트에 추가했기 때문에 한 번 더 add_chart하면 에러가 발생합니다.(동일 한 차트명은 한 시트에 추가 불가능) 따라서 코드를 새로 작성합니다.

[코드]

```python
import openpyxl as op # Openpyxl import
from openpyxl.chart import BarChart, Reference # Openpyxl chart import


path = r"C:\Users\...\VS CODE"


wb= op.load_workbook(path+"/"+"통합문서 1.xlsx")
ws = wb.active


chart1 = BarChart() # 차트 객체 생성
chart1.type = "col" # col : 세로 막대 or bar : 가로 막대
chart1.style = 10 # 차트 색상 스타일
chart1.title = "국영수 성적표" # 차트 제목
chart1.y_axis.title = '점수' # y축 이름
chart1.x_axis.title = '학생이름' # x축 이름
# ws.add_chart(chart1, "A10")


# data 영역 설정(점수)
data = Reference(ws, min_col=2, min_row=1, max_row=5, max_col=5)
# cat 영역 설정(학생이름)
cats = Reference(ws, min_col=1, min_row=2, max_row=5)
# 차트 영역에 데이터 추가, titles_from_data는 범례 사용 여부
chart1.add_data(data, titles_from_data=True)
# 차트 영역에 카테고리 설정(학생이름)
chart1.set_categories(cats)
chart1.shape = 4
ws.add_chart(chart1, "A10")
wb.save("성적표 차트.xlsx")
wb.close() # 워크북 닫기
```

코드에서 data, cats을 설정할 때, col과 row값은 아래와 같이 설정됩니다. 아래 그림과 함수 내부

의 col, row값을 비교해보세요.

- data 영역

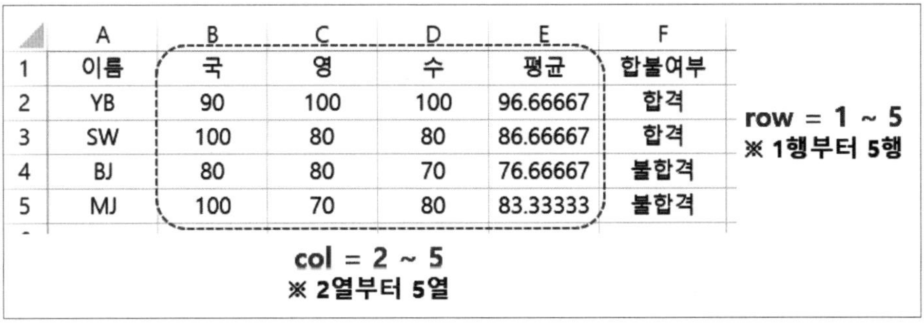

[그림 3-36]

- cats 영역

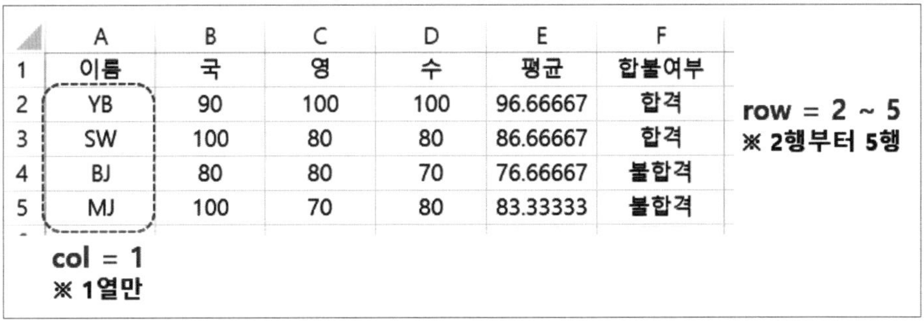

[그림 3-37]

위 코드를 실행한 결과는 아래와 같습니다. "2) 차트 포맷 설정하기"에서 chart1.type = "bar"로 변경하시면 가로 막대 차트로 변경됩니다.

[결과]

	A	B	C	D	E	F	G	H
1	이름	국	영	수	평균	합불여부		
2	YB	90	100	100	96.66667	합격		
3	SW	100	80	80	86.66667	합격		
4	BJ	80	80	70	76.66667	불합격		
5	MJ	100	70	80	83.33333	불합격		
6								
7								
8								
9								

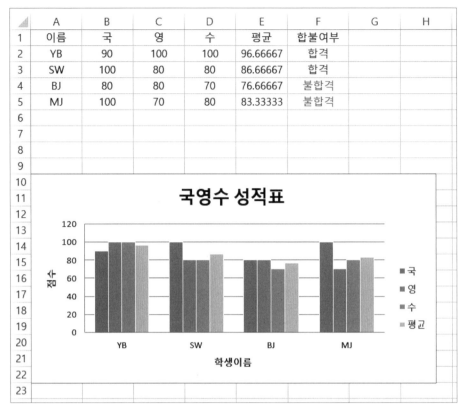

[그림 3-38]

엑셀 VBA 파이썬과 연동하기

해시태그: #VBA파이썬연동 #Xlwings

3.9.1 엑셀 VBA 개념 잡기

VBA란 Visual Basic for Application의 약자로 Microsoft사에서 제공하는 프로그래밍 언어입니다. Excel, Power point, Word, Outlook과 같은 Microsoft 응용 프로그램을 위한 언어라고 생각하시면 됩니다. 엑셀 VBA는 Excel에서 사용자가 원하는 기능을 프로그래밍 언어를 통해 개발할 수 있는 도구입니다.

최근 파이썬으로 쉽게 엑셀을 제어할 수 있는 패키지가 많이 개발되어 있어서 VBA를 사용하지 않아도 엑셀 자동화 프로그램을 개발할 수 있습니다. 하지만 엑셀 VBA는 엑셀을 위한 프로그래밍 언어인 만큼 파이썬에 비해 엑셀을 제어하는 기능이나 속도 측면에서 좀 더 나은 부분이 있습니다.

따라서 필요에 따라 엑셀 VBA를 파이썬과 연동한다면 엑셀 업무 자동화에서 좀 더 활용도 높은 자동화 프로그램을 개발할 수 있습니다. 본 책에서는 VBA에 대해 자세히 다루진 않습니다. 다만, VBA는 엑셀과 유래를 같이한 만큼 인터넷에 자료가 많은 편입니다. 처음부터 직접 모든 걸 개발하지 않고 원하는 기능의 VBA 코드를 인터넷에서 찾아 xlwings와 연동하는 방법만 알고 있어도 유용하게 활용할 수 있습니다.

이번 **3.9**에서는 엑셀 VBA를 사용하는 방법과 파이썬과 VBA를 연동하는 방법만 간단히 다룰 예정입니다.

3.9.2 엑셀 VBA 개발 환경 설정

3.9.2에서는 엑셀 VBA를 사용하는 방법에 대해서 간단하게 알아보겠습니다.

1. 매크로(VBA) 파일 생성하기

엑셀에는 여러 확장자 파일이 있습니다.(.xlsx, xls, .xlsm, xltm 등) VBA를 동작시키기 위해선

.xlsm 확장자 파일로 생성하셔야 합니다. 아래 이미지는 엑셀 파일을 저장할 때 나오는 확장자 정보입니다. 앞으로 다루는 내용들은 .xlsm 확장자 기준으로 설명하겠습니다.

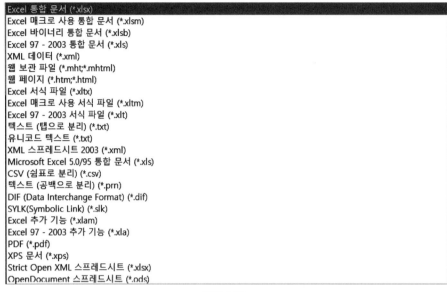

[그림 3-39]

2. VBA 개발 도구 실행해 보기

엑셀 VBA 개발 도구(코드 작성 창)를 실행하는 방법은 2가지입니다. 엑셀 메뉴 선택 바 중 개발 도구 - Visual Basic을 선택하거나 단축키(Alt+F11)를 누르는 것입니다.

[그림 3-40]

위 이미지는 엑셀 메뉴 선택 바를 통해 개발 도구를 실행하는 방법입니다. 아래 이미지를 참고해 보세요. Visual Basic 개발 도구가 실행되면 아래와 같은 창이 표시됩니다.

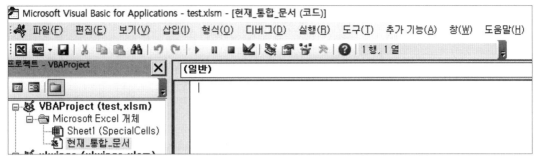

[그림 3-41]

3. 모듈 추가

엑셀 VBA에는 모듈이라는 개념이 있습니다. 모듈은 VBA에서 프로젝트를 구성하는 기본 단위입니다. 프로시저(Procedure)의 집합으로 표현하기도 합니다. 프로시저는 특정 기능을 실행하기 위한 코드 집합입니다. 개념을 외우실 필요는 없고 이런 게 있구나 정도로 알아두세요.

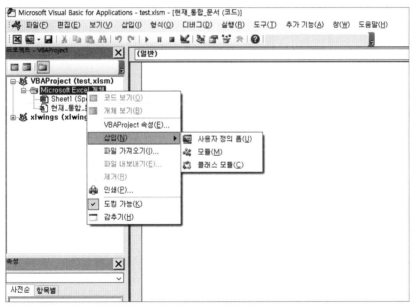

[그림 3-42]

VBA 코드를 작성하려면 위에서 설명한 모듈을 생성해야 합니다. 위 이미지처럼 'Microsoft Excel 개체'에서 마우스 오른쪽을 클릭 후 삽입-모듈을 클릭하시면 됩니다. 모듈이 정상적으로 생성되었으면 아래 사진처럼 모듈 폴더와 함께 'Module1'이라는 항목이 생깁니다. 'Module1'을 더블 클릭하시면 해당 모듈에 VBA 코드를 작성할 수 있습니다.(아래 이미지)

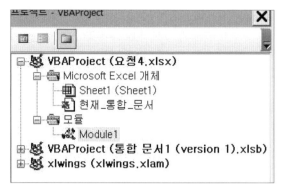

[그림 3-43]

4. VBA 코드 작성해 보기

프로시저 1개를 정의하고 메시지 박스를 띄우는 VBA 코드를 작성해 보겠습니다. 아래 코드에서 Sub ~ End Sub이라는 부분이 하나의 프로시저입니다. 프로시저의 이름은 'PrintMsg'입니다.

[코드]

```
Sub PrintMsg()
    Text = "VBA 테스트"
    MsgBox Text
End Sub
```

[결과]

[그림 3-44]

기본적인 VBA 사용법 설명은 끝났습니다. 앞에서 말씀드린 대로, 이 책에서는 VBA에 대해 자세히 다루진 않습니다. 단지 파이썬 xlwings 라이브러리를 사용하기 위한 기본적인 VBA 사용법만 명시 하였습니다. 이제 **3.9.3**에서 파이썬 xlwings 개발 환경 설정 방법과 사용법을 알아볼 예정입니다.

3.9.3 파이썬과 엑셀 VBA 연동하기

이번 **3.9.3**에서는 엑셀 VBA와 파이썬 언어를 연동해 주는 매개체인 xlwings 라이브러리에 대해
개발 환경을 구성하고 사용하는 방법을 알아보겠습니다.

1. Xlwings 설치 및 Excel 환경 설정

xlwings는 파이썬 내장 라이브러리가 아니기 때문에 먼저 설치를 해야 합니다. openpyxl과 다르
게 xlwings 이외에 xlwings addin이라는 엑셀 애드인(Add-in)도 추가로 설치해야 합니다. 설치 방
법은 어렵지 않습니다. 먼저 xlwings 라이브러리부터 설치해 봅시다. 본인의 개발 한경 터미널 창
에 아래 명령어를 입력하세요.

```
pip install xlwings
```

그리고 동일한 방법으로 애드인도 설치합니다. xlwings 설치가 완료된 상태에서 터미널 창에 아래
명령어를 입력해 주세요.

```
xlwings addin install
```

정상적으로 설치가 되었다면 사용자의 PC에서 엑셀 프로그램을 실행해 보세요. 아래와 같이 엑셀
메뉴 우측 상단에 'xlwings'라는 메뉴가 생겼다면 정상적으로 설치된 것입니다.

[그림 3-45]

라이브러리와 애드인이 정상적으로 설치되었다면 엑셀의 개발 환경을 별도로 설정해 주셔야 합니
다. 이전 **3.9.2**에서 엑셀 VBA 개발 도구(코드 작성 창)를 실행하는 방법을 설명했습니다. 엑셀을
실행한 후, Visual Basic 개발 도구를 실행해 봅시다.(단축키 Alt+F11)

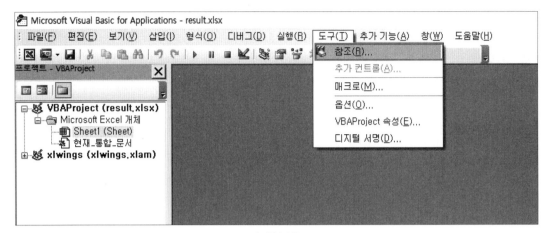

[그림 3-46]

그다음, 위 이미지를 참고하여 상단의 '도구'-'참조' 메뉴를 선택해 봅시다. 그럼 아래와 같은 창이 나오니 'xlwings'라는 항목을 체크하고 확인을 눌러줍시다.

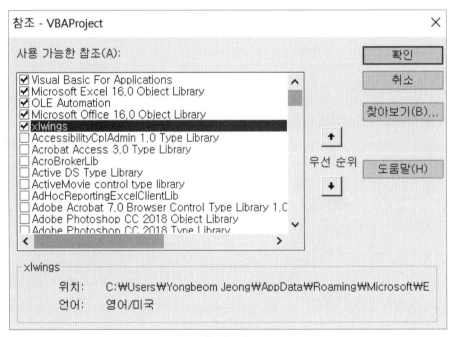

[그림 3-47]

그럼 설정이 끝났습니다. 정상적으로 개발 환경이 설정되어 있다면 아래 이미지처럼 VBA Project 창에 xlwings라는 항목이 추가되어 있어야 합니다.

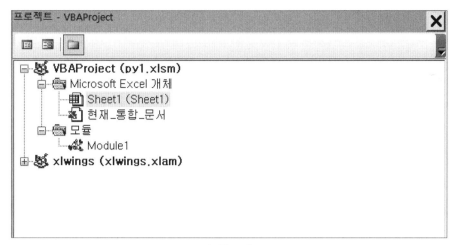

[그림 3-48]

2. 엑셀 VBA에서 파이썬 언어 실행하기

파이썬 코드를 VBA에서 동작시키기 전에 아래 경로에 엑셀 매크로 파일인 "p1.xlsm"를 임의로 생성해 보겠습니다.

[그림 3-49]

그다음, 동작시킬 파이썬 테스트 코드를 작성해 보겠습니다. 아래 파이썬 코드 파일명은 "py1..py" 입니다.

[코드]

```python
import xlwings


def main():
    wb = xlwings.Book.caller()     # xlwings 통해 Workbook 호출
    sheet = wb.sheets[0]     # Sheet 설정
```

```
    sheet["A1"].value = "xlwings 테스트 코드 작성"        # 텍스트 입력 1
    sheet["A2"].value = "파이썬 업무 자동화"        # 텍스트 입력 2


if __name__== "__main__":
    path = r"C:\Desktop\...\연습"
    xlwings.Book(path+"/"+"p1.xlsm").set_mock_caller()        # 매크로 파일 설정
    main()        # main 함수 호출
```

VBA를 활용하여 실행하기 전에 파이썬에서 코드를 제대로 작성했는지 "py1..py" 파일 내에서 main( ) 함수를 호출해 봅시다. 결과는 아래와 같습니다. "A1"과 "A2" 셀 위치에 텍스트가 출력됩니다.

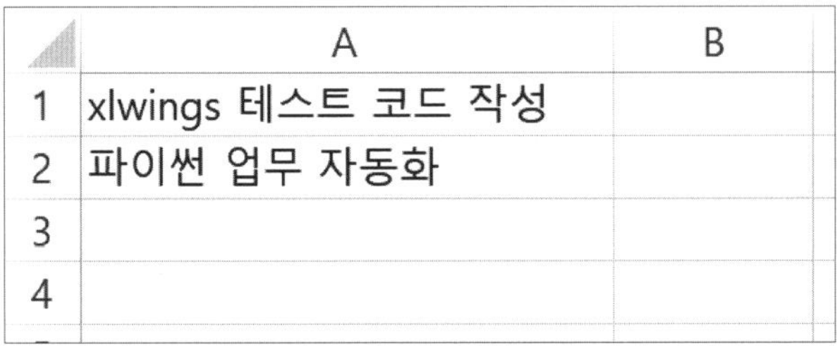

	A	B
1	xlwings 테스트 코드 작성	
2	파이썬 업무 자동화	
3		
4		

[그림 3-50]

파이썬 코드가 제대로 동작하는 것을 확인하였으니 이번에는 엑셀 VBA에서 해당 파이썬 코드를 호출하는 과정을 배워보겠습니다. 먼저 Alt+F11을 눌러 VBA 개발 도구 창을 열고 모듈을 생성한 후, 아래 코드를 작성해 보도록 합시다. 아래 코드는 엑셀 VBA 코드입니다.

[코드]

```
Sub test()
    RunPython "import py1;"
    RunPython "py1.main()"
End Sub
```

파이썬 코드를 엑셀 VBA에서 호출할 땐, RunPython이라는 구문을 활용합니다. " " 내부에 들어가는 내용은 파이썬 코드이므로 이 부분만 기억하시면 됩니다. 줄이 바뀌는 코드에 대해서는 마지막에 세미콜론(;)을 붙여주셔야 합니다. 정상적으로 코드 작성이 되었다면 아래와 같은 이미지가 됩니다.

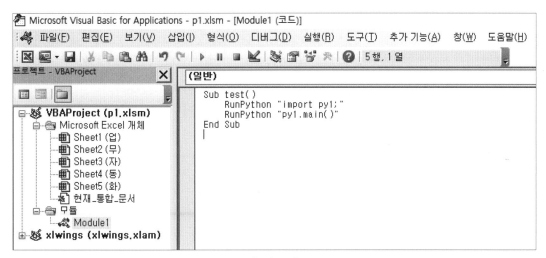

[그림 3-51]

그럼 이제 실행해 보겠습니다. xlwings를 통해 파이썬 코드를 실행할 땐 개발 환경 설정 시 진행했던 xlwings addin을 활용합니다. 엑셀 매뉴 중 [xlwings] 탭을 선택하면 아래와 같은 창이 출력됩니다. PYTHONPATH 항목을 "py1.py" 파일 경로로 수정해 줍니다.

[그림 3-52]

"py1.py" 파일과 "p1.xlsm" 파일이 같은 경로에 있다면 PYTHONPATH난을 비워두셔도 무관합니다. 그다음, Run main(실행 버튼)을 클릭하겠습니다. 아래 결과처럼 파이썬 파일("py1.py")의 코드를 그대로 호출한 결과를 확인할 수 있습니다.

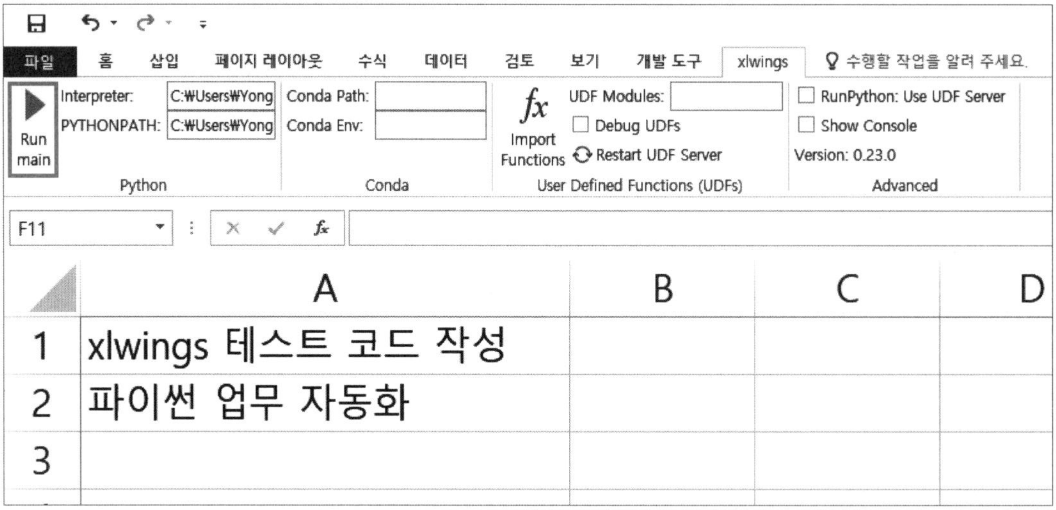

[그림 3-53]

3. 파이썬에서 엑셀 VBA 실행하기

이번에는 이전 과정과는 반대로 파이썬에서 VBA 코드를 호출해 보겠습니다. 먼저 VBA "p2.xlsm" 파일을 새로 생성하여 아래와 같이 코드를 작성하고 실행해 보겠습니다.

[코드]

```
Sub test()
    Dim i As Integer
    Dim sht As Worksheet
    Set sht = Sheets(1)
    With sht
        For i = 1 To 10
            .Cells(i, 1).Value = "xlwings 테스트" & i
        Next i
    End With
End Sub
```

	A	B
1	xlwings 테스트1	
2	xlwings 테스트2	
3	xlwings 테스트3	
4	xlwings 테스트4	
5	xlwings 테스트5	
6	xlwings 테스트6	
7	xlwings 테스트7	
8	xlwings 테스트8	
9	xlwings 테스트9	
10	xlwings 테스트10	
11		

[그림 3-54]

제대로 실행되는 것을 확인하셨으면 위 코드를 파이썬 코드에서 호출해 보겠습니다. 위 VBA Sub 프로시저의 명칭이 "test"임을 기억해 둡시다. 추가로 파이썬 코드 파일은 "py2.py"로 생성하여 p2.xlsm과 같은 경로에 있다고 가정하고 코드를 작성해 보겠습니다. 아래 이미지는 VBA 매크로 파일과 .py 파일이 같은 경로에 있음을 보여줍니다.

[그림 3-55]

아래 파이썬 코드(py2.py)를 작성해서 실행해 보겠습니다. 파이썬 파일에서 VBA의 "test" 함수를 호출하였습니다. 정상적으로 동작한다면 "py2_result.xlsx"라는 결과 파일이 생성되고 위 [그림 3-54]와 같은 결과가 출력되어야 합니다.

```
import xlwings as xw
# 엑셀 매크로 파일 열기(path는 매크로 파일이 있는 경로)
path = r"C:\Users\...\Project\xlwingstest\p2.xlsm"
wb = xw.Book(path)
macro_test = wb.macro('test') # 엑셀 VBA의 매크로 함수 'test'를 파이썬 함수로 지정
macro_test() # VBA 함수 실행
wb.save("py2_result.xlsm") # 함수를 실행한 엑셀 파일 따로 저장하기
```

3.10.1 특정 문자 기준으로 문자열 분리 및 나열하기

지금까지 배웠던 내용을 응용해서 실제 업무 자동화에 쓰일 법한 간단한 내용으로 연습 코드를 작성해 보겠습니다.

[그림 3-56]

위 그림과 같이 데이터를 가공하는 코드를 작성하려고 합니다. 왼쪽 이미지는 원본 파일이며 파일명은 "연습하기.xlsx"입니다. 해당 파일을 불러와서 각 행의 데이터들을 가공하여 행별로 나열시키는 코드입니다. 지금까지 배웠던 openpyxl 학습 내용을 통해 step별로 구현해 보도록 하겠습니다.

step 1 Workbook 및 Worksheet 객체 생성

```
import openpyxl as op

# step 1. 엑셀 Workbook 및 Worksheet 객체 생성
path = r"C:\User\VS CODE\Project\사장님몰래하는파이썬업무자동화\연습하기.xlsx"
wb = op.load_workbook(path)
ws = wb.active
```

지금까지 많이 봐왔던 코드입니다. openpyxl 라이브러리를 .py 파일상으로 import하고 위 엑셀 원본 파일인 "연습하기.xlsx" 파일에 대한 Workbook 및 Workshset 객체를 생성하는 부분입니다.

step 2 데이터를 저장하기 위한 빈 리스트 생성

```
# step 2. 데이터를 저장하기 위한 빈 리스트 생성
category_list =[] # 종류
data_list =[] # data
```

원본 파일의 A 열(종류), B 열(내용)의 요소들을 각각 리스트로 저장하기 위한 빈 리스트를 생성합니다. 변수명=[ ]와 같은 형태로 코드를 작성하시면 빈 리스트를 생성할 수 있습니다.

step 3 rows 속성 사용하여 A 열, B 열을 각각 리스트로 저장하기

```
# step 3. rows 속성 사용하여 A 열, B 열을 각각 리스트에 추가하기
for r in ws.rows:
    category_list.append(r[0].value) # 튜플의 0번째 요솟값
    data_list.append(r[1].value) # 튜플이 1번째 요솟값
print("category list 출력 : ", category_list)
print("data_list 출력 : ", data_list)
```

step 2에서 생성한 category_list와 data_list를 활용하여 실제 엑셀 시트 내부의 열별 정보를 읽어오는 과정입니다. ws.rows는 3.4.1에서 다뤘던 내용입니다. for문을 사용하면 각 행을 1차원 튜플로 출력할 수 있습니다. 그래서 반복문의 r[0]와 r[1]은 각 행의 A 열(index : 0), B 열(index : 1)을 나타냅니다. 위 코드를 출력한 결과는 아래와 같습니다.

```
category list 출력 : ['종류', '과일', '육류', '채소']
data_list 출력 : ['내용', '사과,바나나,귤,수박', '닭고기,항정살,삼겹살,오겹
살,꽃등심', '피망,파프리카,당근,오이']
```

step 4 split 함수를 통한 분리 결과를 리스트에 저장

```
# step 4. split 함수를 통한 분리 결과를 리스트에 저장
i=0 # 종류를 표시하는 인덱스
result_list = [] # 분리 결과를 저장할 list

for data in data_list:
    temp_text = data.split(',') # 콤마 기준으로 분리
    print(temp_text)
    for word in temp_text:
        temp_tuple = (category_list[i], word)
        result_list.append(temp_tuple)
print(result_list)
i=i+1 # 행 변경을 위해 인덱스 숫자 증가
```

먼저 첫 번째 for문(for data in data_list)부터 살펴봅시다. step 3에서 생성했던 data_list를 split 함수를 통해 콤마(,) 기준으로 분리하여 리스트화합니다. split 함수는 아래 참고상자에서도 설명 하겠지만 특정 문자 기준으로 문자열을 분리하여 리스트화합니다. 각 반복에 따라 temp_text를 출 력하면 아래와 같습니다. 각 줄의 문자들이 분리되어 리스트화되었습니다.

```
['내용']
['사과', '바나나', '귤', '수박']
['닭고기', '항정살', '삼겹살', '오겹살', '꽃등심']
['피망', '파프리카', '당근', '오이']
```

그다음 for문은 분리된 리스트(temp_text)와 category_list(종류열)의 데이터를 통해 각 요소를 1차 원 튜플로 생성합니다. 그다음 각 요소를 result_list(분리 결과를 저장하는 리스트 변수)에 저장합 니다. result_list를 추가한 결과는 아래와 같습니다.

```
[('종류', '내용'), ('종류', '사과'), ('종류', '바나나'), ('종류', '귤'), ('종류', '수박'),
('종류', '닭고기'), ('종류', '항정살'), ('종류', '삼겹살'), ('종류', '오겹살'), ('종류', '
꽃등심'), ('종류', '피망'), ('종류', '파프리카'), ('종류', '당근'), ('종류', '오이')]
```

step 5 결과를 엑셀에 쓰기

```
# step 5. 엑셀에 새로 쓰기
ws_result = wb.create_sheet("결과") # '결과' 시트 새로 생성
```

```
row_num=1 # 입력을 위한 행 변경 인덱스
for one in result_list:
    ws_result.cell(row=i, column=1).value = one[0] # 첫 번째 튜플 요소(종류)
    ws_result.cell(row=i, column=2).value = one[1] # 두 번째 튜플 요소(내용)
    row_num=row_num+1

wb.save("분류결과.xlsx") # 결과 파일 저장
wb.close # 객체 닫기
```

시트를 새로 생성하고 결과 데이터를 새로 입력하는 부분입니다. 지금까지 다 배웠던 부분이죠. result_list의 각 요소가 튜플이기 때문에 시트에 데이터를 입력할 때 one[0], one[1]은 각 튜플 요소의 데이터를 가리키는 부분입니다. 코드를 실행 후, "분류결과.xlsx" 파일을 확인해 보시면 "결과"라는 새로운 시트가 생성되었고 처음과 같은 결과 이미지를 확인하실 수 있습니다.

[전체 코드]

```
import openpyxl as op
from openpyxl import Workbook

# step 1. 엑셀 Workbook 및 Worksheet 객체 생성
path = r"C:\Users\..\Chapter 3_연습하기 1_sample.xlsx"
wb = op.load_workbook(path)
ws = wb.active

# step 2. 데이터를 저장하기 위한 빈 리스트 생성
category_list =[] # 종류
data_list =[] # data

# step 3. rows 속성 사용하여 A 열, B 열을 각각 리스트에 추가하기
for r in ws.rows:
    category_list.append(r[0].value) # 튜플의 0번째 요솟값
    data_list.append(r[1].value) # 튜플이 1번째 요솟값

print("category list 출력 : ", category_list)
print("data_list 출력 : ", data_list)
```

```
# step 4. split 함수를 통한 분리 결과를 리스트에 저장
i=0 # 종류를 표시하는 인덱스
result_list = [] # 분리 결과를 저장할 list

# step 4. split 함수를 통한 분리 결과를 리스트에 저장
for data in data_list:
    temp_text = data.split(',') # 콤마 기준으로 분리
    print(temp_text)
    for word in temp_text:
        temp_tuple = (category_list[i], word)
        result_list.append(temp_tuple)
print(result_list)
i=i+1

# step 5. 엑셀에 새로 쓰기
ws_result = wb.create_sheet("결과") # '결과' 시트 새로 생성

row_num=1 # 입력을 위한 행 변경 인덱스
for one in result_list:
    ws_result.cell(row=i, column=1).value = one[0] # 첫 번째 튜플 요소(종류)
    ws_result.cell(row=i, column=2).value = one[1] # 두 번째 튜플 요소(내용)
    row_num=row_num+1

wb.save("분리결과.xlsx") # 결과 파일 저장
wb.close # 객체 닫기
```

 ## 특정 문자 기준으로 구분하기 split( ) 함수

파이썬에서는 다양한 문자열 처리 함수를 제공합니다. 그중 하나는 split( ) 함수입니다. split 함수는 특정 문자를 기준으로 문자열을 분리해서 각 요소를 리스트로 반환합니다. 사용법은 아래와 같습니다.

'문자열'.split(구분자, 몇 개까지 구분할 것인지?)

아래 예시를 보며 이해해 보겠습니다.

```
text = "a,b,c,d,e,f,g"
# case1 : 콤마( , ) 기준으로 구분하여 리스트로 출력
stext = text.split(',')
print(stext)
# case2 : 콤마( , ) 기준으로 구분하되, 구분 결과는 3개만 출력(구분 3개+나머지 1개)
stext = text.split(',',3)
print(stext)
```

```
spilt(',') : ['a', 'b', 'c', 'd', 'e', 'f', 'g']
spilt(',', 3) : ['a', 'b', 'c', 'd,e,f,g']
```

split(',', 3)의 경우 구분자 콤마(,)기준 3개 요소까지 리스트로 저장하고 나머지는 묶어서 리스트 1개 요소로 저장합니다.

3.10.2 엑셀 내용을 원하는 형태로 가공해 보기

이번엔 3.10.1에 이어서 또 다른 연습하기를 진행해 보겠습니다. 아래 이미지는 회사에서 흔히 볼 수 있는 직원 명단입니다. 이름과 직급, 부서, 연락처로 정보가 구성되어 있습니다.

	A	B	C	D	E
1	이름	직급	부서	연락처	
2	A	사장	-	핸드폰 : 010-0000-0001/사무실 : 070-0000-0000	
3	B	부장	기획실	핸드폰 : 010-0000-0002/사무실 : 070-0000-0001	
4	C	부장	개발팀	핸드폰 : 010-0000-0003/사무실 : 070-0000-0002	
5	D	과장	영업팀	핸드폰 : 010-0000-0004/사무실 : 070-0000-0003	
6	E	차장	생산팀	핸드폰 : 010-0000-0005	
7	F	대리	기획실	핸드폰 : 010-0000-006/사무실 : 070-0000-0003	
8	G	대리	총무부	핸드폰 : 010-0000-007/사무실 : 070-0000-0004	
9	H	사원	개발팀	핸드폰 : 010-0000-0008	
10	I	사원	개발팀	핸드폰 : 010-0000-0009	
11	J	사원	생산팀	핸드폰 : 010-0000-0010	
12	K	사원	기획실	핸드폰 : 010-0000-0011/사무실 : 070-0000-0000	
13					

[그림 3-57]

내용을 자세히 확인해 보니 핸드폰/사무실에 대한 연락처 정보가 한 Cell에 묶여 입력되어 있네요. 이것을 파이썬으로 자동 구분하는 코드를 작성해 보겠습니다. 물론 위 예시는 데이터도 얼마 없고 엑셀에서 제공하는 문자열 함수(LEFT, RIGHT, MID)로도 쉽게 분리할 수 있습니다.

이 책에서 "연습하기" 파트는 지금까지 배웠던 내용을 통해 어떻게 파이썬 업무 자동화를 구현할 수 있는가에 초점을 둡니다. 이 책의 독자분들께서는 openpyxl에서 배운 내용을 어떻게 응용할 수 있는지를 중점적으로 하여 참고하시면 좋을 것 같습니다. 프로그램 동작 시 결과는 아래와 같이 출력되어야 합니다. 원본 파일의 파일명은 "연습하기2.xlsx"입니다.

	A	B	C	D	E	F
1	이름	직급	부서	핸드폰	사무실	
2	A	사장	-	010-0000-0001	070-0000-0000	
3	B	부장	기획실	010-0000-0002	070-0000-0001	
4	C	부장	개발팀	010-0000-0003	070-0000-0002	
5	D	과장	영업팀	010-0000-0004	070-0000-0003	
6	E	차장	생산팀	010-0000-0005	N/A	
7	F	대리	기획실	010-0000-006	070-0000-0003	
8	G	대리	총무부	010-0000-007	070-0000-0004	
9	H	사원	개발팀	010-0000-0008	N/A	
10	I	사원	개발팀	010-0000-0009	N/A	
11	J	사원	생산팀	010-0000-0010	N/A	
12	K	사원	기획실	010-0000-0011	070-0000-0000	
13						

[그림 3-58]

step 1 Workbook 및 Worksheet 객체 생성

```
# step 1. 엑셀 Workbook 및 Worksheet 객체 생성
import openpyxl as op
from  openpyxl.styles  import  Alignment


path = r"C:\User\VS CODE\Project\사장님몰래하는파이썬업무자동화\연습하기1.xlsx"
wb = op.load_workbook(path)
ws = wb.active
```

먼저 첫 번째 과정은 3.10.1과 마찬가지로 필요한 모듈을 import하고 Workbook, Worksheet 객체를 생성하는 일입니다. 이전과 다른 부분은 엑셀의 서식-정렬(Alignment)을 적용할 수 있는 모듈을 추가로 import한 것입니다.

step 2 연락처 열(원본의 D 열)의 텍스트를 가공하고 재입력하기

```python
# step 2 : 연락처 텍스트 가공 및 입력
temp_list = [] # 빈 리스트 생성
row_num = ws.max_row  # 최대 행값 저장
for num in range(2, row_num+1): #2부터인 이유는 제목 행 제외
    text = ws.cell(row=num, column=4).value # 원본 D 열 연락처를 저장
    text = text.split('/') # 읽어온 연락처를 슬래시('/') 기준으로 구분
    cell_phone = text[0][-13:] # 문자열 슬라이싱으로 연락처 읽어옴

    # 예외처리 구문 : 사무실 번호가 없는 경우에는 "N/A" 처리한다.
    try:
        office_phone = text[1][-13:]
    except:
        office_phone = "N/A"

    # 셀 주소로 접근하여 각각 연락처를 구분하여 입력한다.(D, E 열)
    ws["D"+str(num)].value = cell_phone
    ws["E"+str(num)].value = office_phone
```

step 2는 원본의 연락처 문자열을 읽어와서 split 함수와 리스트 슬라이싱을 통해 필요한 내용을 구분하는 과정입니다. split 함수는 3.10.1에서 동일하게 다뤘던 내용이므로 설명을 생략하겠습니다. cell_phone = text[0][-12:]라는 구문은 split 함수를 통해 반환된 리스트 중 첫 번째 요소를 가리키는 부분입니다. 한번 코드를 구분해서 살펴보겠습니다. 위 for loop문 안에 아래 코드를 추가해서 작성해서 실행해보겠습니다.

```python
print("split 함수 결과 :", text)
print('첫 번째 요소 : ', text[0])
print("문자열 슬라이싱 : ", text[0][-12:])
```

cell_phone = text[0][-12:] 코드를 분리해서 각각의 결과를 출력해 보겠습니다. 아래가 그 결과입니다.

```
split 함수 결과 : ['핸드폰 : 010-0000-0001', '사무실 : 070-0000-0000']
첫 번째 요소 text[0] :  핸드폰 : 010-0000-001
```

```
문자열 슬라이싱 text[0][-12:]  :  010-0000-001
.
.
<생략>
.
.
split 함수 결과 : ['핸드폰 : 010-0000-010']
첫 번째 요소 text[0] :  핸드폰 : 010-0000-010
문자열 슬라이싱 text[0][-12:] :  010-0000-010
.
.
<생략>
```

결과를 확인해 보시면 split 함수의 결과는 리스트로 출력됩니다. 아래 핸드폰만 출력된 경우에는 원본에서 슬래시('/')가 없기 때문에 1개 요소만 반환된 경우입니다. 따라서 text[0]은 리스트의 첫 번째 요소를 가리키기 때문에 "핸드폰 : 010-0000-0001"과 같은 문자열 형태가 출력됩니다. text[0][-12:]는 text[0]을 출력한 결과(문자열)에서 뒤로 12번째 요소부터 출력을 하겠다는 의미입니다. 문자열 슬라이싱에 대해서는 참고상자에서 간단히 다뤄보도록 하겠습니다.

다음은 for문 끝에 있었던 아래 코드입니다. 3.4.1에서 엑셀에는 Cell에 접근하는 2가지 방식이 있다고 언급했었습니다. 한 가지는 3.10.1에서 사용했던 cell(row = 행값, column =열값)으로 접근하는 방식입니다. 두 번째 방식은 직접 Cell의 인덱스("D1", "A2")로 접근하는 방식입니다. 아래 코드는 두 번째 방식을 나타냅니다. for문을 통해 num을 변수 처리했고 D 열과 E 열을 행을 변경해 문자열을 입력합니다.

```
    # 셀 주소로 접근하여 각각 연락처를 구분하여 입력한다.(D, E 열)
    ws["D"+str(num)].value = cell_phone
    ws["E"+str(num)].value = office_phone
```

step 3 양식 가공하고 저장하기

```
# step 3 : 양식 가공 및 저장
ws["D1"].value = "핸드폰" # 제목 행 입력
ws["E1"].value = "사무실" # 제목 행 입력
ws.column_dimensions['D'].width = 30 # C 열의 너비 50으로
ws.column_dimensions['E'].width = 30 # C 열의 너비 50으로
```

```
for r in ws.rows:
    r[3].alignment = Alignment(horizontal = 'center', vertical='center')
    r[4].alignment = Alignment(horizontal = 'center', vertical='center')

# 저장 및 Workbook 닫기
wb.save("result.xlsx")
wb.close()
```

step 3는 엑셀 양식을 가공하고 있는 부분입니다. step 1에서 openpyxl.styles의 Alignment을 import하였습니다. 이는 필요한 데이터 열을 각각 가운데 정렬하는 코드입니다. r[3]는 D 열, r[4]는 E 열을 가리킵니다. 이 부분은 3.10.1에서도 설명했던 부분이므로 설명을 생략하겠습니다. 새롭게 사용한 부분은 ws.column_dimensions['D'].width라는 코드입니다. column_dimensions는 말 그대로 열의 너비를 설정해 주는 코드입니다. 반대로 row_dimensions[1].height와 같이 작성하면 행의 높이를 가리킵니다. 대괄호([ ]) 안의 숫자는 행값을 가리킵니다.(1인 경우 1행을 가리킴)

[전체 코드]

```
# step 1. 엑셀 Workbook 및 Worksheet 객체 생성
import openpyxl as op
from  openpyxl.styles  import  Alignment

path = r"C:\Users\…\Chapter 3_연습하기2_sample.xlsx"
wb = op.load_workbook(path)
ws = wb.active

# step 2 : 연락처 텍스트 가공 및 입력
temp_list = [] # 빈 리스트 생성
row_num = ws.max_row  # 최대 행값 저장
for num in range(2, row_num+1): #2부터인 이유는 제목 행 제외
    text = ws.cell(row=num, column=4).value # 원본 D 열 연락처를 저장
    text = text.split('/') # 읽어온 연락처를 슬래시('/') 기준으로 구분
    cell_phone = text[0][-13:] # 문자열 슬라이싱으로 연락처 읽어옴

    # 예외처리 구문 : 사무실 번호가 없는 경우에는 "N/A" 처리한다.
    try: office_phone = text[1][-13:]
    except: office_phone = "N/A"
```

```
    # 셀 주소로 접근하여 각각 연락처를 구분하여 입력한다.(D, E 열)
    ws["D"+str(num)].value = cell_phone
    ws["E"+str(num)].value = office_phone

# step 3 : 양식 가공 및 저장
ws["D1"].value = "핸드폰" # 제목 행 입력
ws["E1"].value = "사무실" # 제목 행 입력
ws.column_dimensions['D'].width = 30 # C 열의 너비 50으로
ws.column_dimensions['E'].width = 30 # C 열의 너비 50으로
for r in ws.rows:
    r[3].alignment = Alignment(horizontal = 'center', vertical='center')
    r[4].alignment = Alignment(horizontal = 'center', vertical='center')

# 저장 및 Workbook 닫기
wb.save("result.xlsx")
wb.close()
```

 파이썬 문자열 슬라이싱

파이썬에서는 문자열을 처리하는 다양한 기능을 제공합니다. 문자열을 배열처럼 활용하는 것인데, 그 기능 중 하나는 문자열 슬라이싱입니다. 말 그대로 문자를 어떻게 잘라서(슬라이싱) 출력할 것인가에 대한 내용입니다. 위에서 출력했던 예시 중 한 가지를 가져와 봤습니다. "핸드폰 : 010-0000-001"이라는 문자열에 대해 파이썬에서는 각 글자별로 인덱스를 부여합니다.

문자열(text)	핸	드	폰	<공백>	:	<공백>	0	1	0	-	0	0	0	0	-	0	0	1
Index	0	1	2	3	4	5	6	7	8	9	10	11	12	13	14	15	16	17
	-18	-17	-16	-15	-14	-13	-12	-11	-10	-9	-8	-7	-6	-5	-4	-3	-2	-1

[그림 3-59]

어떤 문자열이든 위와 같이 인덱스를 활용해 배열과 같이 특정 문자만 출력할 수 있고, 슬라이싱이라는 기능을 통해 일부를 출력할 수 있습니다. 기본 사용법은 아래와 같습니다.

'문자열'[처음 인덱스 : 끝 인덱스 : step]

```
text = "핸드폰 : 010-0000-001" # 문자열
print("text[0:7] : ", text[0:7]) # case 1 # 처음부터 6번째까지
print("text[6:9] : ", text[6:9])# case 2 : 6번째부터 8번째까지(끝 번호는 포함하지 않음)
print("text[6:] : ", text[6:])# case 3 : 6번째부터 끝까지
print("text[-5:] : ", text[-12:]) # case 4 : 뒤에서 12번째부터 끝까지
print("text[::2] : ", text[::2]) # case 5 : 처음부터 끝까지 2step으로 출력
(0,2,4,6,8...16)
```

```
text[0:7] :  핸드폰 : 0
text[6:9] :  010
text[6:] :  010-0000-001
text[-5:] :  010-0000-001
text[::2] :  핸폰:0000-0
```

문자열 슬라이싱에서 text[0:7]과 같이 출력 시 끝 번호 7은 포함하지 않는다는 것을 주의하시면 됩니다.

Chapter 4

워드

어느 직장인의 이야기 4.

'몰래컴퍼니'는 교육 사업도 하고 있습니다. 교육을 수료하는 수강생들에게는 수료증을 인쇄해서 나눠 줍니다. 역시나 늘 일손이 부족해서 회사의 막내인 손 사원이 이 업무를 담당하고 있습니다.

이 업무 역시 단순하고 반복이 심한 일입니다. 엑셀 시트에 정리되어 있는 수강생의 이름, 생년월일, 수강 날짜 등을 워드 파일의 정해진 수료증 양식에 맞춰 입력하고 인쇄하는 것입니다.

손 사원 : '생각해 보니 파이썬으로 엑셀을 다룰 수도 있는데 당연히 워드도 다룰 수 있는 거 아냐? 왜 이 생각을 못 했지?'

손 사원은 쓸 만한 Python 패키지가 있는지 구글링을 해보았고, python-docx라는 패키지를 찾게 되었습니다. 그리고 앞서 배웠던 엑셀 자동화와 연결한다면 이 지겨운 일에서도 벗어날 수 있겠다는 확신이 들었습니다.

라이브러리 소개

해시태그: #MSWord #워드

4.1.1 python-docx

이번 챕터에서 배워볼 내용은 우리가 정말 자주 사용하는 MS Word를 자동화할 수 있는 python-docx라는 라이브러리입니다.

새로운 Word 문서를 생성해서 원하는 텍스트, 표, 그림 등을 입력할 수 있는 것은 물론 기존의 문서에서 특정 부분만 변경할 수도 있습니다.

윈도우 프로그램을 제어할 수 있는 pyWin32 패키지로도 Word 문서를 다룰 수 있지만 Windows OS 전용이라서 호환성에 아쉬움이 있으므로 Mac OS에서도 잘 작동하는 python-docx를 소개해 드려보겠습니다.

먼저 python-docx를 설치해 봅시다. cmd 창에 아래의 코드를 입력하고 엔터를 눌러주세요.

```
pip install python-docx
```

문서 생성하기/불러오기

해시태그: #워드파일생성하기 #워드파일불러오기

4.2.1 문서 생성하기

가장 기본적으로 우리가 Word Application을 실행하고, '새 문서'를 여는 것과 같은 기능을 하는
코드를 실행해 보겠습니다. 들어가기에 앞서 기존 문서를 불러오거나 저장할 때에는 파일 경로를
적절히 입력해 주는 것이 매우 중요하므로, **6.1**절의 '절대 경로, 상대 경로'를 먼저 학습하시는 것
도 좋겠습니다.

[코드]

```python
# 가장 기본적인 기능을 하는 클래스(문서 열기, 저장, 글자 쓰기 등등) 불러오기
from docx import Document
# 새 워드 문서 생성
doc = Document()
```

[결과]

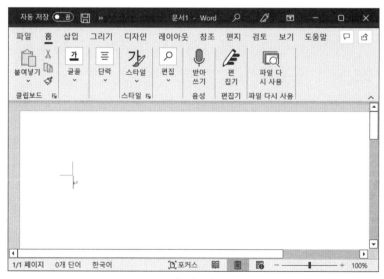

[그림 4-1]

위의 빈 문서는 가상으로 만들어진 상태로서 해당 코드를 실행하면 위와 같은 빈 문서가 실제 출력되지는 않습니다. 다만 저장하기 전까지는 파이썬 코드로만 존재하는 상태이기 때문에 뒤에서 배울 저장 기능을 실행해야만 실제 Word 파일이 생성되는 점 참고해 주세요.

4.2.2 문서 불러오기

우리는 매번 문서를 새로 만들지만은 않고 기존의 문서를 열어서 내용을 추가하기도 합니다. 그런 기능을 위해서는 방금 배웠던 코드에 경로 정보를 추가해 주면 됩니다.

당연하게도 해당 코드를 정상적으로 실행하기 위해서는 입력해 준 위치에 불러올 Word 문서가 존재해야 됩니다. 존재하지 않을 시, 프로그램이 제대로 작동하지 않고 에러 메시지를 띄우게 됩니다.

[코드]

```
# 절대 경로를 입력해서 불러오기
doc = Document(r'C:\Users\Name\Desktop\불러오기 테스트 문서.docx')
```

[결과]

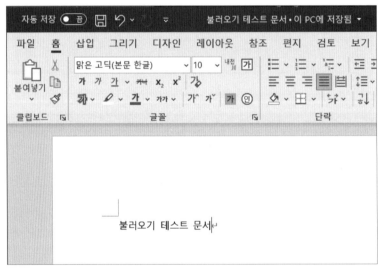

[그림 4-2]

해당 코드를 실행하면 그림과 같이 제가 테스트를 위해서 만들었던 '불러오기 테스트 문서'가 불려옵니다. 물론 앞에서 배운 새 문서 생성 코드와 같이 문서를 불러왔다고 해서 Word 문서의 창이 화면에 출력되는 것은 아닙니다.

4.2.3 문서 저장하기

앞에서 계속 언급했던 실체가 없는 새 문서를 실제 존재하는 Word 문서로 생성하기 위해서는 저장을 해주어야 합니다. 앞으로 배울 내용을 실행하고 제대로 실행되었는지 확인하기 위해서는 저장하는 법을 배워보겠습니다.

[코드]

```
# 현재 작업 경로에 저장
doc.save('저장하고 싶은 파일명.docx')
```

해당 코드를 실행하면 파이썬 파일을 실행한 현재 작업 경로에 Word 파일이 생성됩니다. 만약 절대 경로를 입력하면 원하는 경로에 생성시킬 수 있답니다.

4.2절에서 배운 내용을 종합하면 이제 여러분들은 단 3줄의 코드로 새 문서를 만들고 원하는 파일명으로 저장할 수 있습니다. 기존 파일을 불러와서 수정 및 저장하는 건 뒤에서 나온답니다.

[코드]

```
# 가장 기본적인 기능을 하는 클래스(문서 열기, 저장, 글자 쓰기 등등) 불러오기
from docx import Document

# 새 워드 문서 생성
doc = Document()

# 현재 작업 경로에 저장
doc.save('저장하고 싶은 파일명.docx')
```

문서 내용 작성하기

해시태그: #Word #문서내용 #문자 #이미지 #표

새 문서를 만들거나 기존 문서를 불러왔다면 이제는 내용을 작성하는 것도 배워봐야겠죠? 여러분들은 Word 문서를 작성할 때 어떤 콘텐츠를 가장 많이 입력하시나요? 아마도 글자를 입력하는 것이 가장 메인일 것이고 그다음으로 이미지나 표를 입력하는 것 정도일 것입니다. 이번 **4.3**절에서는 글자, 이미지, 표를 입력하는 방법에 대해서 다루어 보겠습니다.

4.3.1 글자 입력하기

1. 제목 넣기

개인적으로는 자주 사용하지 않는 기능이지만 Word에서 책과 같이 긴 글을 쓸 때는 원하는 부분을 바로 찾아가기 위해서 목차를 만들어 줍니다. 만약 이 기능을 사용하지 않으신다면 해당 내용은 스킵하셔도 무방합니다.

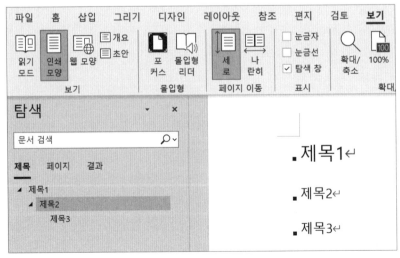

[그림 4-3]

참고로 글자에 '제목 스타일'을 설정해주면 목차가 자동으로 설정된답니다.

가나다AaE ↵ 표준 가나다AaE ↵ 간격 없음 가나다 제목 1 가나다AaE 제목 2 가나다AaE 제목 3

가나다AaE 제목 4 **가나다** 제목 가나다A 부제 *가나다AaE* 약한 강조 *가나다AaE* 강조

가나다AaE 강한 강조 **가나다AaE** 굵은 텍스... *가나다AaE* 인용 *가나다AaE* 강한 인용 가나다AaE 약한 참조

가나다AaEcc 강한 참조 가나다AaEcc 책 제목 가나다AaE ↵ 목록 단락

[그림 4-4]

방금 위에서 설명해 드린 목차 기능을 코드로 구현하기 위해서는 add_heading( ) 함수를 사용합니다.

괄호 안에 들어갈 파라미터로는 주로 '내용'과 '제목 크기'를 입력해 주는데, 제목 크기(level)는 글자의 크기라기보단 목차의 위계라고 보시면 됩니다. 즉 레벨 1과 레벨 2로 제목을 쓰면 레벨 1 밑에 레벨 2가 위치하는 것입니다.

[코드]

```
# 제목
doc.add_heading('가장 큰 제목 (아래에 밑줄)', level=0)
doc.add_heading('제목 크기, H1', level=1)
doc.add_heading('제목 크기, H2', level=2)
doc.add_heading('제목 크기, H3', level=3)
doc.add_heading('제목 크기, H4', level=4)
doc.add_heading('제목 크기, H5', level=5)
doc.add_heading('제목 크기, H6', level=6)
```

[결과]

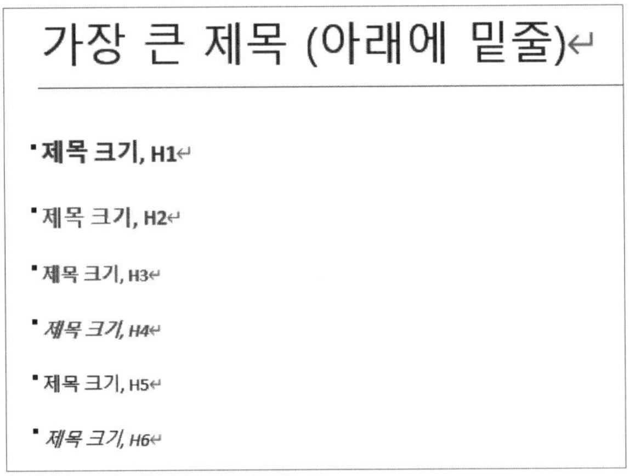
가장 큰 제목 (아래에 밑줄)

- 제목 크기, H1
- 제목 크기, H2
- 제목 크기, H3
- 제목 크기, H4
- 제목 크기, H5
- 제목 크기, H6

[그림 4-5]

특이한 점으로는 레벨 0은 밑줄이 표시된다는 것입니다.

2. 문단(paragraph) 넣기

가장 많이 사용하게 되실 기능 중 하나가 아닐까 생각됩니다. 바로 문단을 입력하는 코드인데요.

여기서 말하는 문단이란 그냥 한 줄로 쭉 이어지는 글을 말합니다. 즉, 엔터를 치지 않고 계속 이어지는 글을 의미하죠. 이 말을 반대로 하면, 엔터를 한 번이라도 입력했다면 한 글자를 입력했어도 한 문단으로 취급된다는 의미입니다.

마치 엑셀의 행(Row)과 같이 인덱싱에 중요한 개념이니 꼭 숙지해 주세요. 참고로 나중에 기존 문서의 내용을 인덱싱할 때에는 위에서 배웠던 제목이 하나의 문단으로 취급된답니다.

코드는 아래와같이 간단합니다.

[코드]

```
doc.add_paragraph('여기에 원하는 텍스트를 마음껏 입력하면 됩니다.')
```

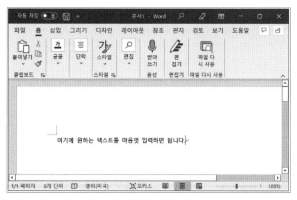

[그림 4-6]

만약 아까 새로 생성한 문서에 해당 코드를 실행했다면 위와 같은 모습일 것입니다.

여러 줄 문자열로 add_paragraph를 한다면?

엔터로 줄 바꾸기 한 문장은 문단으로 구분된다고 하였는데 문득 파이썬의 문자열 입력 방법 중,
따옴표 3개(' ' ')로 감싸지는 여러 줄 문자열은 어떻게 되는지 궁금해집니다.

[코드]

```python
from docx import Document

doc = Document()

text = ''' 이렇게 여러 줄 문자를 입력하면 paragraph가 두 개로 인식 될까요?
paragraph는 한 줄씩 입력되는 문장을 의미한다고 생각했는데 궁금하군요. '''

doc.add_paragraph(text)

doc.add_paragraph('이 문장은 2번째 문장일까요? 3번째 문장일까요?.')

# 문단 index와 문단 내용 출력 (4.5절에서 다룰 내용)
for i, paragraph in enumerate(doc.paragraphs):
    print(str(i+1) + "번째 문단: " + paragraph.text)
    print("\n")
```

```
doc.save('문단 여러 줄 문자열 입력 시.docx')
```

[결과]

> 1번째 문단: 이렇게 여러 줄 문자를 입력하면 paragraph가 두 개로 인식 될까요?
> paragraph는 한 줄씩 입력되는 문장을 의미한다고 생각했는데 궁금하군요.
>
> 2번째 문단: 이 문장은 2번째 문장일까요? 3번째 문장일까요?.

결과를 보시면 여러 줄 문자열은 하나의 문단으로 인식하게 됩니다. 결론부터 말씀드리면 이렇게 여러 줄 문자열을 이용한 문단 입력은 지양해 주셔야 합니다. 그 이유는 추후에 작성된 문서의 문자열을 다룰 때에 인덱싱(indexing)이 어려워지기 때문입니다.

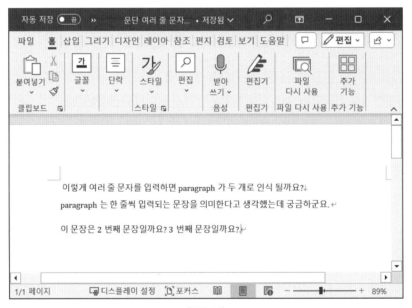

[그림 4-7]

[그림 4-7]과 같이 Word 파일에서는 줄이 바뀌어 있지만 엔터를 표현하는 ↵ 기호와 다르게 ↓ 로 표현되는 것을 보실 수 있습니다. 참고로 줄 바꿈 시 ↓ 표시는 'Shift + Enter'로 줄 바꿈 했을 때 나타나는 기호로 일반적으로는 잘 사용하지 않습니다.

↓ 기호를 거의 보기는 힘들겠지만 코드를 작동하다가 paragraph의 index가 여러분의 예상과 다를 때 ↵ 기호 대신 ↓ 기호가 있지는 않은지 확인해 보세요!

3. 문단에 문자 추가하기

앞서 배운 기능으로 하나의 문단에 글자를 쭉 이어서 써도 되지만, 특정한 문자를 강조하고 싶거나 다른 스타일을 하고 싶을 때는 add_run( ) 함수를 사용합니다. 혹은 기존의 Word 문서를 불러왔을 때, 기존에 존재하는 문단에 글자를 추가할 때도 자주 사용하죠.

이를 위해서는 Paragraph 객체와 Run 객체가 무엇인지 아셔야 하는데요.

[그림 4-8]

우선 위와 같이 add_paragraph( ) 함수를 사용하되 변수에 담아줍니다. 변수에 담아주는 이유는 변수를 이용해서 add_run( ) 함수를 사용하기 위함입니다.

add_paragraph( ) 함수로 문단을 생성하고 내용을 적으면, 자동으로 하나의 run 객체가 문단에 포함되어 만들어집니다. 즉, 아래의 코드를 실행하면 '두 번째 문단의 첫 번째 문장'이라는 글자가 해당 문단의 가장 첫 run 객체가 되는 것이죠.

[코드]

```
p = doc.add_paragraph('두 번째 문단의 첫 번째 문장')
```

변수 p에 .add_run( ) 함수로 글자를 추가해 줍니다. 스타일 적용 방법은 아래의 코드를 참고하세요.

[코드]

```
# 굵은 글씨(Bold) 적용
p.add_run('굵은 글자').bold = True

# 기울임꼴(Italic) 적용
p.add_run('기울임 글자').italic = True

# 밑줄(Underline) 적용
p.add_run('밑줄 글자').underline = True
```

자 그럼 4.3절에서 배운 내용을 종합해서 전체 코드를 실행해 보겠습니다.

[코드]

```python
# 가장 기본적인 기능을 하는 클래스(문서 열기, 저장, 글자 쓰기 등등) 불러오기
from docx import Document

# 새 워드 문서 생성
doc = Document()

# 첫 번째 문단 추가
doc.add_paragraph('여기에 원하는 텍스트를 마음껏 입력하면 됩니다.')

# 두 번째 문단 추가
p = doc.add_paragraph('두 번째 문단의 첫 번째 문장/')

# 굵은 글씨(Bold) 적용한 글자 추가
p.add_run('굵은 글자/').bold = True
# 기울임꼴(Italic) 적용한 글자 추가
p.add_run('기울임 글자/').italic = True
# 밑줄(Underline) 적용한 글자 추가
p.add_run('밑줄 글자').underline = True

# 현재 작업 경로에 저장
doc.save('저장하고 싶은 파일명.docx')
```

[결과]

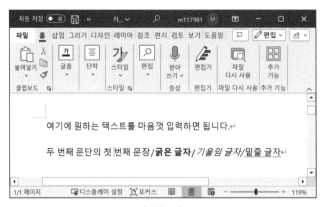

[그림 4-9]

add_run( ) 함수는 반드시 paragraph 객체를 기반으로 사용할 수 있다는 것 주의해 주세요.

4.3.2 이미지 삽입하기

대부분 공감하시겠지만 글만 가득한 워드 문서는 딱 보기 싫어집니다. 이번에는 이미지를 삽입하는 법을 배워보겠습니다.

우선 이미지를 삽입하려면 삽입할 이미지가 있어야겠습니다. 뭘 준비해야 할지 모르겠다면 그냥 바탕화면을 캡처해서 jpg 혹은 png 파일로 저장해 주세요. 이번 과정에서는 Pixabay라는 무료 이미지 사이드에서 받은 귀여운 고양이 사진을 워드 문서에 삽입해 보겠습니다.

참고로 원본 사이즈의 사진이 워드 문서에 삽입될 수 있도록 cm 단위 혹은 Inch 단위로 적당한 사진의 크기를 정해 주셔야 합니다. 아무래도 cm 단위가 익숙하시겠죠?

[그림 4-10]

[코드]

```python
# Cm와 Inch 단위를 사용하기 위한 클래스
from docx.shared import Cm, Inches

# 새 문서 생성
doc = Document()
```

```
# 사진의 크기를 Cm 단위로 설정하여 삽입
doc.add_picture('cat.jpg',width= Cm(16), height= Cm(9))

# 사진의 크기를 Inch 단위로 설정하여 삽입 (참고)
doc.add_picture('cat.jpg',width= Inches(4), height= Inches(3))

# 문서 저장
doc.save('이미지 삽입.docx')
```

[결과]

[그림 4-11]

4.3.3 표 삽입하기

이번엔 표를 삽입하는 방법을 배워보겠습니다.

[그림 4-12]

1. 행과 열 설정 및 표 만들기

우리가 워드를 사용할 때 표를 삽입하려면 가장 먼저 행과 열의 개수를 설정해 주어야 합니다. python-docx를 사용할 때에도 마찬가지로 가장 먼저 행(rows)과 열(cols)의 개수를 설정해 줍니다.

4.3.1항에서 배우셨던 add_paragraph와 비슷하게 변수에 add_table로 만든 표를 저장해 줄 수 있습니다. table 변수를 이용해서 표의 테두리가 들어갈 수 있도록 style 옵션을 'Table Grid'로 설정해 주었습니다.

[코드]

```python
from docx import Document

doc = Document() # 새로운 문서 만들기
table = doc.add_table(rows = 2, cols = 3) # 2행 3열의 표 만들기

# 만든 표의 스타일을 가장 기본 스타일인 'Table Grid'로 설정
table.style = doc.styles['Table Grid']

doc.save('표 삽입.docx')
```

[결과]

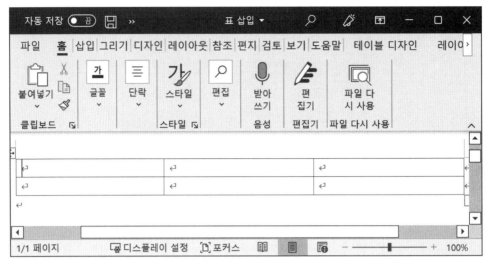

[그림 4-13]

2. 각 셀에 내용 입력

각 셀에는 아래와 같은 인덱싱 방법으로 표에 접근하여, 텍스트를 입력할 수 있습니다. 해당 코드
는 방금 코드에서 만들었던 표 안에 값을 입력해야 하므로 꼭 이전 코드를 한 번 실행하셔야만 정
상 작동하는 점 참고해 주세요.

[코드]

```python
# 표의 첫 행을 리스트로 가져오기
first_row = table.rows[0].cells

# 첫 행의 각 열들에 접근해서 값 입력
first_row[0].text = 'a'
first_row[1].text = 'b'
first_row[2].text = 'c'

# 표의 두 번째 행을 리스트로 가져온 후, 각 셀에 값 입력
second_row = table.rows[1].cells
second_row[0].text = 'd'
second_row[1].text = 'e'
second_row[2].text = 'f'
```

```
# 저장
doc.save('표 삽입.docx')
```

[결과]

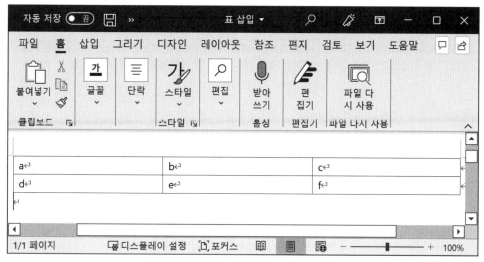

[그림 4-14]

3. 행과 열 추가하기

만약 처음 만든 표에서 칸을 더 추가하고 싶으면 어떻게 해야 하는지 알아보겠습니다. 행(row)을 추가하는 법과 열(column)을 추가하는 법을 차례대로 알아보겠습니다.

먼저 행 추가입니다. 기존 존재하는 table을 인덱싱해서 변수에 저장 후, 해당 변수에 add_row( )를 해주면 됩니다. 기존 문서에서 table 정보를 가져오는 방법은 **4.5**절에서 다룰 예정이니 지금은 가볍게 이런 게 있구나 하고 넘어가시면 되겠습니다.

[코드]

```
# 기존 문서 불러오기
doc = Document('표 삽입.docx')

# 문서 안의 모든 표를 가져옴
table = doc.tables[0]

# 표에 새로운 행 추가
row = table.add_row( )
```

```
# 저장
doc.save('표 삽입.docx')
```

[결과]

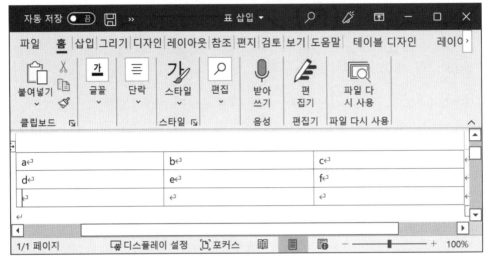

[그림 4-15]

다음은 열 추가입니다. 열 추가는 행 추가와 다르게 반드시 간격(width)을 설정해 주어야 하며, 간격을 Cm 단위로 설정해 주기 위해서 Cm 클래스를 불러와 주어야 합니다. 그 외에는 행 추가와 동일합니다.

[코드]

```
# Cm 단위를 사용하기 위한 클래스
from docx.shared import Cm

# 기존 문서 불러오기
doc = Document('표 삽입.docx')

# 문서 안의 첫 번째 표를 가져옴
table = doc.tables[0]

# 표에 새로운 행 추가
col = table.add_column(width=Cm(2))
```

```
# 저장
doc.save ('표 삽입.docx')
```

[결과]

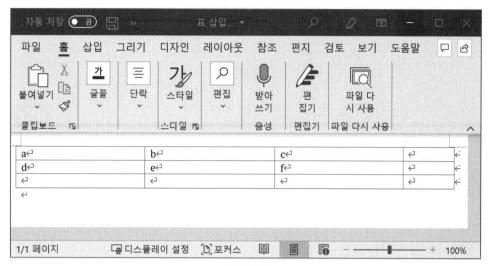

[그림 4-16]

문서 꾸미기

해시태그: #스타일 #폰트 #크기 #색상

4.4절에서는 글자의 스타일(폰트, 크기, 색상) 적용, 문단 정렬, 표 정렬 등 문서를 꾸미는 것에 대한 내용을 배워보겠습니다.

4.4.1 글자 폰트

우선 폰트를 적용할 때에는 추가적인 import는 필요하지 않으며, 문단 추가와 폰트 적용의 순서에 따라서 2가지 방법이 있습니다.

[그림 4-17]

1. 먼저 폰트 적용 후에 문단 추가하기

폰트를 적용한 후에 문단을 추가하는 방법은 가장 처음 하나의 폰트를 선택하고 쭉 사용할 때 유용합니다.

[코드]

```
from docx import Document

# 새로운 문서 만들기
doc = Document()
```

```
# 스타일 적용하기 (일반 텍스트, 글꼴은 '맑은 고딕체')
style = doc.styles['Normal']
style.font.name = '맑은 고딕'

# 문장 추가
para1 = doc.add_paragraph('English')   # 폰트: '맑은 고딕'으로 출력됨
para2 = doc.add_paragraph('한글')        # 폰트: 'MS Mincho'로 출력됨

# 저장
doc.save('폰트 스타일 적용.docx')
```

[결과]

[그림 4-18]

결과를 확인해 보시면 '한글'은 '맑은 고딕' 폰트가 잘 적용되지 않은 것을 확인하실 수 있습니다. 이 문제는 아래의 코드 두 줄을 추가함으로써 해결할 수 있답니다.

[추가 코드]

```
from docx.oxml.ns import qn
style._element.rPr.rFonts.set(qn('w:eastAsia'), '맑은 고딕')
```

위의 코드를 기존 코드에 적용하면 아래와 같습니다.

[전체 코드]

```
from docx import Document
from docx.oxml.ns import qn

# 새로운 문서 만들기
doc = Document()

# 스타일 적용하기 (일반 텍스트, 글꼴은 '맑은 고딕체')
style = doc.styles['Normal']
style.font.name = '맑은 고딕'
style._element.rPr.rFonts.set(qn('w:eastAsia'), '맑은 고딕')

# 문장 추가
para1 = doc.add_paragraph('English')   # 폰트: '맑은 고딕'으로 출력됨
para2 = doc.add_paragraph('한글')       # 폰트: '맑은 고딕'으로 출력됨

# 저장
doc.save('폰트 스타일 적용2.docx')
```

[결과]

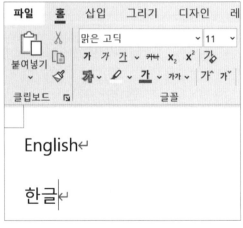

[그림 4-19]

2. 먼저 문단 입력 후에 폰트 적용하기

만약 이미 작성된 문서의 모든 글자의 폰트를 바꿔주고 싶은 경우엔 어떻게 해야 할까요? 그럴 땐, 이중 for문을 통해서 모든 paragraph, 모든 run에 font를 적용해 주면 된답니다.

한 문장 또는 글자를 강조하거나 다른 느낌을 내기 위해서 부분적으로 폰트를 바꾸는 경우도 있을 수 있겠죠? 이런 경우에 for문을 사용하는 것이 아니라 인덱싱을 통해서 특정 Run 객체를 지정해서 폰트를 바꿔줄 수도 있습니다.

여기서는 더 자주 사용할 것 같은 문서 전체의 폰트를 변경하는 방법을 다루어 보겠습니다.

[코드]

```python
from docx import Document
from docx.oxml.ns import qn
doc = Document('폰트 스타일 적용 2.docx') # 기존 문서 불러오기
for para in doc.paragraphs: # 문서 내 모든 문단(paragraphs)에 반복 적용
    for run in para.runs: # 문단 안의 모든 run 객체를 폰트 지정
        run.font.name = '굴림'
        run.font.element.rPr.rFonts.set(qn('w:eastAsia'), '굴림')
doc.save('입력 후 폰트 적용.docx') # 저장
```

[결과]

[그림 4-20]

4.4.2 글자 크기

글자 크기를 변경하기 위해서는 아래와 같이 폰트 크기와 관련된 클래스를 import해 주어야 합니다.

[코드]

```
from docx.shared import Pt
```

다음으로는 run 객체를 지정해 주어야 하는데요. 문단(paragraphs) 안의 모든 run 객체를 바꿔주는 코드를 짜보았습니다. 참고로 위에서 배웠던 '글자 작성 후 폰트 설정 방법'과 같은 개념입니다.

```
# 첫 번째 문단의 문장(run)들을 리스트로 받기
para1 = doc.paragraphs[0].runs

# for문을 이용해서 문장 안의 모든 run 객체를 폰트 지정
for run in para1:
    run.font.size = Pt(20)
```

대략적인 개념과 코드를 알았으니, 글자 크기가 잘 변경되는지 확인해 보기 위해서 아래의 코드를 실행해 봅시다.

[코드]

```
from docx import Document
from docx.shared import Pt

doc = Document()
para = doc.add_paragraph('이 글자의 크기를 바꿔봅시다')

# 첫 번째 문단의 문장(run)들을 리스트로 받기
para = doc.paragraphs[0].runs

# for문을 이용해서 문장 안의 모든 run 객체를 폰트 지정
for run in para:
    run.font.size = Pt(20)
# 저장
doc.save('test.docx')
```

[그림 4-21]

4.4.3 글자 색상

글자의 색상을 변경하기 위해서는 RGB Color 클래스를 import해 주어야 합니다.

```
from docx.shared import RGBColor
```

이번에도 위에서 글자의 폰트와 크기를 변경할 때와 개념은 같습니다. Paragraph를 하나 만든 후, 그 안의 Run 객체에 존재하는 font 옵션을 변경해 주기 위해서 font라는 변수에 담아줍니다. 그 font 변수를 이용해서 문장에 RGB값을 지정해 주면 됩니다.

글로만 보면 잘 이해가 안 되실 수 있으니, 코드와 주석을 참고해 주세요.

[코드]

```
from docx import Document
from docx.shared import RGBColor

doc = Document( )
para = doc.add_paragraph('글자 색깔을 바꿔봅시다')

# 방금 추가한 Paragraph에서 Run 객체의 폰트 옵션을 font(변수명)에 대입
font = para.runs[0].font
# RGB 컬러를 각각 16진수로 표현 (R, G, B)
font.color.rgb = RGBColor(0xFF, 0x24, 0xE9)

# 저장
doc.save('test.docx')
```

[그림 4-22]

4.4.4 문단 정렬

이번에는 우리가 자주 사용하는 문단 정렬을 적용하는 방법을 알아보겠습니다.

[그림 4-23]

우선 예제 파일을 하나 생성해서 문단 정렬 코드를 적용하기 전의 상태를 확인해 보겠습니다.

[코드]

```python
from docx import Document

doc = Document()

doc.add_heading('문단 정렬 예제', level = 0)

doc.add_paragraph('문장 추가 1')
doc.add_paragraph('문장 추가 2')
doc.add_paragraph('문장 추가 3')
doc.add_paragraph('문장 추가 4')

doc.save('문단 정렬 예제(정렬 전).docx')
```

문 단 정 렬 예 제↵

문장 추가 1↵

문장 추가 2↵

문장 추가 3↵

문장 추가 4↵

문장 추가 5↵

[그림 4-24]

참고로 기본 정렬 상태는 왼쪽 정렬입니다. 이 5개의 문단(Paragraph)들에 각각의 정렬 옵션들을
적용하는 코드는 아래와 같습니다.

코드의 쉬운 이해를 위해서 paragraph1 = doc.paragraphs[1]과 같이 별도로 변수를 정의해 줬지만
실제 사용하실 때에는 doc.paragraphs[1].alignment = WD_ALIGN_PARAGRAPH.LEFT와 같은
방식으로 사용하셔도 무방합니다.

[코드]

```python
from docx import Document
from docx.enum.text import WD_ALIGN_PARAGRAPH

doc = Document('문단 정렬 예제(정렬 전).docx')

# 왼쪽 정렬
paragraph1 = doc.paragraphs[1]
paragraph1.alignment = WD_ALIGN_PARAGRAPH.LEFT

# 가운데 정렬
paragraph2 = doc.paragraphs[2]
paragraph2.alignment = WD_ALIGN_PARAGRAPH.CENTER

# 오른쪽 정렬
paragraph3 = doc.paragraphs[3]
```

```
paragraph3.alignment = WD_ALIGN_PARAGRAPH.RIGHT

# 양쪽 정렬
paragraph4 = doc.paragraphs[4]
paragraph4.alignment = WD_ALIGN_PARAGRAPH.JUSTIFY

# 텍스트 배분 (글자를 흩어서 배치)
paragraph_last = doc.paragraphs[-1]  # 마지막 문단
paragraph_last.alignment = WD_ALIGN_PARAGRAPH.DISTRIBUTE

# 현재 작업 경로에 저장
doc.save('문단 정렬 예제(정렬 후).docx')
```

[결과]

[그림 4-25]

4.4.5 표 정렬

방금까지 문단 정렬에 대해서 배워봤다면 이번에는 표 안의 문단을 정렬하는 법, 정확히는 셀을 정렬하는 법에 대해 알아보겠습니다.

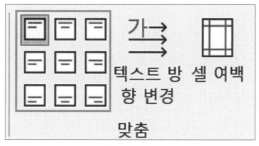

[그림 4-26]

셀 정렬은 크게 수평 정렬 3가지와 수직 정렬 3가지를 조합하여 총 9가지로 정렬 옵션을 선택할 수 있습니다. 이번에도 빠른 이해를 위해서 표가 포함된 예제 문서를 생성한 후에 정렬해 보겠습니다.

[코드]

```python
from docx import Document
from docx.shared import Pt

doc = Document()

doc.add_heading('테이블 셀 정렬 예제', level=0)

# 테이블 추가
table = doc.add_table(rows=3, cols=3)

# 생성된 테이블에 'Table Grid' 스타일 설정 - 가장 기본적인 스타일
table.style = doc.styles['Table Grid']

# 테이블에 입력할 데이터
values = [['a', 'b', 'c'],
          ['d', 'e', 'f'],
          ['g', 'h', 'i']]

# 데이터를 테이블 셀에 반복문을 사용하여 삽입
for row_index, row_data in enumerate(values):
    for col_index, cell_value in enumerate(row_data):
        table.cell(row_index, col_index).text = cell_value
```

```
# 행 높이 설정 (눈금 단위로)
for row in table.rows:
    row.height = Pt(60)  # 원하는 높이를 눈금 단위로 지정 (예: 60 눈금)

doc.save('테이블 셀 정렬 예제(정렬 전).docx')
```

[결과]

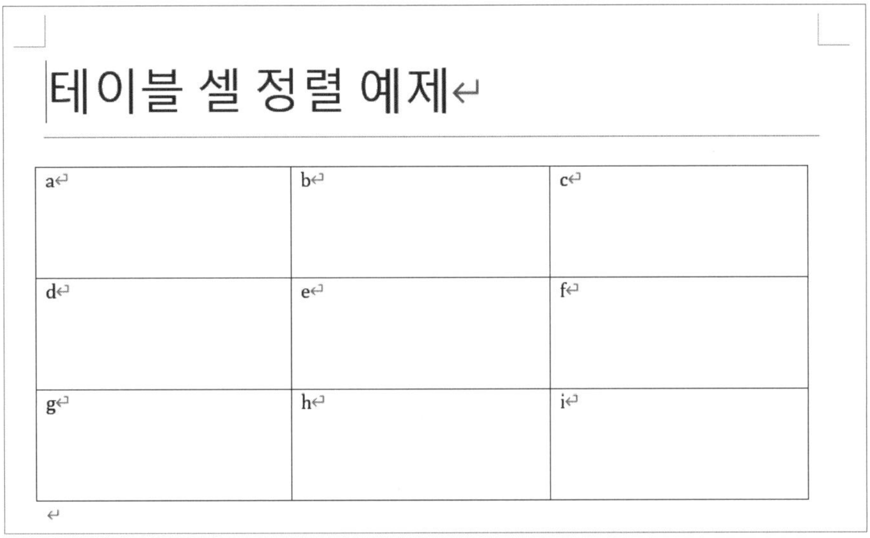

테이블 셀 정렬 예제↵

a↵	b↵	c↵
d↵	e↵	f↵
g↵	h↵	i↵
↵

[그림 4-27]

셀 정렬 옵션은 앞서 설명해 드렸듯이 수평 정렬과 수직 정렬로 나뉘고 각각 아래와 같이 설정 가능합니다.

[코드]

```
from docx.enum.table import WD_TABLE_ALIGNMENT
from docx.enum.table import WD_CELL_VERTICAL_ALIGNMENT

doc = Document('테이블 셀 정렬 예제(정렬 전).docx')

# LEFT: 왼쪽 정렬, CENTER:가운데 정렬, RIGHT:오른쪽 정렬
doc.tables[0].rows[0].cells[0].paragraphs[0].alignment = WD_TABLE_ALIGNMENT.LEFT
doc.tables[0].rows[0].cells[1].paragraphs[0].alignment = WD_TABLE_ALIGNMENT.CENTER
doc.tables[0].rows[0].cells[2].paragraphs[0].alignment = WD_TABLE_ALIGNMENT.RIGHT
```

```
# Top: 위쪽 정렬, CENTER:가운데 정렬, BOTTOM:아래쪽 정렬
doc.tables[0].rows[1].cells[0].vertical_alignment = WD_CELL_VERTICAL_ALIGNMENT.TOP
doc.tables[0].rows[1].cells[1].vertical_alignment = WD_CELL_VERTICAL_ALIGNMENT.CENTER
doc.tables[0].rows[1].cells[2].vertical_alignment = WD_CELL_VERTICAL_ALIGNMENT.BOTTOM

# 현재 작업 경로에 저장
doc.save('테이블 셀 정렬 예제(정렬 후).docx')
```

[결과]

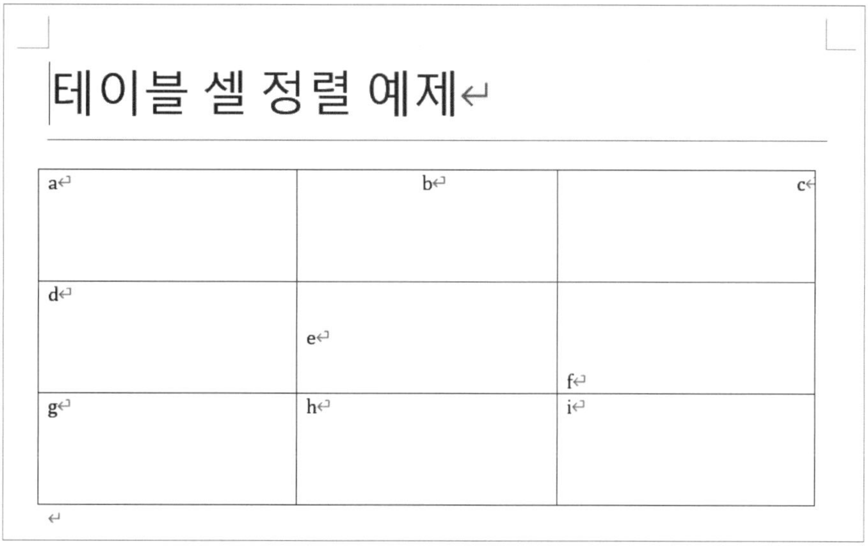

테이블 셀 정렬 예제

a	b	c
d	e	f
g	h	i

[그림 4-28]

기존 문서 내용 다루기

새로운 문서를 만들 때에도 필요하겠지만, 기존 문서의 내용에 무언가 추가하고 변경하기 위해서는 인덱싱(indexing)이 필요합니다.

엑셀에는 행(row)과 열(column)의 개념이 있어, 원하는 셀(cell)의 내용을 인덱싱해서 가져올 수 있듯이 워드 파일도 이러한 개념을 잘 파악하고 있어야만 마음대로 문서를 주무를 수 있답니다.

우선 오늘의 수업을 위해서 아래의 코드를 실행하셔서 '인덱싱 예제 문서.docx'를 만들어 주세요.

[코드]

```python
from docx import Document

doc = Document()

doc.add_heading('사장님 몰래 하는 파이썬 업무 자동화', level = 0)

p = doc.add_paragraph('여러분들의 공부를 응원합니다!')
p.add_run(' 이번 시간엔 기존 문서를 인덱싱하는 법을 공부해 봅시다.').bold = True

doc.add_paragraph('문장 추가 1')
doc.add_paragraph('문장 추가 2')
doc.add_paragraph('문장 추가 3')
doc.add_paragraph('문장 추가 4')

records = (
    (1, '하나', 'one'),
    (2, '둘', 'two'),
    (3, '셋', 'three')
)
```

```python
table = doc.add_table(rows=1, cols=3)

# 만든 표의 스타일을 가장 기본 스타일인 'Table Grid'로 설정
table.style = doc.styles['Table Grid']

hdr_cells = table.rows[0].cells
hdr_cells[0].text = 'No.'
hdr_cells[1].text = '한국어'
hdr_cells[2].text = '영어'

for qty, id, desc in records:
    row_cells = table.add_row().cells
    row_cells[0].text = str(qty)
    row_cells[1].text = id
    row_cells[2].text = desc

doc.save('인덱싱 예제 문서.docx')
```

[결과]

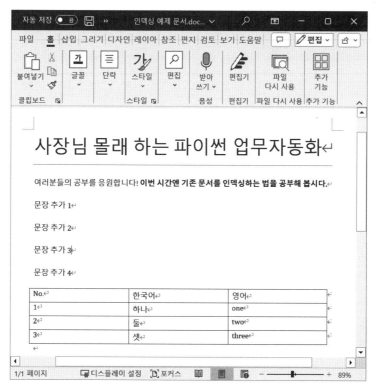

[그림 4-29]

4.5.1 Paragraph 인덱싱

먼저 문단(paragraph)을 인덱싱하는 방법부터 시작해 보겠습니다. 예제 문서의 인덱스를 파악하기 위해서 먼저 아래의 코드를 실행해보세요.

[코드]

```python
from docx import Document

doc = Document('인덱싱 예제 문서.docx')

for i, paragraph in enumerate(doc.paragraphs):
    print(str(i) + ": " + paragraph.text)
```

[결과]

```
0: 사장님 몰래 하는 파이썬 업무 자동화
1: 여러분들의 공부를 응원합니다! 이번 시간엔 기존 문서를 인덱싱하는 법을 공부해 봅시다.
2: 문장 추가 1
3: 문장 추가 2
4: 문장 추가 3
5: 문장 추가 4
6:
```

결과를 보시고 "표는 어디 갔지?"라고 생각하신 예리한 분이 있겠지만 그 부분은 뒤에서 설명해 드릴 테니 그냥 넘어가 주세요.

인덱스를 확인하였으니 우리의 목적인 특정 문단에 글을 추가하고 싶거나 전체를 수정해 주는 방법을 알아봅시다. 사실 앞에서 배웠던 내용이지만 다시 정리해 보는 느낌으로 봐주세요.

한마디로 추가는 add_run, 수정은 text라고 기억하시면 됩니다. 무슨 말인지는 코드로 자세히 설명해 드리겠습니다.

[코드]

```python
from docx import Document

doc = Document('인덱싱 예제 문서.docx')
```

```
# 4번 인덱스의 문단에 글자 추가
p = doc.paragraphs[4]
p.add_run('문단에 글자 추가')

# 5번 인덱스의 문단 수정
p = doc.paragraphs[5]
p.text = '문단 전체 수정'

# 저장
doc.save('인덱싱 예제 문서_수정 및 추가.docx')
```

[결과]

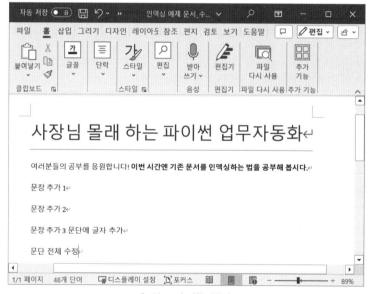

[그림 4-30] 업무 자동화

4.5.2 Table 인덱싱

앞서 잠시 언급을 드렸듯이 paragraph 인덱스를 확인했을 때, table은 없었습니다. 그 이유는 table
은 따로 인덱스를 부여하기 때문입니다.

표 인덱싱의 개념은 앞서 엑셀과 매우 비슷하니까 배운 것을 비교하면서 보시면 이해가 빠르실 겁
니다. 엑셀의 sheet와 같은 것이 table입니다. 첫 번째 시트, 두 번째 시트가 있듯이 첫 번째 표와
두 번째 표를 table[인덱스]로 접근합니다.

rows[0]과 cells[0]은 행과 열로 셀 하나를 인덱싱하는 것이며, paragraphs[0]은 해당 셀의 내용(정확히는 문단)을 인덱싱하는 것입니다. 만약 한 셀에 엔터를 치고 글자가 입력되어 있다면 paragraphs[1]로 인덱싱해 주어야 합니다.

이 역시 말보다는 코드로 보시죠.

[코드]

```python
from docx import Document

doc = Document('인덱싱 예제 문서.docx')

# 문서 안의 모든 표를 가져옴
tables = doc.tables

# 가장 처음 표의 첫 행, 첫 열의 첫 문단 내용 가져오기
print(tables[0].rows[0].cells[0].paragraphs[0].text)
```

[결과]

```
No.
```

위에서 표 안의 글자 하나만 인덱싱해 보았다면 이번에는 표 안의 모든 글자를 출력해 보겠습니다.

[코드]

```python
from docx import Document

doc = Document('인덱싱 예제 문서.docx')

# 가장 첫 표(table) 선택
table = doc.tables[0]

# 표 안의 모든 문단 출력
for row in table.rows:
    for cell in row.cells:
        for para in cell.paragraphs:
            print(para.text)
```

[결과]

No.	한국어	영어
1	하나	one
2	둘	two
3	셋	three

연습하기

4.6.1 수료증 발급 자동화

외부 교육을 듣고 나면 제출용으로 수료증을 발급해 주는 경우가 있습니다. 교육 참가자가 적다면 워드 양식을 켜서 한 명씩 수정하면서 발급하는 게 가능할 테지만, 만약 교육 규모가 크고 자주 있다면 교육 담당자는 수료증을 발급하는 업무만 해도 많은 시간을 소모할 것입니다.

이번 연습하기 시간에는 이번 챕터에서 배운 지식과 지난 엑셀 챕터에서 배운 내용을 토대로 '엑셀 시트의 교육 참가자 명단을 참고해서 수료증을 자동으로 작성하고 저장'하는 것을 해보겠습니다.

우선 Word 양식을 불러와서 구조를 파악해 봅시다. 보통은 각자의 회사에서 사용하는 양식이 이미 있는 경우가 대부분이기 때문에, 양식을 A부터 Z까지 코드로 구현하는 것은 생략하겠습니다.

아래와 같은 양식을 만들어서 '교육 수료증.docx'라는 파일명으로 저장하였습니다. 해당 양식은 책에 소개된 소스 코드 다운로드 페이지에서 내려받아 주세요.

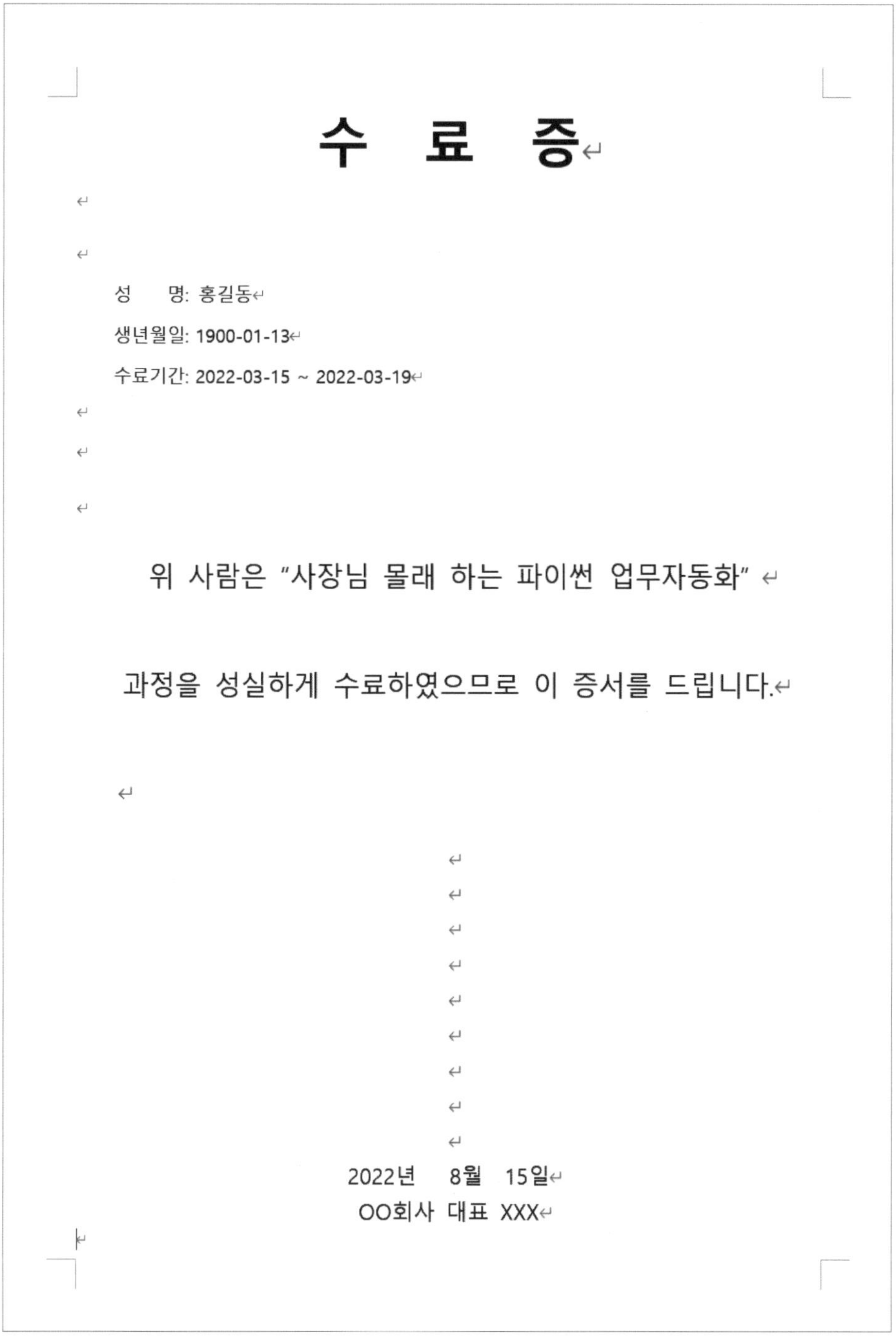

수 료 증

성   명: 홍길동

생년월일: 1900-01-13

수료기간: 2022-03-15 ~ 2022-03-19

위 사람은 "사장님 몰래 하는 파이썬 업무자동화"

과정을 성실하게 수료하였으므로 이 증서를 드립니다.

2022년   8월   15일

OO회사 대표 XXX

[그림 4-31]

step 1 가장 처음으로 해줄 작업은 양식의 구조를 파악하는 일입니다. 구조 파악을 위해 아래의 코드를 실행해 보세요.

[코드]

```
from docx import Document

doc = Document('교육 수료증.docx')

for i, paragraph in enumerate(doc.paragraphs):
    print(str(i) + ": " + paragraph.text)
```

[결과]

```
0: 수  료  증
1:
2:
3: 성      명: 홍길동
4: 생년월일: 1900-01-13
5: 수료기간: 2022-03-15 ~ 2022-03-19
6:
7:
8:
9: 위 사람은 "사장님 몰래 하는 파이썬 업무 자동화"
10: 과정을 성실하게 수료하였으므로 이 증서를 드립니다.
11:
12:
13:
14:
15:
16:
17:
18:
19:
20:
21: 2022년   8월   15일
22: OO회사 대표 XXX
23:
```

step 2 바꿔 줄 부분을 정하고, 다른 정보로 수정해 보겠습니다. 같은 차수의 교육을 들은 교육생들의 수료증을 발급해 주는 상황을 가정하고 성명과 생년월일만 바꾸어 보겠습니다.

[코드]

```python
from docx import Document
doc = Document('교육 수료증.docx')

# 스타일 적용하기 (일반 텍스트, 글꼴은 '맑은 고딕체')
from docx.oxml.ns import qn
style = doc.styles['Normal']
style.font.name = '맑은 고딕'
style._element.rPr.rFonts.set(qn('w:eastAsia'), '맑은 고딕')

# 성명 수정
p = doc.paragraphs[3]
p.text = '성    명: 이지은'

# 생년월일 수정
p = doc.paragraphs[4]
p.text = '생년월일: 1993-05-16'

# 저장
doc.save('교육 수료증_아이유.docx')
```

[결과]

[그림 4-32]

결과 이미지와 같이 홍길동에서 이지은으로 성명과 생년월일이 변경된 것을 확인하실 수 있습니다.

step 3 Word 양식과 내용 변경 방법을 알아보았으니, 이제 엑셀 리스트와 연동할 차례입니다. 수강생들의 리스트가 엑셀로 잘 정리되어 있다고 가정하고 진행해 보겠습니다.

Word 파일에 바로 입력하기 전에 쉬운 이해를 돕기 위해서 명단이 포함된 엑셀 파일에서 성명과 생년월일을 순서대로 불러와서 print( ) 함수로 출력시켜 보겠습니다.

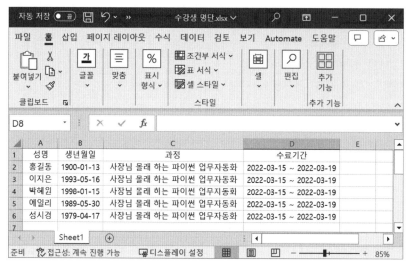

[그림 4-33]

[코드]

```
from openpyxl import load_workbook

wb = load_workbook("수강생 명단.xlsx")
ws = wb.active

for i in range(ws.max_row):

    name = ws.cell(row=i+1, column=1).value
    birth = ws.cell(row=i+1, column=2).value

    if i != 0:    # 가장 첫 줄(성명, 생년월일) 제거
        print(name, str(birth)[:10])    # datetime 형식의 생년월일 데이터를 원하는 형태로 변환
```

```
홍길동  1900-01-13
이지은  1993-05-16
박혜원  1998-01-15
에일리  1989-05-30
성시경  1979-04-17
```

step 4 엑셀에서 원하는 데이터를 가져왔으니, 지금까지 설명한 내용을 기반으로 차례대로 수료증을 작성해 봅시다. 전체 코드는 아래와 같습니다.

[코드]

```python
from docx import Document
from docx.oxml.ns import qn
from openpyxl import load_workbook

doc = Document('교육 수료증.docx')

# 스타일 적용하기 (일반 텍스트, 글꼴은 '맑은 고딕체')
style = doc.styles['Normal']
style.font.name = '맑은 고딕'
style._element.rPr.rFonts.set(qn('w:eastAsia'), '맑은 고딕')

wb = load_workbook("수강생 명단.xlsx")
ws = wb.active
for i in range(ws.max_row):
    name = ws.cell(row=i+1, column=1).value
    birth = ws.cell(row=i+1, column=2).value

    if i != 0:
        # 성명 수정
        p = doc.paragraphs[3]
        p.text = '성      명: ' + name

        # 생년월일 수정
        p = doc.paragraphs[4]
        p.text = '생년월일: ' + str(birth)[:10]
```

```
# 저장
doc.save('교육 수료증_' + name + '.docx')
```

[결과]

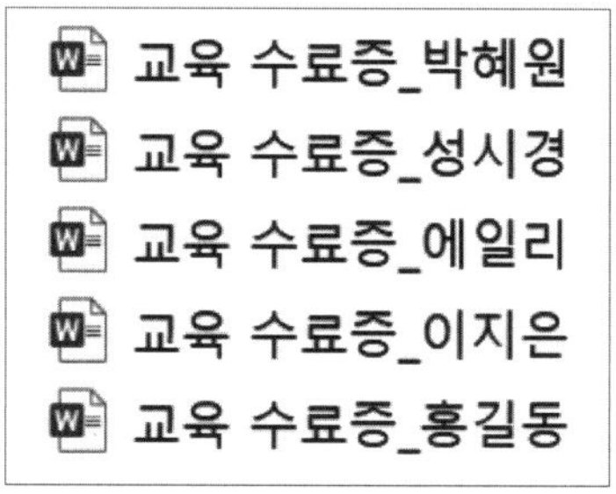

교육 수료증_박혜원
교육 수료증_성시경
교육 수료증_에일리
교육 수료증_이지은
교육 수료증_홍길동

[그림 4-34]

파이썬 enumerate( ) 함수

step 1에서 사용한 enumerate( ) 함수에 대해서 알아보겠습니다. enumerate( )는 파이썬에서 반복 가능한 객체(리스트, 튜플, 딕셔너리 등)를 반복할 때 해당 배열의 인덱스를 그대로 가져올 수 있는 함수입니다. enumerate( )는 (인덱스, 값)을 튜플 형태로 반환합니다. 예시 코드를 통해 확인해 보겠습니다.

[코드]

```
fruits = ['apple', 'banana', 'orange']
for index, fruit in enumerate(fruits):
    print("Index {}: {}".format(index,fruit))
```

[결과]

```
Index 0: apple
Index 1: banana
Index 2: orange
```

enumerate( )의 start 매개변수를 사용하면 인덱스의 시작 값을 지정할 수 있습니다.

[코드]

```
fruits = ['apple', 'banana', 'orange']
for index, fruit in enumerate(fruits, start=1):
    print("Index {}: {}".format(index,fruit))
```

[결과]

```
Index 1: apple
Index 2: banana
Index 3 orange
```

enumerate( )는 인덱스를 기준으로 배열의 특정 요소를 찾거나 반복 횟수를 지정해야 하는 등의 코드 작성 시 유용하게 활용할 수 있습니다.

Chapter 5

PDF

어느 직장인의 이야기 5.

손 사원은 몰래컴퍼니의 막내 사원입니다. 이 회사의 오너인 정 사장은 막내 신입들에게 귀찮은 잡무들을 시키는 습관이 있는 걸로 유명합니다. 소문처럼 어느 날 정 사장이 손 사원의 자리를 찾아왔습니다.

정 사장: 손 사원, 내가 pdf로 스캔 뜬 서류 400장이 있는데 내가 잘못 설정했는지 죄다 스캔 방향이 오른쪽으로 돌아가 버렸어. 이걸 보다가 내 목도 돌아갈 지경이야. 문서는 이미 폐기해 버린 상태인데 방법이 없을까?

손 사원: (속으로) '아니 사장님은 비서도 따로 안 두고 이걸 나에게… ㅜㅜ'

손 사원: 방법을 한번 찾아보겠습니다, 사장님.

정 사장: 고맙네. 내가 지금 외근을 다녀와야 해서 내일 아침까지 부탁하네.

손 사원: 네? 400장을 내일 아침까지요?

손 사원은 사장님의 지시 사항이니 어쩔 수 없다고 생각하면서도 오늘도 야근을 해야 될 것 같아 깊은 한숨을 내쉬었습니다.

손 사원: '그래! 이참에 쉽게 할 수 있는 방법을 찾아보자'

PyPDF2는 이름에서도 알 수 있듯이 파이썬에서 PDF 파일을 분할, 병합, 자르기 등으로 변환할 수 있는 무료 오픈소스 라이브러리입니다. PyPDF2는 아래 이미지와 같이 크게 3가지 클래스를 제공합니다.

1) 원하는 작업을 하기 위해 pdf 파일을 불러올 때 사용하는 PdfReader

2) 회전, 추출, 분리 등의 페이지 단위 작업을 할 때 사용하는 PdfWriter

3) 여러 pdf 파일을 하나의 pdf로 병합할 때 사용하는 PdfMerger

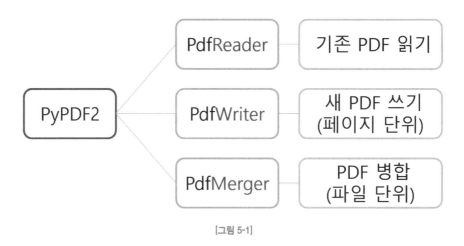

[그림 5-1]

Chapter 5에서는 위 3가지 모듈들을 활용해서 PDF 파일을 파이썬을 통해 제어하는 방법을 배워 보겠습니다.

먼저 PyPDF2 라이브러리부터 설치해 보겠습니다. 설치는 다른 라이브러리와 방법이 동일합니다. 사용자의 개발 환경에 맞춰 터미널 창에 아래 명령어를 입력해 주시면 됩니다.

```
pip install PyPDF2
```

PDF 페이지 추출하기

PyPDF2에서 PdfReader 모듈을 사용하면 PDF 파일에서 사용자가 원하는 페이지만 추출이 가능합니다. 필요한 페이지를 각각 추출하는 코드를 순서대로 작성해 보겠습니다.

어느 라이브러리든지 해당 PyPDF2 라이브러리를 .py 파일에 import하는 것이 가장 먼저입니다. 이번 챕터에서는 편의상 as pdf를 추가하여 줄여 사용하도록 하겠습니다. 'as'라는 표현법이 기억 안 나시는 분은 엑셀 챕터의 "**3.3.1 Workbook, Worksheet 설정하기**" 참고상자 부분을 참고해 보세요.

[코드]

```
# import
import PyPDF2 as pdf
```

그다음 가장 기본이 되는 pdf 파일 객체를 생성해 보겠습니다. 아래 "연습" 폴더 경로에 있는 "pdf_practice.pdf"라는 파일을 객체로 생성하고 한번 출력해 보겠습니다. 앞서 설명해 드렸던 기존 pdf 파일을 읽는 과정입니다.

[그림 5-2]

[코드]

```
path = r"C:\Users\...\연습\pdf_practice.pdf"
load_pdf = pdf.PdfReader(path) # 기존 pdf 파일을 읽기
print(load_pdf)
```

[결과]

```
<PyPDF2.pdf.PdfReader object at 0x000001C92222E0C8>
```

PyPDF2의 PdfReader의 Object라고 출력이 되네요. 이게 무슨 뜻인지 이해하면 좋지만 사용상 꼭 알 필요는 없습니다. 이것만 기억하세요.

"우리가 원하는 pdf 파일을 읽기 전용으로 불러왔고 그걸 load_pdf라는 변수로 지정하겠다."

그다음은 위에서 불러온 pdf 파일인 "pdf_practice.pdf"의 일부를 떼어서 새로운 pdf 파일로 저장해 보겠습니다. 먼저 pdf 파일 내부 이미지를 확인해 볼까요? "pdf_practice.pdf" 파일은 총 5페이지로 구성되어 있고 각 페이지는 "PDF 1 page", "PDF 2 page" ...와 같이 페이지 표시가 되어있습니다.

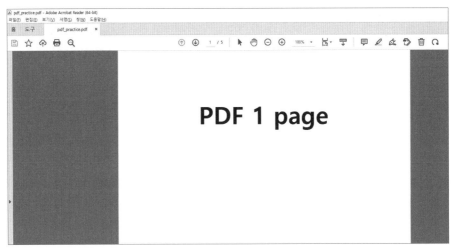

[그림 5-3]

위 pdf 파일에서 2, 4 페이지만 추출해 보겠습니다. 위 코드에서 이어서 작성해 봅시다.

[코드]

```python
new_pdf = pdf.PdfWriter() # 새로운 pdf 파일 객체 생성
new_pdf.add_page(load_pdf.pages[1])  #2페이지(파이썬 인덱스 0부터)
new_pdf.add_page(load_pdf.pages[3])  #4페이지(파이썬 인덱스 0부터)
fh = open("./결과1.pdf", "wb") # 같은 경로에 결과1.pdf 파일 객체 생성
new_pdf.write(fh) # 저장
fh.close() # 파일 닫기
```

PyPDF2에서 제공하는 PdfWriter 클래스를 활용해서 new_pdf라는 객체를 생성합니다. 이 new_pdf를 통해 페이지를 새로운 pdf 파일에 추출할 수 있습니다. new_pdf.add_page( ) 괄호 안에 있는 load_pdf는 이전에 PdfReader로 생성했던 변수명입니다. 한 가지 주의해야 할 점은 2page를 추출해야 할 경우 인덱스 1을, 4page를 추출해야 할 경우 인덱스 3을 입력한다는 것입니다. 파이썬에서는 인덱스가 0부터 시작하므로 실제 페이지에서 1을 빼준 숫잣값을 입력합니다.

실제 파일 저장은 new_pdf.write( )를 통해 이루어집니다. write( ) 괄호 안의 내용은 open( ) 함수를 통해 입력합니다. "wb"는 "write binary"라고 하는데 파일을 쓰기 위한 옵션값입니다. 자세한 내용은 아래 참고상자에서 다뤄보겠습니다.

정상적으로 실행되면 코드 실행 파일 같은 경로에 "결과1.pdf" 파일이 생성됩니다. pdf 파일을 실행해 보면 아래 [그림 5-4]와 같이 2page와 4page가 추출된 것을 확인하실 수 있습니다.

[결과]

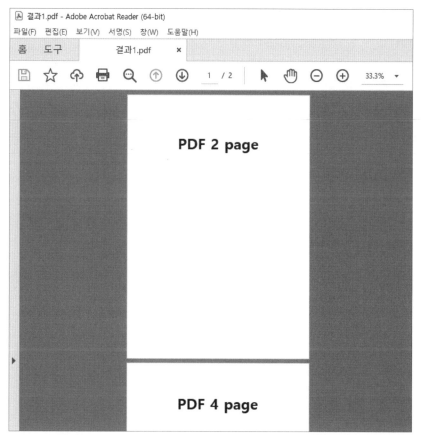

[그림 5-4]

"r", "w", "rb", "wb"의 의미

컴퓨터에서는 파일을 바이너리(binary)와 텍스트(txt) 2가지로 구분합니다. "r"과 "w" 모드는 텍스트 파일을 다룰 때 사용되며, "r" 모드는 읽기 모드로 파일의 내용을 문자열 형태로 읽어오고, "w" 모드는 쓰기 모드로 문자열을 파일에 쓸 수 있습니다. "rb"과 "wb" 모드는 바이너리 파일을 다룰 때 사용되며, "rb" 모드는 읽기 모드로 파일의 내용을 바이트(bytes) 형태로 읽어오고, "wb" 모드는 쓰기 모드로 바이트를 파일에 쓸 수 있습니다.

사용자가 파일이 텍스트인지 바이너리인지 구분하기 어려울 수 있지만, 일반적으로 사람이 읽을 수 있는 문자열 형태로 구분된다면 "r"과 "w"를 사용하시면 됩니다. 예를 들어보겠습니다.

[코드]

```
fh = open("./결과1.pdf", "w")
print(fh)
new_pdf.write(fh) # 저장
fh.close()
```

[결과]

```
File <./결과1.pdf> to write to is not in binary mode. It may not be written to
correctly.
```

위 에러는 해당 파일이 binary 파일이라 "w" 모드로 데이터를 쓸 수 없다는 것을 나타냅니다. "r"이나 "w"를 썼는데 위와 같은 오류가 발생했다면 "rb"이나 "wb"를 사용하면 됩니다.

PDF 페이지 분할 및 회전하기

해시태그: #PDF파일분할 #PDF파일회전

5.3에서는 pdf 파일을 분할하고 회전시키는 방법에 대해 알아보겠습니다.

5.3.1 PDF 페이지 분할

이번에는 PDF 페이지를 분할하는 방법에 대해 배워보겠습니다. 분할이라고 따로 나누어서 설명해 드리지만 실제로는 방금 배웠던 추출을 다른 방식으로 사용하는 것에 불과합니다. pdf 파일의 모든 페이지를 추출하고 각각의 파일로 다시 저장하는 개념인 것입니다.

위의 내용을 이해하셨다면 분할도 어렵지 않으실 테니 천천히 따라와주세요. 5.2에서도 다뤘지만 pdf 파일을 제어하는 가장 첫 번째 과정은 기존 pdf 파일을 읽어오는 것입니다.

[코드]

```
import PyPDF2 as pdf # import
path = r"C:\Users\...\연습\pdf_practice.pdf"
load_pdf = pdf.PdfReader(path) # 기존 pdf 파일 불러오기
```

페이지를 각각 추출하려면 pdf 파일이 총 몇 페이지인지 알아야 하겠죠? 아래 코드를 작성해서 print를 통해 출력해 보겠습니다.

[코드]

```
pdf_num = len(load_pdf.pages) # 기존 pdf 파일 페이지 수 저장
print("pdf_pratcie.pdf 파일의 페이지 수는 총 {}입니다.".format(pdf_num))
```

[결과]

```
pdf_pratcie.pdf 파일의 페이지 수는 총 5입니다.
```

이제 이 페이지 숫자를 저장한 "pdf_num" 변수를 활용해서 반복문을 실행할 겁니다. 저희가 지금 하려고 하는 과정은 각 페이지를 1페이지씩 분리하여 저장하는 겁니다. 그 과정을 단순하게 생각해 보겠습니다.

- 1페이지씩 불러오기
- 불러온 1페이지를 새로운 pdf 파일에 입력하기
- 1페이지가 입력된 파일을 저장하기
- 위 과정을 반복하기

아래 코드는 위 과정을 순서대로 반복문(for)을 사용하여 작성해 본 것입니다. 위 코드에서 이어서 작성해 보겠습니다.

[코드]

```
for num in range(pdf_num): # 각 페이지를 0번 인덱스부터 접근
    new_pdf = pdf.PdfWriter() # 새로 만들 pdf 객체 생성(각 루프마다 새로 생성)
    one_page = load_pdf.pages[num] # 기존 파일에서 1page 가져오기
    new_pdf.add_page(one_page) # 새로운 pdf 객체에 1page 입력
    fh = open("./Result/{} page.pdf".format(num+1), "wb")
    new_pdf.write(fh) # 각 페이지명으로 pdf 파일 저장
fh.close() # 객체 닫기
```

[결과]

내 PC › 바탕 화면 › VS CODE › Project › 사장님몰래하는파이썬업무자동화 › Result				
이름	수정한 날짜	유형	크기	
📄 1 page.pdf	2022-12-29 오후 1:11	Adobe Acrobat 문...	41KB	
📄 2 page.pdf	2022-12-29 오후 1:11	Adobe Acrobat 문...	41KB	
📄 3 page.pdf	2022-12-29 오후 1:11	Adobe Acrobat 문...	22KB	
📄 4 page.pdf	2022-12-29 오후 1:11	Adobe Acrobat 문...	22KB	
📄 5 page.pdf	2022-12-29 오후 1:11	Adobe Acrobat 문...	41KB	

[그림 5-5]

먼저 글에서 서술했던 과정을 그대로 코드로 옮겨본 것입니다. 실행하면 위와 같이 Result 폴더에 각 페이지마다 pdf로 추출된 pdf 파일이 생성됩니다. 위 코드를 실행했을 때 오류가 발생하시는 분은 Result 폴더가 .py 파일과 같은 경로에 있는지 확인해 주세요.

5.2와 비교해서 새로운 부분은 반복문을 추가한 것입니다. 업무 자동화에서는 반복문이 많이 활용되므로 활용법을 확실히 알아두시는 게 좋습니다.

5.3.2 PDF 페이지 회전

이번에는 PDF 페이지를 회전하는 방법입니다. 독자 여러분은 회사에서 문서를 스캔했는데 원하는 바와 달리 다른 방향으로 스캔된 적이 없나요? 예를 들면 세로 방향을 원했는데 모든 문서가 가로로 되어있는 거지요. 다시 스캔을 하면 되겠지만 당장 스캔 기기가 없거나 1장씩 진행해야 해서 번거로운 상황이라면 아래 코드가 도움이 될 겁니다.

코드는 지금껏 다뤄왔던 부분과 크게 다르지 않습니다. 다른 부분이라면 반복문을 통해 파일을 저장하는 대신 페이지를 회전하는 과정이 추가가 된 것뿐입니다. 그 과정을 글로 서술해 보면 아래와 같습니다.

- pdf 전체 파일을 읽어오기(기존 파일)
- 수정한 pdf 파일을 저장할 새로운 pdf 열기
- 1page씩 회전시키고 새로운 pdf 파일에 추가하기
- 저장하기

먼저 pdf 전체 파일을 읽어오고 페이지 수를 저장하는 코드를 작성합니다.

[코드]

```
import PyPDF2 as pdf
path = r"C:\Users\...\연습\pdf_practice.pdf"
load_pdf = pdf.PdfReader(path, "rb") # 기존 pdf 파일 불러오기
pdf_num = len(load_pdf.pages) # 기존 pdf 파일 페이지 수
```

그다음 반복문을 통해 페이지 수만큼 기존 pdf 파일을 회전(수정)하고 새로운 pdf 객체에 추가하는 코드를 작성합니다. 새로 추가된 코드라면 .rotateClockwise라는 함수입니다. 해당 함수는 pdf 1페이지에 대한 객체를 회전시키는 역할을 합니다. 괄호 안의 숫자에 따라 원하는 각도만큼 회전하게 됩니다. 단, 90도의 배수만큼만 가능합니다.

```
for n in range(page_num): # load_pdf의 페이지 수만큼 반복한다.
    one_page = load_pdf.pages[n] # 각 페이지 객체를 변수 지정
    one_page.rotate(90) #90도 시계 방향 회전시키기(반시계는 270 입력)
    new_pdf.add_page(one_page) # 새로운 pdf 객체에 수정한 페이지 추가
```

마지막 과정으로 회전한 pdf 각 페이지 객체를 추가한 new_pdf 변수를 저장해야겠죠?

```
fh = open("./Result/rotate_page.pdf", "wb")
new_pdf.write(fh) # 최종 파일 저장
fh.close() # 객체 닫기
```

위 코드까지 작성하여 실행하면 Result 폴더에 rotate_page.pdf 파일이 저장된 것을 확인하실 수 있고 열어보면 아래와 같이 회전된 pdf 파일을 확인하실 수 있습니다.

[결과]

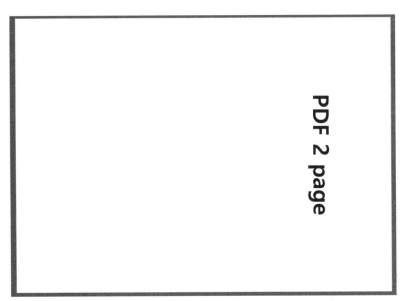

[그림 5-6]

코드를 보시면 "**5.3.1 PDF 페이지 분할하기**"와 크게 다르지 않습니다. 다만 새로운 파일을 1개로 저장했는지, 각 페이지를 여러 개 pdf 파일로 저장했는지에 따라 for 반복문 내부 구문이 바뀐 점을 참고하시면 됩니다.

파이썬 문자열 포맷팅: format 함수

파이썬에서는 문자열을 출력하는 방식을 포맷팅을 통해 지정할 수 있습니다. 쉽게 말하면 내가 원하는 결과를 형식에 맞게 출력하는 것입니다. 방법은 여러 가지가 있으나 자세히 다루려고 하면 내용이 많아지므로 이번 참고상자에서는 format 함수를 사용하는 방법을 알려드립니다.

[기본 사용법]

```
{ } . format(출력할 내용)
```

[예시 코드 1]

```
year = 1990
month = 11
day = 3
print("제 생년월일은요, {0}년 {1}월 {2}일입니다.".format(year, month, day))
```

[결과]

```
제 생년월일은요, 1990년 11월 3일입니다.
```

{ } 괄호 안의 숫자는 인덱스입니다. format( ) 안에 입력된 year, month, day를 순서대로 0번째 ,1번째, 2번째 인덱스로 인식하고 값을 출력합니다. 인덱스를 붙이지 않고 아래처럼 빈 괄호 { }만 표시하여도 순서대로 인식된다는 점을 참고하세요.

print("제 생년월일은요, { }년 { }월 { }일입니다.".format(year, month, day))

[예시 코드 2]

```
l = 3
for n in range(1,6):
    print("{0} / {1} = {2:.2f}".format(n, l, n/l))
```

[결과]

```
1 / 3 = 0.33
2 / 3 = 0.67
3 / 3 = 1.00
```

```
4 / 3 = 1.33
5 / 3 = 1.67
```

소수의 경우 .2f와 같이 소수점 자리를 맞출 수 있습니다. .2f는 2번째 자리까지 출력하겠다는 의미입니다. 예시 1과 마찬가지로 인덱스 0, 1, 2는 생략해도 무관합니다. 즉, {.2f}로 표시하여도 동일한 결과를 확인할 수 있습니다.

PDF 페이지 병합하기

해시태그: #PDF파일병합 #PDF파일합치기

이번에는 여러 페이지의 pdf 파일을 1개 파일로 병합하는 방법을 배워보겠습니다. 저희는 "5.3.1 **PDF 페이지 분할하기**"에서 각 페이지를 분리하는 연습을 했었습니다. 아래 결과는 각 페이지를 분리했던 결과입니다.

이름	수정한 날짜	유형	크기
내 PC > 바탕 화면 > VS CODE > Project > 사장님몰래하는파이썬업무자동화 > Result			
📄 1 page.pdf	2022-12-29 오후 1:11	Adobe Acrobat 문...	41KB
📄 2 page.pdf	2022-12-29 오후 1:11	Adobe Acrobat 문...	41KB
📄 3 page.pdf	2022-12-29 오후 1:11	Adobe Acrobat 문...	22KB
📄 4 page.pdf	2022-12-29 오후 1:11	Adobe Acrobat 문...	22KB
📄 5 page.pdf	2022-12-29 오후 1:11	Adobe Acrobat 문...	41KB

[그림 5-7]

위 페이지를 병합하는 코드를 작성해 보겠습니다. 이번에도 과정을 간단히 글로 풀어 써 보겠습니다. 병합하는 과정은 정말 간단합니다.

- 병합할 기존 pdf 파일 불러오기(2개 이상)
- 병합할 pdf를 저장할 새로운 pdf 열기
- 새로운 pdf에 각각 분리된 페이지를 추가
- 저장

기존 pdf 파일을 불러오고 생성할 새로운 pdf 파일을 여는 것은 모든 pdf 파일을 제어하는 공통 과정입니다. 이번 과정은 코드가 짧으니 한 번에 작성해 보도록 할게요.

[코드]

```
import PyPDF2 as pdf
path = r"C:\Users\...\Chapter 5"
```

```
file1 = open(path+"/1 page.pdf", "rb") # pdf 1페이지 파일 불러오기
file2 = open(path+"/2 page.pdf", "rb") # pdf 2페이지 파일 불러오기
load_pdf1 = pdf.PdfReader(file1) # 첫 번째 PDF 파일 객체 생성
load_pdf2 = pdf.PdfReader(file2) # 두 번째 PDF 파일 객체 생성
new_pdf = pdf.PdfMerger() # PDF 파일을 합치기 위한 객체 설정
new_pdf.append(file1) # 첫 번째 파일 추가
new_pdf.append(file2) # 두 번째 파일 추가
new_pdf.write(open("./Merge_result.pdf", "wb")) # 객체를 파일로 저장 (write() 함수 사용)
file1.close() # 파일 객체 닫기
file2.close() # 파일 객체 닫기
```

[결과]

[그림 5-8]

pdf 파일 병합을 위해서는 PyPDF2 라이브러리의 pdfMerger 클래스를 사용합니다. 병합해야 할 pdf 파일을 pdfReader를 통해 각각 객체(load_pdf1, load_pdf2)로 생성합니다. 그다음, pdfMerger를 새로 병합할 객체인 new_pdf에 추가하면 됩니다. 코드에 주석을 달아두었으니 참고하시면 금방 이해되실 겁니다.

코드를 보시면서 느끼셨겠지만 pdfMerger는 페이지가 아닌 파일 단위의 병합을 할 때 사용합니다. [그림 5-1]에서 pdfMerger는 파일 단위라고 설명했었는데 이게 그 의미입니다. 5.3.1에서 다뤘던 pdfWriter는 페이지 단위로 추가할 수 있고, pdfMerger는 파일 단위로 추가할 수 있습니다. 2개 클래스의 차이이므로 기억해 두세요.

Chapter 5는 PyPDF2를 이용해 기본적으로 pdf 파일을 제어하는 방법을 다뤄봤습니다. 해당 챕터는 위에서 다뤘던 사용법 정도만 익히셔도 충분하므로 연습하기를 생략하겠습니다. 해당 라이브러리를 응용하는 방법에 대해서는 "Chapter 11. 실전 프로젝트"에서 학습해 볼 예정입니다.

Chapter 6

파일과 폴더

어느 직장인의 이야기 6.

손 사원은 어느 날 또 정 사장님에게 호출을 받았습니다. 손 사원은 안 그래도 바쁜데 또 뭔 호출인가 싶어 불안해하며, 사장님에게 찾아갑니다.

손 사원 : '정 사장님 왜 날 또 부르시지... 또 뭘 시키려고…?'

정 사장 : 손 사원! 잘 왔네. 내가 너무 바빠서 관리하지 못한 문서 파일들이 있는데, 흠... 이걸 정리는 해야 하는데 시간은 내기 그렇고… 손 사원이 해주면 안 될까? 자그마치 10년 치 문서네.

손 사원 : '10년 치??... 다른 일로 바빠 죽겠는데 사장님은 왜 이렇게 나를 귀찮게 하는 거야?'

손 사원 : 네, 알겠습니다 사장님. 사장님이 시키시는데 해야죠!!

손 사원은 정 사장님 지시에 속으로 투덜투덜거렸지만 내색은 하지 않았습니다. 그래도 어떻게 하면 사장님의 수많은 파일 정리를 조금은 편하게 할 수 있을까 고민했습니다.

손 사원 : '이참에 파이썬 파일 폴더 관련 모듈을 공부해서 자동화해 볼까?'

6.1 절대 경로, 상대 경로

해시태그: #파이썬경로설정 #절대경로 #상대경로

프로그래밍을 배운다면 절대 경로와 상대 경로에 대한 개념을 알아야 원하는 경로의 파일에 접근할 수 있습니다. 절대 경로와 상대 경로를 다루기 전에 먼저 경로와 디렉터리에 대한 개념에 대해 알아보겠습니다.

코딩을 배우시는 분들이라면 경로와 디렉터리는 많이 들어오셨을 용어들일 겁니다. 경로는 어떤 특정 목적지로 향하는 길이라는 의미로 많이 쓰입니다. 컴퓨터에서 목적지란 무엇일까요? 컴퓨터에서 목적지는 어떤 특정 폴더(또는 특정 파일)라고 말할 수 있습니다. 그럼 컴퓨터에서 경로는 이 목적지로 향하는 길을 의미하겠죠. 그리고 컴퓨터에서 흔히 말하는 디렉터리는 어떤 특정 폴더를 이야기합니다.

[그림 6-1]

이 책의 Chapter 5까지 공부해 보셨다면 아래와 같은 경로를 나타내는 문자열들을 많이 봐오셨을 겁니다. 업무 자동화 프로그래밍에서 경로는 왜 필요한 것일까요?

```
C:\Users\Yongbeom Jeong\Desktop\연습\os_practice.txt
```

보통 업무 자동화 프로그래밍에서는 다른 파일을 참조하거나 생성하는 코드를 많이 작성합니다. 엑셀, 워드, pdf 등 기존 파일에 접근해서 수정하거나 제어하는 경우가 많기 때문입니다. 경로를 잘못 설정하거나 존재하지 않는 디렉터리(또는 파일)에 접근한다면 아래와 같은 에러를 확인하실 수 있습니다.

```
FileNotFoundError: [Errno 2] No such file or directory:
```

이처럼 경로 설정 코드는 잘못하면 에러가 발생하기에 프로그래밍에서 중요한 부분입니다. 말 그대로 파일이나 경로가 존재하지 않아서(혹은 잘못 입력했거나) 발생하는 에러이기도 하지만 뒤에서 배우게 될 상대 경로 설정 시 잘못 설정하는 경우에도 발생할 수 있습니다.

이제부터 배울 내용은 절대 경로와 상대 경로에 대한 이야기입니다. 어렵지 않으니 천천히 따라오세요.

먼저 절대 경로입니다. 절대 경로는 말 그대로 1개의 경로를 특정할 수 있는 절대적인 경로를 의미합니다. 코딩을 배우시지 않더라도 컴퓨터를 사용하시는 분들이라면 아래와 같은 형태의 경로들은 많이 보셨을 겁니다.

```
C:\Users\Yongbeom Jeong\Desktop\VS CODE\Project\사장님몰래하는파이썬업무자동화
```

위와 같은 경로 형태를 절대 경로라고 합니다. [그림 6-2]와 같이 위 경로에 매칭되는 해당 경로는 1개입니다. 그리고 보통은 특정 PC에서만 매칭이 되는 경로입니다. 위 경로는 글쓴이의 PC에서는 인식하지만 다른 사람의 PC에서는 인식하지 못할 수 있습니다. 같은 이름의 경로가 없기 때문입니다.

[그림 6-2]

그럼 반대로 상대 경로는 무엇일까요? 상대 경로는 현재 위치를 기준으로 상대적인 경로를 의미합니다. 현재 경로가 어디냐에 따라 경로의 위치가 바뀔 수도 있습니다. 예시를 들어보겠습니다. 아래는 상대 경로 표시법입니다.

```
./OS/Chapter6_파일과 폴더.txt
```

맨 앞의 ./는 현재 위치에서 같은 경로를 의미합니다. 아래 [그림 6-3] 폴더 경로는 현재 위치를 나타냅니다. 현재 위치에서 파이썬으로 위 경로를 통해 파일을 참조하면 어떻게 될까요? 직접 실행해 보겠습니다.

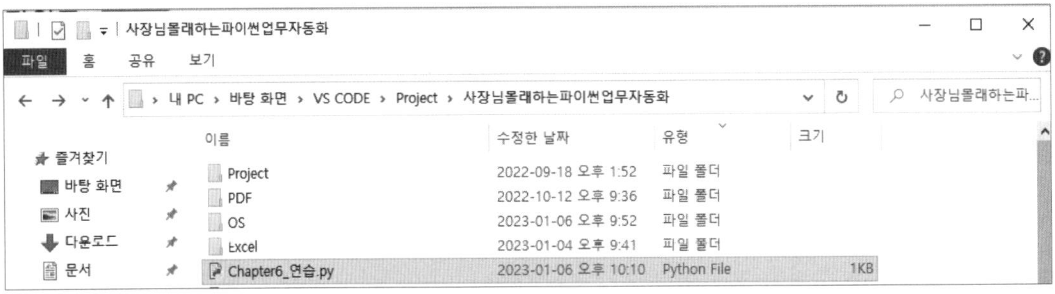

[그림 6-3]

먼저 [그림 6-3] 위치 폴더에 .py 파일을 생성하고 아래 코드를 실행해 보겠습니다. os는 아직 배우진 않았지만 파일과 폴더를 다룰 수 있는 라이브러리입니다. **6.2**부터 배울 예정이니 아래 내용은 그냥 상대 경로의 이해를 위해 따라오시면 됩니다. os.getcwd( )는 os 라이브러리에서 제공하는 현재 .py파일의 경로를 출력해 주는 함수입니다.

[코드]

```
import os # os import
print("현재경로 : ")
print(os.getcwd()) # 현재 경로 출력
```

[결과]

```
현재 경로 :
C:\Users\Yongbeom Jeong\Desktop\VS CODE\Project\사장님몰래하는파이썬업무자동화
```

위 코드를 실행해 보면 현재 .py 파일이 생성된 경로를 출력하게 됩니다. 그럼 상대 경로 코드를 작성해서 OS 폴더 내부에 "Chapter6_파일과 폴더.txt" 파일을 생성하고 몇 가지 정보를 입력해 보겠

습니다.

[코드]

```
import os # os import
path = "./OS/Chapter6_파일과 폴더.txt" # 상대 경로 설정
f = open(path, "w") # 상대 경로에 있는 txt 파일 쓰기모드로  열기
f.write("현재경로 : {}\n".format(os.getcwd())) # 현재 경로 txt 파일에 쓰기
f.write("상대 경로 : {}\n".format(path)) # 상대 경로 txt 파일에 쓰기
f.write("정상적으로 파일에 접근하였습니다") # txt 파일에 메시지 작성
f.close() # 파일 종료
```

[결과]

[그림 6-4]

🗒 Chapter6_파일과 폴더.txt - Windows 메모장

파일(F) 편집(E) 서식(O) 보기(V) 도움말(H)

현재경로 : C:\Users\Yongbeom Jeong\Desktop\VS CODE\Project\사장님몰래하는파이썬업무자동화
상대경로 : ./OS/Chapter6_파일과 폴더.txt
정상적으로 파일에 접근하였습니다|

[그림 6-5]

위 코드를 실행해 보면 상대 경로를 통해 OS 폴더에 txt 파일이 생성된 것을 확인하실 수 있습니다. [그림 6-4] 파일을 열어 보시면 코드로 작성했던 경로와 메시지가 정상적으로 작성되었습니다.

위 예시처럼 상대 경로는 현재에 설정되어 있는 경로를 기준으로 하여 파일 및 폴더 위치를 표시합니다. 그럼 상대 경로는 업무 자동화 프로그래밍에서 왜 필요한 것일까요? 위에서 절대 경로 설명 시에도 언급했지만 절대 경로는 한 가지 경로만을 특정하기 때문에 경로가 바뀌는 경우 프로그램 사용이 불가합니다.

참조해야 할 파일의 위치가 자주 바뀌거나 실제 사용자들에게 프로그램 배포가 필요한 경우 필요

한 경로 값들이 모두 다를 수 있습니다. 따라서 상대 경로를 통해 '참조할 파일이 현재 코드 실행 파일과 같은 경로에 있다', '참조할 파일이 현재 경로보다 상위 폴더에 있다' 등의 정보를 입력해 주면 다른 사용자가 프로그램을 사용해도 문제가 없을 겁니다.

상대 경로를 사용하는 경우는 아래 3가지 케이스로 구분할 수 있습니다.

- .py 실행 파일과 참조할 파일이 같은 경로에 위치할 경우
- 참조할 파일이 .py 실행 파일보다 하위 경로에 있는 경우
- 참조할 파일이 .py 실행 파일보다 상위 경로에 있는 경우

위 케이스에 따라 상대 경로를 표시하는 방법을 간단하게 정리해 보겠습니다. 아래 이미지와 같이 OS 폴더에 임의의 폴더를 생성해 보았습니다. 상위폴더1, 상위폴더2가 있고 상위폴더는 각각 하위폴더1, 하위폴더2를 가지고 있습니다. 코드를 작성할 파일(.ipynb)은 상위폴더1-하위폴더1 내부에 위치하고 있습니다. 참고로 .ipynb 파일은 주피터 노트북에서 제공하는 확장자 파일입니다.

[그림 6-6]

1. .py 실행 파일과 참조할 파일이 같은 경로에 위치할 경우

첫 번째 케이스는 현재 실행하고 있는 .py 코드 파일과 참조할 파일이 같은 경로에 있는 경우입니다. 경로 표현법 중 " ./파일명"은 같은 경로에 있는 파일을 참조할 때 사용합니다.

[코드]

```
import os # os import
print("현재 경로 : {}".format(os.getcwd()))
path = "./파일 생성.txt" # 현재 경로에서 같은 위치 경로로 설정
f = open(path, 'w') # 위 path에 따른 파일 생성
f.close() # 파일 종료
```

현재 경로 : c:\Users\Yongbeom Jeong\Desktop\VS CODE\Project\사장님몰래하는파이썬업무자
동화\OS\상위폴더1

> ∨ **사장님몰래하는파이썬업무자동화**
>   > Excel
>   ∨ OS
>   ∨ 상위폴더1
>   ∨ 하위폴더1
>   ≡ 파일 생성.txt
>   ▪ Chapter6_코드1.ipynb
>   ∨ 상위폴더2\ 하위폴더2

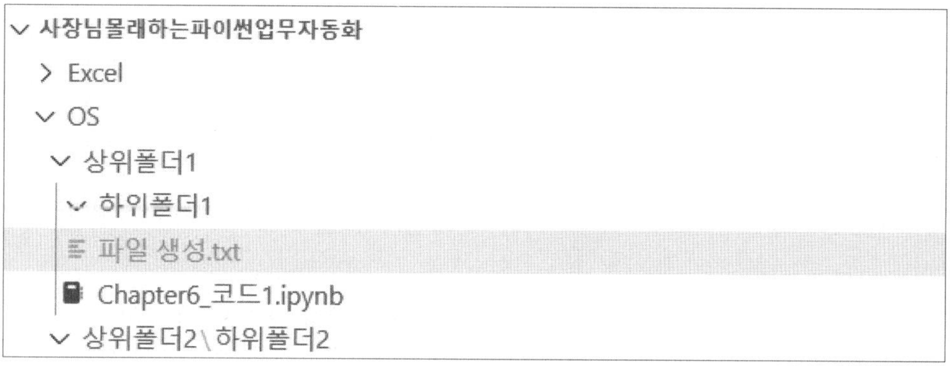

[그림 6-7]

2. 참조할 파일이 .py 실행 파일보다 하위 경로에 있는 경우

두 번째 케이스는 참조할 파일이 .py 코드 파일보다 하위 경로에 있을 때입니다. 하위 경로에 있는
경우에도 1)과 사용법이 비슷합니다. "./하위폴더명/파일명"으로 입력합니다. 경로가 2개 이상 있
다면 "./하위폴더1/하위폴더2/파일명"이 되겠죠?

[코드]

```python
import os # os import
print("현재 경로 : {}".format(os.getcwd()))
path = "./하위폴더1/파일 생성.txt" # 현재 경로에서 하위 폴더 경로로 설정
f = open(path, 'w') # 위 path에 따른 파일 생성
f.close() # 파일 종료
```

[결과]

현재 경로 : c:\Users\Yongbeom Jeong\Desktop\VS CODE\Project\사장님몰래하는파이썬업무자
동화\OS\상위폴더1

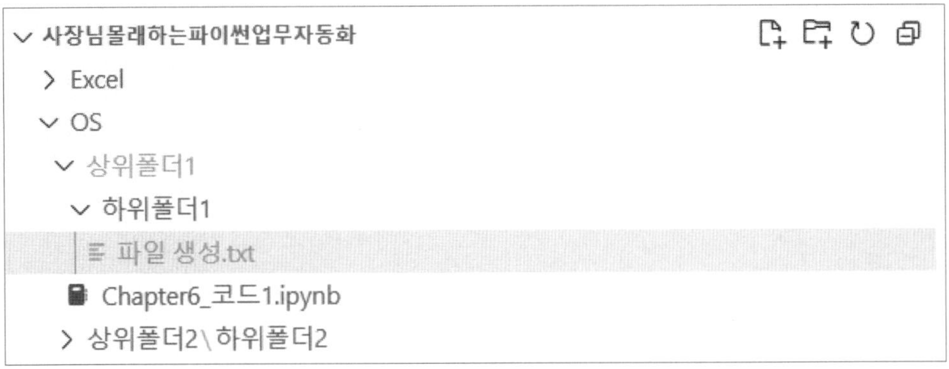

[그림 6-8]

3. 참조할 파일이 .py 실행 파일보다 상위 경로에 있는 경우

이번에는 상위 경로에서 다른 폴더의 하위 폴더로 접근하는 코드를 작성해 보겠습니다. 참조해야할 파일이 현재 .py 코드 파일보다 상위 경로에 있다면 "../"를 사용합니다.

[코드]

```python
import os # os import
print("현재 경로 : {}".format(os.getcwd()))
path = "../파일 생성.txt" # 현재 경로보다 상위 폴더 경로로 설정
f = open(path, 'w') # 위 path에 따른 파일 생성
f.close() # 파일 종료
```

[결과]

```
현재 경로 : c:\Users\Yongbeom Jeong\Desktop\VS CODE\Project\사장님몰래하는파이썬업무자동화\OS\상위폴더1
```

[그림 6-9]

라이브러리 소개

해시태그: #os #glob #shutil

이번 **6.2**절에서는 파일과 폴더를 다루기 위한 모듈을 알아보겠습니다. 파이썬에서 파일, 폴더를 다루는 대표적인 라이브러리로는 os, glob, shutil이 있습니다.

6.2.1 OS

os 모듈은 파이썬 내장 라이브러리에 포함된 모듈입니다. 다른 라이브러리와 달리 별도 설치 없이 바로 import하여 사용하실 수 있습니다. 참고로 파이썬 내장 라이브러리에는 os 모듈뿐만 아니라 sys, time, random 등의 모듈이 존재합니다.

6.1에서 절대 경로, 상대 경로를 공부하며 사용해 봤지만 아래와 같이 바로 import하여 사용하실 수 있습니다.

```
import os # os import
```

os 모듈의 공식 문서는 https://docs.python.org에서 제공하고 있습니다. 실제 os 모듈에는 수십 가지 함수가 존재하고 있습니다. 이번 챕터에서는 업무 자동화에서 자주 활용할 만한 대표 함수 몇 가지에 대해서 학습해 보겠습니다.

6.2.2 glob

glob 모듈도 os 모듈과 마찬가지로 파이썬 자체의 내장 라이브러리에 존재하는 모듈입니다. glob는 패턴을 사용하여 현재 폴더(디렉터리) 또는 하위 폴더 경로의 파일들을 검색할 때 사용할 수 있습니다. 여기서 패턴이란 어떤 특정 규칙을 가진 파일들을 의미합니다.

이름	수정한 날짜	유형
그림6-1.png	2023-01-01 오후 3:36	PNG 파일
그림6-2.PNG	2023-01-06 오후 9:49	PNG 파일
그림6-3.PNG	2023-01-06 오후 10:15	PNG 파일
연습1.pptx	2023-01-23 오전 10:08	Microsoft PowerP...
연습2.txt	2023-01-23 오전 10:09	텍스트 문서
연습3.xlsx	2023-01-23 오전 10:09	Microsoft Excel ...

[그림 6-10]

예를 들어, [그림 6-10]처럼 1개 폴더 내부에 여러 확장자의 파일이 있는 경우에 .PNG 확장자의 이미지 파일의 위치만 읽어오고 싶다면 어떻게 해야 할까요? 이럴 때 glob 모듈을 사용합니다. 자세한 사용 방법은 "**6.3 파일 폴더 경로 다루기**"에서 학습하겠습니다.

os 모듈과 마찬가지로 별도 설치 필요 없이 바로 import해서 사용합니다.

```
import glob # glob import
```

6.2.3 shutil

shutil 모듈은 파일, 폴더의 위치를 이동하거나 복사할 때 사용하는 모듈입니다. os, glob 모듈과 마찬가지로 파이썬 자체 내장 라이브러리로 별도 설치는 필요 없습니다. 각각 모듈에 대한 내용을 배우다 보면 "그럼 이걸 어떻게 업무 자동화에 활용할 수 있을까?"라는 궁금증이 생기시지 않나요?

당장 이전 **6.2.2**에서 설명했던 glob 모듈만 같이 활용해도 확장자가 뒤섞인 폴더를 파이썬을 통해 한 번에 정리할 수 있습니다. 이 방법은 "**6.6 연습하기**"에서 간단히 다뤄보도록 하겠습니다. import는 아래와 같이 작성하시면 됩니다.

```
import shutil # shutil import
```

모듈에 대한 간단한 소개는 끝냈으니 이제 본 내용으로 들어가겠습니다. 다른 챕터와 달리 "Chapter 6. 파일과 폴더"는 내용 학습이 많이 필요하지는 않습니다. 업무 자동화에 자주 활용되는 내용만 요약 정리했으니 마음 편하게 따라오세요.

6.3 파일, 폴더 경로 다루기

해시태그: #getcwd #chdir #listdir #walk #glob #파일경로반환 #폴더경로반환

파이썬을 통해 파일과 폴더 경로를 다루려면 os 모듈과 glob 모듈을 활용하시면 됩니다. 이번 **6.3**에서는 대표적으로 많이 사용하는 아래 5가지 함수를 배워볼 겁니다. 먼저 각 함수로 어떤 작업을 할 수 있는지 요약부터 해보겠습니다.

모듈	함수명	설명
os	getcwd( )	현재 위치 경로를 문자열로 반환
os	chdir( )	작업 경로를 변경
os	listdir( )	해당 경로에 있는 파일명 문자열을 리스트로 반환
os	walk( )	해당 위치 절대 경로, 폴더 리스트, 파일 리스트를 튜플로 반환
glob	glob( )	패턴에 맞는 파일명을 리스트로 읽어오기

6.3.1 getcwd( )

getcwd( )는 os 모듈에 속해있으며, "**6.1 절대 경로, 상대 경로**"에서 먼저 다뤄 본 함수입니다. 다시 설명하자면 현재 파이썬 코드(.py)가 실행되는 경로를 출력해 줍니다.

[사용법]

```
os.getcwd( ) # 괄호 안에 입력 필요 없음.
```

[코드]

```
import os
print("현재 경로 : ", os.getcwd())
```

[결과]

```
현재 경로 : c:\Users\Yongbeom Jeong\Desktop\VS CODE\Project\
```

6.3.2 chdir( )

chdir이라는 이름의 함수는 'Change directory'의 줄임말입니다. 말 그대로 작업 중인 디렉터리 (폴더)의 경로를 변경합니다. 1)에서 배웠던 getcwd( )를 통해 chdir( ) 함수 사용 전과 사용 후 결과를 출력해 봤습니다. 쉽게 이해가 되시나요? 코드에서 말하는 현재 경로는 파이썬 코드가 실행 중인 폴더를 이야기합니다.

[사용법]

```
os.chdir('경로') # 경로는 상대 경로 또는 절대 경로가 될 수 있음
```

[코드]

```
import os
print("현재 경로 :", os.getcwd()) # 변경 전 현재 경로 출력
os.chdir('./OS') # 현재 경로를 하위 디렉터리로 변경(상대 경로 사용)
print("변경 후 경로 :", os.getcwd()) # 변경 후 현재 경로 출력
```

[결과]

```
현재 경로 : c:\...\Project\사장님몰래하는파이썬업무자동화
변경 후 경로 : c:\...\Project\사장님몰래하는파이썬업무자동화\OS
```

6.3.3 listdir( )

listdir( )는 현재 경로에 있는 파일명을 리스트로 반환합니다. 다른 경로의 파일명을 리스트로 반환하고 싶은 경우 괄호 안에 절대 경로 또는 상대 경로를 입력합니다. 아래 코드의 2가지 케이스를 통해 이해해 보겠습니다.

[사용법]

```
os.listdir('경로') # 경로는 상대 경로 또는 절대 경로가 될 수 있음
```

[코드]

```python
import os

# case1 : 현재 작업 경로에 있는 파일 리스트
print("현재 작업 경로", os.getcwd())
print("작업 경로에 있는 파일 리스트")
print(os.listdir())
print()

# case2 : 다른 경로에 있는 파일 리스트
path = "./OS" # 상대 경로 사용
print("상대 경로에 있는 파일 리스트")
print(os.listdir(path))
```

[결과]

```
현재 작업 경로 c:\Users\...\Project\사장님몰래하는파이썬업무자동화
작업 경로에 있는 파일 리스트
['3_10_1_코드1.py', '3_10_2_코드1.py', '3_2_2-코드1.py', '3_3_1_코드1.py', '3_3_1_
코드2.py', '3_3_2_코드1.py', '3_3_2_코드2.py', '3_4_1_코드1.py', '3_4_2_코드1.py',
'3_4_3_코드1.py', '3_4_3_코드2.py', '3_5_1_코드1.py', '3_5_2_코드1.py', '3_5_2_코드
2.py', '3_5_3_코드1.py', '3_6_1_코드1.py', '3_6_1_코드2.py', '3_6_1_코드3.py', '3_6_1_
코드4.py', '3_6_2_코드1.py', '3_7_1_코드1.py', '3_7_2_코드2.py', '3_8_코드1.py',
'3_9_3_코드1.py', 'Chapter5 코드2.ipynb', 'Chapter5_코드1.ipynb', 'Chapter6_연습.py',
'Chapter6_코드1.ipynb', 'Chapter6_코드2.ipynb', 'Excel', 'OS', 'PDF', 'Project']

상대 경로에 있는 파일 리스트
['상위폴더1', '상위폴더2', '파일생성.txt']
```

결과에서 보시다시피 listdir( )은 리스트 타입으로 파일명들을 반환합니다. 따라서 파이썬에서 반복문(for, while)을 통해 각 파일명에 대해 접근이 가능해집니다. 그럼 업무 자동화에서는 어떻게 활용할 수 있을까요? 각 파일마다 반복적인 작업이 필요한 경우에 유용하게 활용할 수 있을 겁니다. 예를 들면, 파일명을 한 번에 바꿔야 하거나 각 파일에 접근해서 어떤 반복적인 작업이 필요한 경우가 있을 수 있습니다. 이 부분은 연습하기와 실전 프로젝트에서 확인해 보겠습니다.

6.3.4 walk( )

os.walk( ) 함수는 특정 경로에 있는 파일과 폴더들을 탐색할 수 있습니다. 탐색 중인 폴더의 절대 경로, 폴더 리스트, 파일 리스트가 튜플 형태로 출력됩니다. 아래 사용법과 예시 코드를 통해 확인해 보시면 쉽게 이해되실 겁니다. 먼저 사용법은 아래와 같습니다.

[사용법]

```
os.walk('경로') # 경로는 상대 경로 또는 절대 경로가 될 수 있음
```

이제 아래 [그림 6-11], [그림 6-12]를 예시로 코드를 작성해 보겠습니다. walk라는 폴더에 폴더1, 폴더2가 있고 각 폴더 내부에는 파일이나 또 다른 하위 폴더가 존재합니다. os.walk( )를 적용해 결과가 어떤 형태로 나오는지 확인해 보겠습니다.

[그림 6-11]

[그림 6-12 : 폴더1, 2 내부]

```
import os
path = r"C:\Users\...\Project\OS\walk"
os.chdir(path) # 작업 경로를 ./walk 폴더로 이동
current_path = os.getcwd()
print("현재 설정 경로 : ", current_path)
print("os.walk() 결과:", os.walk(current_path))
```

[결과]

```
현재 설정 경로 :  C:\Users\Yongbeom Jeong\Desktop\VS CODE\Project\사장님몰래하는파이썬
업무자동화\OS\walk
os.walk() 결과: <generator object walk at 0x000001A5FA98D350>
```

os.walk( ) 함수 결과를 확인해 보니 <generator object walk at …>라는 결과가 나옵니다. 파이썬 제네레이터 형태라는 결과인데 간단히 설명해 드리자면, 파이썬에서 반복되는 형태를 만들어주는 객체입니다. 자세히 내용을 설명하자면 내용이 많아져서 이 부분은 참고상자에서 간단히 다뤄보겠습니다. 지금은 아래 한 줄만 기억해 주세요.

제네레이터(Generator)는 for문을 통해 출력한다.

<generator object>라는 결과가 나온다면 for문을 통해 실제 결과를 출력할 수 있습니다. 아래 코드를 작성해서 결과를 확인해 보겠습니다.

[코드]

```
for data in os.walk(current_path): # 제네레이터 for문 통해 출력
    print(data)
```

[결과]

```
('C:\\....\\Project\\OS\\walk', ['폴더1', '폴더2'], [])
('C:\\....\\Project\\OS\\walk\\폴더1', [], ['1.txt', '2.txt'])
('C:\\....\\Project\\OS\\walk\\폴더2', ['폴더3'], ['3.txt'])
('C:\\....\\Project\\OS\\walk\\폴더2\\폴더3', [], ['4.txt'])
```

결과에서 각 한 줄이 for문에서 1번 루프를 돌았을 때 나온 결과(data)입니다. 결과가 복잡해 보이지만 자세히 보시면 양쪽에 괄호가 있고 내부에 콤마(,) 표시가 2개 있습니다. 즉 한 줄의 결과는 튜플 형태이며 첫 번째 요소는 문자열, 두 번째 요소와 세 번째 요소는 리스트 형태입니다.

위 [그림 6-11] 파일 경로 구성 이미지와 비교해 보면 다음과 같은 사실을 알 수 있습니다.

- **첫 번째 요소** : 설정한 특정 경로 포함 하위 폴더의 경로를 문자열로 표시
- **두 번째 요소** : 첫 번째 요소에서 출력한 각 경로에 있는 하위 폴더를 리스트로 표시
- **세 번째 요소** : 각 경로에 있는 파일 표시

그럼 위 내용을 참고해서 결과를 한눈에 볼 수 있게 한 번 더 코드를 가공해 보겠습니다. 각 튜플의 요소를 한눈에 보이게 코드를 작성해 볼 겁니다.

[코드]

```
for path, folder_list, file_list in os.walk(current_path): # 제네레이터 for문 통해 출력
    print("폴더 경로 : {}".format(path))
    print("경로에 포함되어 있는 폴더 : {}".format(folder_list))
    print("경로에 포함되어 있는 파일 : {}".format(file_list))
    print()
```

[결과]

```
폴더 경로 : C:\...\Project\사장님몰래하는파이썬업무자동화\OS\walk
경로에 포함되어 있는 폴더 : ['폴더1', '폴더2']
경로에 포함되어 있는 파일 : []

폴더 경로 : C:\...\Project\사장님몰래하는파이썬업무자동화\OS\walk\폴더1
경로에 포함되어 있는 폴더 : []
경로에 포함되어 있는 파일 : ['1.txt', '2.txt']

폴더 경로 : C:\...\Project\사장님몰래하는파이썬업무자동화\OS\walk\폴더2
경로에 포함되어 있는 폴더 : ['폴더3']
경로에 포함되어 있는 파일 : ['3.txt']
```

이렇게 보면 결과가 좀 더 한눈에 들어오실 겁니다. os.walk( ) 함수는 괄호 안에 설정한 경로에 포함되어 있는 하위 폴더 및 파일 정보를 모두 출력하게 됩니다.

참고

파이썬 제네레이터(Generator)

파이썬에서는 반복되는 객체를 만들어 주는 Generator라는 객체가 있습니다. 파이썬을 조금이라도 공부해 보셨다면 함수가 어떤 건지 아실 겁니다. 제네레이터는 함수와 구조가 비슷합니다. 제네레이터를 한번 정의해 보겠습니다. 아래 함수는 1부터 입력된 정수(n)까지의 누적 합계를 구해주는 제네레이터입니다. 일반 함수와는 다르게 return 함수가 아닌 yield를 사용합니다.

[코드]

```
# 제네레이터 정의
def TestGenerator(n):
  sum = 0
  temp = 0
  for i in range(1, n+1):
    temp = i + sum
    sum += temp
    yield sum
```

위 제네레이터를 함수와 같이 n=5를 입력하여 출력해 보겠습니다.

[코드]

```
print(TestGenerator(5))
```

[결과]

```
<generator object TestGenerator at 0x000001A5FA9A5120>
```

저희가 os.walk( )에서 배운 것과 같은 〈generator object…〉의 형태가 출력됩니다. generator는 함수 내부 구조가 return이 아닌 for문 내부에 yield를 사용합니다. 일반 함수의 경우 return 시 그대로 함수가 종료되지만 yield를 사용 시 값을 리턴하고 for 반복문을 종료될 때까지 그대로 진행합니다. 위 TestGenerator(5)를 for문을 통해 출력해 보겠습니다.

[코드]

```
for sum in TestGenerator(5):
    print("합계 : {}".format(sum))
```

[결과]

```
합계 : 1
합계 : 4
합계 : 11
합계 : 26
합계 : 57
```

결과처럼 파이썬 제네레이터(Generator)는 for 반복문을 통해 출력한다는 점을 기억하시면 됩니다.

6.3.5 glob( )

마지막으로 알려드릴 함수는 glob 모듈의 glob( ) 함수입니다. os 모듈과 다르게 glob 모듈은 glob( ) 함수 1개만 기억해 두시면 됩니다. glob( ) 함수는 처음 설명해 드릴 때, 패턴에 맞는 파일명을 리스트로 읽어온다는 점은 안내해 드린 바가 있습니다. 예를 들어볼까요? 아래 [그림 6-13]은 "glob test"라는 폴더에 여러 확장자 파일이 들어있는 경우를 나타냅니다.

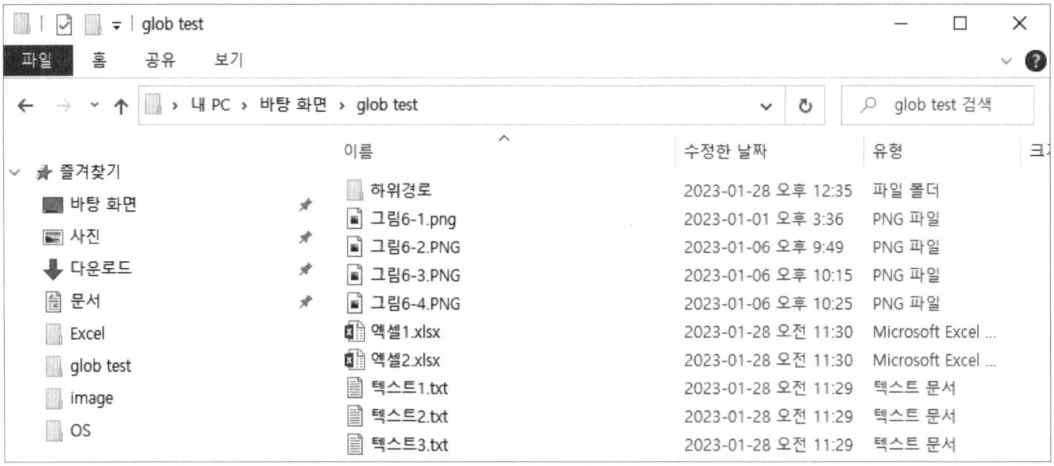

[그림 6-13]

위와 같은 경우에서 png 파일만 따로 경로를 읽어오고 싶다면 어떻게 해야 할까요? 물론 위와 같은 경우는 "그림6-1", "그림6-2", "그림6-3", "그림6-4'처럼 파일명에 "그림"이라는 규칙을 활용해서 찾을 수도 있을 겁니다. 만약, 파일명 규칙도 없다면 확장자를 규칙으로 활용할 수 있습니다.

glob( ) 함수는 파일의 확장자를 통해 파일 경로 정보를 읽어올 수 있습니다. 바로 코드를 작성해 보겠습니다.

[사용법]

```
glob.glob('경로'+/*.'확장자') # 경로 : 절대 경로 및 상대 경로 형태로 입력
```

[코드]

```
import glob
path = r"C:\Users\Yongbeom Jeong\Desktop\glob test" # 바탕화면의 glob test 폴더 경로
fpath_list = glob.glob(path+"/*.png") # 해당 경로의 png 파일들 경로를 리스트화(절대 경로)
for fpath in fpath_list: # 리스트 반복문 출력
    print(fpath)
```

[결과]

```
C:\Users\Yongbeom Jeong\Desktop\glob test\그림6-1.png
C:\Users\Yongbeom Jeong\Desktop\glob test\그림6-2.PNG
C:\Users\Yongbeom Jeong\Desktop\glob test\그림6-3.PNG
C:\Users\Yongbeom Jeong\Desktop\glob test\그림6-4.PNG
```

특정 경로의 png 파일만 읽어오고 싶다면 "*.png"와 같이 작성하시면 됩니다. 여기서 별표 " * "의 의미는 '모든 문자와 매치된다'입니다. 예를 들어 '*.png'이면 파일명은 무엇이든지 상관없다는 의미입니다. 만약 txt 파일만 경로를 읽고 싶다면 "*.txt"가 되겠죠?

이번에는 좀 더 응용해서 하위 경로까지 파일 경로를 읽어오려면 어떻게 할지 학습해 보겠습니다. 위 [그림 6-13]을 보시면 "하위경로"라는 폴더가 있습니다. "하위경로" 폴더 내부에는 엑셀 파일 2 개가 저장되어 있습니다.

[그림 6-14]

이전과 동일하게 "glob test" 경로에서 하위 경로까지 xlsx 파일을 탐색하고 싶을 때는 아래와 같이 코드를 작성합니다. 하위 경로를 통해 확인할 때는 별표 2개(**)를 활용합니다. 그리고 recursive=True라는 값을 입력해 주셔야 합니다. recursive=True 옵션은 특정 경로뿐만 아니라 그 경로의 하위 폴더까지 검색하는 옵션입니다.

[코드]

```python
import glob
path = r"C:\Users\Yongbeom Jeong\Desktop\glob test" # 바탕화면의 glob test 폴더 경로
fpath_list = glob.glob(path+"/**/*.xlsx", recursive=True) # 하위 경로까지 포함
for fpath in fpath_list: # 리스트 반복문 출력
    print(fpath)
```

[결과]

```
C:\Users\Yongbeom Jeong\Desktop\glob test\엑셀1.xlsx
C:\Users\Yongbeom Jeong\Desktop\glob test\엑셀2.xlsx
C:\Users\Yongbeom Jeong\Desktop\glob test\하위경로\엑셀3.xlsx
C:\Users\Yongbeom Jeong\Desktop\glob test\하위경로\엑셀4.xlsx
```

glob test 폴더 경로를 기준으로 "/**/*.xlsx"를 사용하니 하위 경로의 엑셀 파일까지 경로를 모두 출력하는 결과를 확인할 수 있습니다.

파이썬에서는 함수를 사용할 때 함수의 결괏값이 어떤 타입인지 확인하는 것이 중요합니다. 문자열, 정수와 같은 타입, 리스트, 튜플과 같은 배열 타입 등 여러 가지 타입이 존재합니다. 파이썬에서는 타입에 따라 데이터를 처리하는 방법이 모두 다르기 때문입니다. 함수의 리턴 결과의 타입을 모른다면 type( )함수를 사용하시면 됩니다.

[코드1]

```
print(type(1))
```

[결과]

```
<class 'int'>
```

[코드 1]은 정수인 숫자 1을 type( ) 함수를 통해 출력해 본 것입니다. 결과에서 보시다시피 〈class 'int'〉라고 출력되었습니다. 파이썬에서 1이라는 숫자는 int type이라는 의미입니다.

참고로 파이썬에서는 모든 것이 class 기반(객체)으로 구성이 되어 있습니다. 그래서 파이썬에서는 정수 데이터 타입인 'int'라는 class가 존재하고 있는 것입니다. 이 내용이 정확히 이해가 안 가신다면 파이썬의 클래스를 공부하시면 됩니다. 하지만 이 책에서는 숫자 1은 'int' 타입이라는 것을 인지하는 정도로 넘어가셔도 무관합니다. 한 가지 예를 더 살펴볼까요?

[코드2]

```
import os
print(type(os.listdir()))
```

[결과]

```
<class 'list'>
```

이전에 배웠던 os.listdir( ) 함수입니다. listdir( )의 결괏값은 리스트 형태라고 설명했었죠? 결과에서 보시다시피 〈class 'list'〉로 표시됩니다. 이처럼 함수의 결괏값이 어떤 타입인지 헷갈리신다면 type 함수를 사용해서 확인해 보시면 됩니다.

6.4 폴더 생성, 삭제하기

해시태그: #makedirs #removedirs #remove #폴더생성 #폴더삭제

"**6.3** 파일, 폴더 경로 다루기"에서는 작업 경로를 설정하거나 경로명을 읽어오는 여러 가지 방법에 대해 공부해 봤습니다. 이번 **6.4**에서는 폴더를 생성하고 삭제하는 방법에 대해 배워볼 겁니다. 이번에 배울 함수는 아래 3가지입니다. 모두 os 모듈에 속해 있습니다.

모듈	함수명	설명
os	makedirs( )	새로운 디렉터리(폴더)를 생성
os	removedirs( )	어떤 경로의 디렉터리(폴더) 삭제
os	remove( )	어떤 경로의 파일을 삭제

6.4.1 makerdirs( )

makedirs( ) 함수는 "Make directorys"의 줄임말입니다. 말 그대로 새로운 디렉터리(빈 폴더)를 생성합니다. 간단한 함수이므로 아래 코드와 결과를 통해 이해하고 넘어가 보겠습니다.

[사용법]

```
os.makedirs('폴더를 생성할 경로') # 경로는 상대 경로 및 절대 경로 형태로 입력
```

[코드]

```
import os
print("현재 경로:", os.getcwd()) # 현재 경로 출력
path = "./OS/" # 현재 경로 기준 상대 경로 설정
os.makedirs(path+"신규") # 설정한 경로에 "신규"라는 폴더 생성
```

[결과]

```
현재 경로: c:\...\Project\사장님몰래하는파이썬업무자동화
```

[그림 6-15]

상대 경로로 설정한 "OS" 폴더에 "신규"라는 새로운 폴더가 생성되었습니다. 해당 함수는 결과 파일을 저장하거나 프로그램 로그를 저장하기 위한 별도 폴더를 생성하기 위해 사용하기도 합니다.

6.4.2 removedirs( )

다음은 removedirs( )입니다. 이전과 비슷하게 함수 이름만 읽어도 감이 오지 않나요? 해당 함수는 "Remove Directorys"의 줄임말이며, 디렉터리(폴더)를 삭제할 때 사용합니다. 참고로 os 모듈을 사용할 때는, 처리할 대상이 폴더인지 파일인지 명확히 구분해 주셔야 합니다. 위 함수는 폴더를 대상으로만 사용할 수 있습니다. 그럼 이전 [그림 6-15]에서 새로 생성했던 "신규" 폴더를 다시 삭제해 보겠습니다.

[사용법]

```
os.removedirs('삭제할 폴더 경로') # 경로는 상대 경로 및 절대 경로 형태로 입력
```

[코드]

```
import os
print("현재 경로:", os.getcwd()) # 현재 경로 출력
path = "./OS/" # 현재 경로 기준 상대 경로 설정
os.removedirs(path+"신규") # 설정한 경로에 "신규" 폴더 삭제
```

현재 경로: c:\...\Project\사장님몰래하는파이썬업무자동화

[그림 6-16]

[그림 6-16]에서와 같이 "신규" 폴더가 삭제되었습니다. 그럼 아래 똑같은 코드를 다시 한번 실행해 볼까요?

[코드]

```
os.removedirs(path+"신규") # 설정한 경로에 "신규" 폴더 삭제
```

[결과]

```
FileNotFoundError: [WinError 2] 지정된 파일을 찾을 수 없습니다: './OS/신규'
```

당연한 이야기이겠지만 이미 "신규" 폴더는 삭제되어 없어졌기 때문에 "FileNotFoundError"라는 에러가 발생합니다. 이번에는 폴더가 아닌 파일을 한번 삭제해 보겠습니다. 삭제 대상은 아래 [그림 6-17]에 있는 "연습2.txt" 파일입니다.

[그림 6-17]

[코드]

```
path= "./OS/상위폴더2/하위폴더2/"
os.removedirs(path+"연습2.txt")
```

[결과]

```
NotADirectoryError: [WinError 267] 디렉터리 이름이 올바르지 않습니다: './OS/상위폴더2/
하위폴더2/연습2.txt'
```

이번에는 "NotADirectoryError"라는 에러가 발생하네요. 이처럼 os 모듈의 removedirs( )는 폴더를 대상으로만 사용이 가능한 함수입니다. 위와 같은 상황에서는 에러가 발생할 수 있음을 참고하시면 됩니다. 그럼 파일 삭제는 어떻게 해야 할까요? 다음 3)에서 배워보겠습니다.

6.4.3 remove( )

removedirs( )가 폴더를 대상으로만 하는 함수였다면 remove( )는 파일을 대상으로 삭제 기능을 수행할 수 있습니다. 위에서 삭제를 하지 못했던 "연습2.txt" 파일을 remove( )를 통해 삭제해 보겠습니다.

[코드]

```
import os
path = "./OS/상위폴더2/하위폴더2/"  # 현재 경로 기준 상대 경로 설정
os.remove(path+"연습2.txt")  # 연습2.txt 삭제
```

[그림 6-18]

[그림 6-17]과 [그림 6-18]을 비교해서 보시면 "연습2.txt"파일이 삭제된 것을 확인할 수 있습니다. 한 가지 테스트를 위해 [그림 6-18]에 "새 폴더"를 생성했습니다. 이번에는 remove( ) 함수를 통해 "새 폴더"를 삭제하는 코드를 작성해 보겠습니다.

[코드]

```python
import os
path = "./OS/상위폴더2/하위폴더2/" # 현재 경로 기준 상대 경로 설정
os.remove(path+"새 폴더") # 폴더 삭제 코드
```

[결과]

```
PermissionError: [WinError 5] 액세스가 거부되었습니다: './OS/상위폴더2/하위폴더2/새 폴더'
```

remove( ) 함수로 폴더를 삭제하려고 하면 "PermissionError"가 발생합니다. 이처럼 파일이나 폴더 중 어떤 걸 삭제할지에 따라 removedirs( ), remove( ) 각각의 사용 함수 다르니 이 점 참고하셔서 코드에 적용하시면 됩니다.

6.5 파일, 폴더 이동·복사하기

해시태그: #move #copy #copytree #파일,폴더이동 #파일,폴더복사

라이브러리 소개 시에도 설명해 드렸지만 파일, 폴더 이동·복사 시 사용하는 모듈은 shutil입니다. shutil 모듈은 파이썬 내장 모듈이므로 파이썬이 설치되어 있다면 별도 install은 하지 않으셔도 됩니다. 이번 6.5에서는 아래 shutil 모듈의 3가지 함수를 소개해 드릴 겁니다.

모듈	함수명	설명
shutil	move( )	파일, 폴더를 특정 경로로 이동
shutil	copy( )	파일을 특정 경로에 복사
shutil	copytree( )	폴더를 특정 폴더에 복사

6.5.1 move( )

move( ) 함수는 파일이나 폴더를 사용자가 원하는 특정 경로로 이동시켜 줍니다. 아래 [그림 6-19]에서 파일과 폴더를 이동시키는 코드를 작성해 보겠습니다.

[그림 6-19]

```
shutil.move('이동시킬 파일', '이동시킬 경로') # 경로는 상대 경로 및 절대 경로 형태로 입력
```

shutil.move( ) 함수 사용 시 주의해야 할 점은 괄호 안에 입력해야 할 '이동시킬 파일', '이동시킬 경로' 모두 경로 형태로 입력해야 한다는 것입니다. 아래 예시 코드를 작성해 보겠습니다.

[코드]

```
import shutil # shutil 모듈 import
import os # 현재 경로 출력을 위한 os 모듈 import

print("현재경로 : {}".format(os.getcwd())) # 현재 경로 출력

fname = "./OS/상위폴더2/하위폴더2/연습2.txt" # 이동시킬 파일 경로
move_dir = "./OS/상위폴더2/하위폴더2/이동폴더1" # 이동할 디렉터리 경로

shutil.move(fname, move_dir) # fname을 move_dir로 이동
print("이동시킬 경로 : {}".format(move_dir)) # 이동시킬 디렉터리 경로 출력
print("이동시킬 경로에 있는 파일:", os.listdir(move_dir)) # 이동 후, 경로에 있는 파일 표시
```

[결과]

```
현재 경로 : c:\Users\Yongbeom Jeong\Desktop\VS CODE\Project\사장님몰래하는파이썬업무자동화
이동시킬 경로 : ./OS/상위폴더2/하위폴더2/이동폴더1
이동시킬 경로에 있는 파일: ['연습2.txt']
```

파일이 제대로 이동되었는지 확인을 위해 이전에 os 모듈에서 배웠던 getcwd( ) 함수와 listdir( ) 함수를 사용했습니다. 다시 간단히 함수에 대해 설명해 드리자면 getcwd( )은 현재 파이썬 코드 파일 설정 기준 경로를 출력합니다. listdir( )은 경로 안의 파일들을 리스트로 표시해 줍니다. 그래서 listdir(move_dir)을 출력하면 해당 폴더 안에 이동된 파일명 "연습2.txt"가 있는 것을 확인할 수 있습니다.(그림 6-20 참고)

[그림 6-20]

그리고 '이동시킬 경로'에 기존 파일이 존재한다면 어떻게 될까요? 위 파일이 기존 경로와 이동 경로에 그대로 존재한다는 가정하에 연습2.txt 파일을 한 번 더 이동시켜 보겠습니다.

[코드]

```
fname = "./OS/상위폴더2/하위폴더2/연습2.txt" # 이동시킬 파일 경로
move_dir = "./OS/상위폴더2/하위폴더2/이동폴더1" # 이동할 디렉터리 경로
shutil.move(fname, move_dir) # fname을 move_dir로 이동
```

[결과]

```
Error: Destination path './OS/상위폴더2/하위폴더2/이동폴더1\연습2.txt' already exists
```

위와 같이 '이동할 디렉터리 경로'에 이미 파일이 존재한다는 에러 메시지가 출력됩니다. move( ) 함수의 경우 이미 경로에 동일한 파일명이 존재할 때 에러가 발생합니다. 만약, 이 에러를 무시하고 싶다면 파이썬 예외처리 구문인 try, except를 활용하시면 됩니다.

그럼 이미 '이동할 디렉터리 경로'에 존재하는 "연습2.txt" 파일을 삭제하고 새로운 파일로 대체하는 코드를 try, except를 통해 작성해 보겠습니다. 덮어쓰기라고 말할 수 있겠네요. 만약, 이동시킬 파일인 "연습2.txt" 파일이 존재하지 않으면 에러가 발생하는 기능도 추가해 보겠습니다.

[코드]

```
import shutil # shutil 모듈 import
import os # 현재 경로 출력을 위한 os 모듈 import
```

```
f_path = "./OS/상위폴더2/하위폴더2/" # 이동시킬 파일 경로
move_dir = "./OS/상위폴더2/하위폴더2/이동폴더1" # 이동할 디렉터리 경로
fname = "연습2.txt"

if fname not in os.listdir(f_path): # 이동시킬 파일이 없으면 프로그램 종료
    print("이동시킬 파일이 없습니다.")
    print("프로그램 종료")

else: # 이동시킬 파일이 존재할 경우
    try: # try, except 구문 : 에러 발생 시 except 구문 실행
        shutil.move(f_path+fname, move_dir)
        print("정상적으로 이동을 완료했습니다.")
    except: # 이미 이동 경로에 동일한 파일명이 존재하면 삭제 후, 이동
        os.remove(move_dir+fname) # 기존에 존재하는 동일한 파일명 삭제
        shutil.move(f_path+fname, move_dir) # 이동
        print("파일이 이미 존재합니다. 삭제 후 이동합니다.")
        print("삭제 파일 : {}{}".format(move_dir,fname))
```

[결과: 이동시킬 경로에 동일 파일명이 존재할 때]

```
파일이 이미 존재합니다. 삭제 후 이동합니다.
삭제 파일 : ./OS/상위폴더2/하위폴더2/이동폴더1/연습2.txt
```

위 코드는 크게 보면 if~else로 구분할 수 있습니다. if~else는 각각 이동시킬 파일 "연습2.txt"가 있는지 확인하는 조건문입니다. 이동시킬 조건문인 if문에는 이전에 배웠던 os.listdir( )를 활용했습니다. 만약 파일이 없으면 그대로 프로그램을 종료하고, 이동시킬 파일이 존재하면 try, except 구문을 실행합니다. shutil.move( )함수를 실행해서 에러가 발생하면(이미 이동시킬 경로에 파일이 존재) except를 실행하게 됩니다. try, except 구문을 아직 잘 모르신다면 아래 참고상자를 참고하세요.

파일을 이동한 상태에서 한 번 더 똑같은 코드를 실행해 보겠습니다. 이미 파일이 이동이 되었기 때문에 이동시킬 파일이 없어서 프로그램을 종료한다는 메시지를 출력하게 됩니다.

[결과 : 이동시킬 파일이 없을 때]

```
이동시킬 파일이 없습니다.
프로그램 종료
```

이처럼 업무 자동화 프로그램 개발 시 각각에 대한 에러 상황을 먼저 정리해 보고 조건문(if, elif, else) 또는 예외처리 구문(try, except)을 활용해서 처리해야 합니다.

 ## 파이썬 예외처리 구문: try, except

파이썬에서는 에러가 발생할 경우 예외를 처리하는 구문이 존재합니다. 예외처리 구문은 프로그램 동작 시 어떤 과정에서 에러가 발생한다면 그 에러를 또 다른 조건으로 활용해서 데이터를 처리하는 것입니다. 대표적인 구문으로 try, except / try, finally / try, else 등이 있습니다. 이번 참고상자에서는 try, except 구문에 대해서만 짧게 학습해 보도록 하겠습니다.

업무 자동화 영역에서 가장 많이 발생하는 에러는 OS 챕터에서 다루고 있는 내용처럼 참조할 파일을 찾을 수 없는 에러입니다. 아래 코드를 작성해서 에러를 발생시켜 봤습니다. 현재 경로에 "연습3.txt" 파일이 없기 때문에 FileNotFoundError라는 에러가 발생합니다.

[코드]

```
import shutil
fname = "연습3.txt"
move_dir = "./OS/상위폴더2/하위폴더2/이동폴더1" # 이동할 디렉터리 경로
shutil.move(fname, move_dir)
```

[결과]

```
FileNotFoundError: [Errno 2] No such file or directory: '연습3.txt'
```

위 에러를 try, except 구문을 통해 에러가 발생했다는 메시지를 print( ) 함수로 처리하는 구문을 작성해 보겠습니다. 먼저 try, except 구문의 사용법을 알아보겠습니다.

[사용법]

```
try:
    # 실행시킬 구문(에러가 발생 할 가능성이 있는 코드)
except:
    # try에서 에러가 발생할 경우 실행시킬 구문
```

```
import shutil
import os
fname = "연습3.txt"
try:
    shutil.move(fname, move_dir)
except:
    print("파일이 경로에 존재하지 않습니다.")
    print("경로 : {}".format(os.getcwd()))
```

[결과]

```
파일이 경로에 존재하지 않습니다.
경로 : c:\Users\Yongbeom Jeong\Desktop\VS CODE\Project\사장님몰래하는파이썬업무자동화
```

위에는 FileNotFoundError에 대해서만 다뤘지만 실제로는 같은 코드여도 에러가 여러 종류가 발생할 수도 있습니다. 예를 들어, fname에 잘못된 입력값을 임의로 넣어서 동작시켜 보겠습니다.

[코드]

```
fname = g # 문자열일 경우 ''를 생략해서 에러 발생시킴
move_dir = "./OS/상위폴더2/하위폴더2/이동폴더1/" # 이동할 디렉터리 경로
shutil.move(fname, move_dir)
```

[결과]

```
NameError: name 'g' is not defined
```

이번에는 변수 설정을 잘못해서 NameError가 발생했습니다. 따라서 파이썬에서 예외처리를 진행할 때는 에러에 따른 조건문을 따로 직접적으로 명시하는 것이 좋습니다. 가령 아래처럼요.

[사용법]

```
try:     # 에러가 발생할 수 있는 코드
except FileNotFoundError:
    # FileNontFoundError에 대한 예외처리 코드
except NameError:
    # NameError에 대한 예외처리 코드
```

```
except:
    # 나머지 에러"
```

except 옆에 에러 고유 명칭을 입력해 주면 그 에러가 발생 시에만 실행되는 조건문처럼 동작합니다.

6.5.2 copy( )

이번에는 shutil 모듈의 copy( ) 함수입니다. 이름에서 알 수 있듯이 파일을 다른 경로로 복사할수 있습니다. move( ) 함수에서는 이동할 경로에 같은 파일명이 존재하면 에러가 발생했었죠? copy( )함수는 에러 메시지가 발생하지 않고 바로 덮어쓰기 됩니다. 이 점을 주의해서 사용하시기 바랍니다.

[사용법]

```
# 경로는 상대 경로 및 절대 경로 형태로 입력
# 복사 경로에 다른 파일명을 입력 시 다른 파일명으로 복사됨
shutil.copy('복사 대상 파일', '이동시킬 경로, 파일명')
```

사용법에서 보시면 아시겠지만 복사 경로에 반드시 같은 파일명을 사용하실 필요는 없습니다. 다른 파일명으로 입력하면 해당 파일명으로 복사됩니다. 한번 아래 [그림 6-21]을 통해 코드를 확인해 보겠습니다.

[그림 6-21]

[코드]

```
import shutil # shutil 모듈 import
import os # os 모듈 import

print("현재경로 : ", os.getcwd()) # 현재 경로 출력
path = "./OS/복사/" # 현재 경로 기준 복사 파일이 있는 상대 경로
fname = "복사연습.txt" # 복사연습.txt 파일
copy_path = "./OS/복사/copy/" # 현재 경로 기준 복사할 상대 경로

shutil.copy(path+fname, copy_path+fname) # (복사 대상 파일, 복사할 경로)
```

[결과]

현재 경로 : c:\Users\...\Project\사장님몰래하는파이썬업무자동화

[그림 6-22]

[그림 6-22]를 보면 copy_path 변수로 설정한 경로로 파일이 복사된 것을 확인할 수 있습니다. 이번에는 코드의 아래 일부분만 바꾸어서 다른 파일로 저장해 보겠습니다. 위 코드 중 copy( ) 함수의 내부 파일명만 수정해 보겠습니다. 경로는 동일합니다.

[코드]

```
shutil.copy(path+fname, copy_path+"복사연습_파일명변경.txt")
```

[결과]

[그림 6-23]

[그림 6-23]에서처럼 "복사연습_파일명변경.txt"가 생성되었습니다. 이처럼 copy( ) 함수는 파일명을 동일한 파일명 또는 다른 파일명으로 복사하는 것이 가능합니다. 다만, copy( ) 함수는 폴더는 복사하지 못한다는 점을 기억해 주세요. 폴더를 복사할 때는 shutil 모듈의 copytree( )를 사용하셔야 합니다.

6.5.3 copytree( )

copytree( ) 함수는 폴더와 폴더 내부의 하위 파일(또는 하위 폴더)을 포함해서 복사할 때 사용하는 함수입니다. 먼저, 사용법을 알아보고 예시 코드를 바로 작성해 보겠습니다.

[사용법]

```
# 경로는 상대 경로 및 절대 경로 형태로 입력
shutil.copytree('이동시킬 폴더', '이동시킬 경로, 폴더명')
```

copy( ) 함수에서 괄호 내용의 대상이 파일->폴더로 바뀌었을 뿐 사용은 크게 다른 부분이 없습니다. 아래 [그림 6-24]에서 폴더1을 폴더2로 옮기는 코드를 작성해 보겠습니다.

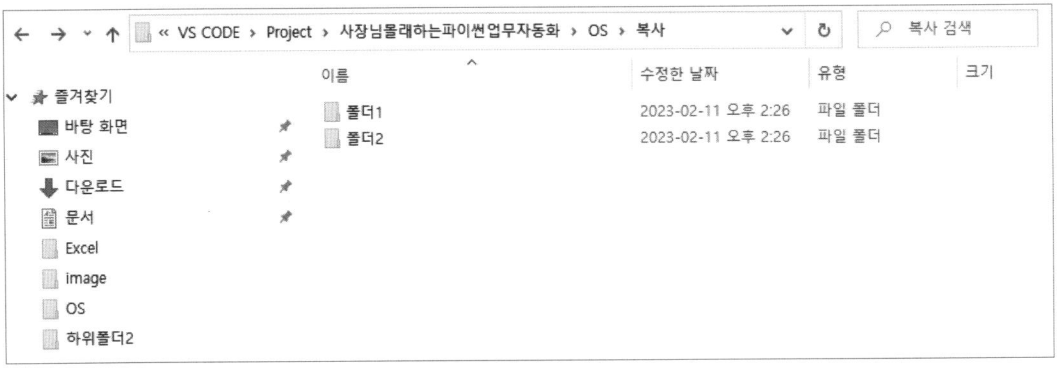

[그림 6-24]

[그림 6-25] 복사 폴더 내부

[코드]

```
import os
import shutil
try: os.chdir('./OS/복사/') # 상대 경로 통해 작업 경로로 이동(에러 예외처리 적용)
except: pass
current_path = os.getcwd() # 현재 경로 저장
print("현재 설정 경로 : {}".format(current_path))


copy_folder = '폴더1' # 복사할 폴더명
copy_path = './폴더2' # 복사할 파일을 저장할 폴더 경로


shutil.copytree(current_path+"/"+copy_folder, copy_path+'/'+copy_folder)
```

[결과]

OS
복사
폴더1
1.txt
2.txt
폴더2
폴더1
폴더3
3.txt

[그림 6-26]

이번 코드에는 이전 "6.5.1 move( )"에서 배웠던 예외처리 구문 try, except를 반영해 봤습니다. os.chdir( )의 경우 한 번 작업 경로가 이동되면 상대 경로로 설정 시 에러가 발생하기 때문입니다. os.copy( ) 함수와 마찬가지로 괄호 안의 2번째 요소에는 복사할 폴더가 위치할 경로와 폴더명을 입력해야 합니다. 위 예시는 같은 폴더명으로 복사를 했지만 임의의 다른 폴더명을 지정해 복사하는 것도 가능합니다. 궁금하신 분은 직접 폴더명을 수정해서 결과를 확인해 보시기 바랍니다.

연습하기

6.6.1 여러 파일 이름 동시에 변경하기

지금까지 os, shutil, glob 모듈에서 업무 자동화에 사용하는 대표 함수들에 대해서 알아보았습니다. 이번 6.6.1에서는 해당 함수들을 활용해서 '여러 파일 이름 동시에 변경하기'라는 주제를 가지고 코드를 작성해 보겠습니다.

여러 모듈을 활용할 필요 없이 os 모듈의 walk( ) 함수와 rename( ) 함수를 활용하시면 됩니다. rename( ) 함수는 이전에 다루지 않았으나 사용법이 간단합니다.

[사용법]

```
# 파일명은 절대 경로 및 상대 경로 형태로 입력,
os.rename('변경 전 파일명', '변경 후 파일명')
```

변경 후 파일명은 경로를 포함해야 합니다. 위 사용법을 기억하시고 특정 상황에 맞는 업무 자동화 코드를 작성해 보겠습니다. 아래 [그림 6-27]의 왼쪽 이미지는 특정 경로의 하위 폴더들과 파일들을 나타냅니다. 각 폴더에 확장자가 다른 파일들(txt, xlsx, ppts, docx)이 존재합니다. 각 경로의 파일들에 접근해서 [그림 6-27]과같이 "파일명 형태_숫자.확장자" 형태의 파일명으로 변경해 보겠습니다.

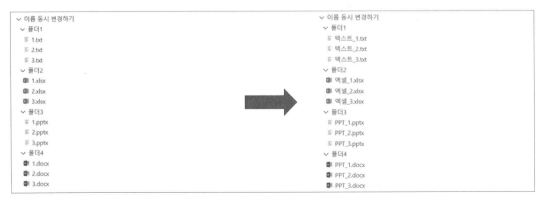

[그림 6-27]

이전처럼 단계별로 코드를 설명하도록 할 테니 천천히 따라오시면 됩니다. 코드를 작성하기 전에 어떻게 코드를 작성하면 될지 생각해 보겠습니다. 파일 이름을 변경하려면 어떤 코드가 필요할까요? 업무 자동화 코드를 작성할 때는 필요한 정보를 미리 정리해 보시면 좋습니다.

파일 이름을 변경하려면 먼저 각 파일에 접근하기 위한 경로가 필요할 것입니다. 각 하위 폴더에 대한 경로도 알아야 하고, 그 폴더에 속해 있는 파일들이 뭔지 알아야 합니다. 파일명을 위와 같은 형태로 변경하려면 확장자가 무엇인지도 파악을 해야 하겠네요. 그리고 파일명을 변경하려면 사용할 함수까지요. 필요한 정보를 아래와 같이 정리해 보겠습니다.

1) 파일, 폴더 경로 정보 파악: os.listdir( ), os.walk( ), glob.glob( ) 등

2) 확장자 파악: 파일명을 입력받아 문자열로 구분하기(split( ) 등)

   ※ split( ): 문자열 구분 함수입니다. 기억이 안 나시는 분은 3.10 연습하기의 참고상자를 확인해 주세요.

3) 파일명 변경: os.rename( )

그다음, 위 정보들을 조합하여 순서대로 코드를 작성해 보겠습니다.

step 1 필요 모듈 import 및 현재 작업 경로 파악하기

[코드]

```
import os

# step 1. 작업 경로로 이동
try: # 예외처리 구문 적용
    path = "./OS/이름 동시 변경하기"
    os.chdir(path)
except FileNotFoundError:
    pass
current_path = os.getcwd() # 현재 경로 설정
print("현재 경로 : {}".format(current_path))
```

[결과]

```
현재 경로 : c:\...\Project\사장님몰래하는파이썬업무자동화\OS\이름 동시 변경하기
```

step 1은 필요한 모듈을 import하고 작업 경로를 설정합니다. 파일과 폴더를 다룰 때는 현재의 작업 경로가 중요합니다. 반드시 작업 경로를 확인하시고 원하는 경로를 설정하시기 바랍니다. 혼자

프로그램을 사용하실 때는 절대 경로로 사용해도 무관하지만 다른 사람에게 배포할 프로그램을 개발할 때는 상대 경로를 사용하시는 게 좋습니다.

예외처리 구문을 적용한 이유는 작업 경로가 이미 설정되어 있는 경우에 상대 경로로 인해 FileNotFoundError가 발생하기 때문입니다.

```
FileNotFoundError: [WinError 3] 지정된 경로를 찾을 수 없습니다: './OS/이름 동시 변경하기'
```

예외처리 구문은(try, except)이전에 **6.5** 참고상자에서 다룬 내용이므로 상세 설명은 생략하겠습니다.

step 2 각 파일 경로에 접근해서 파일 이름 수정하기

이번 블록은 각 폴더의 파일에 접근해서 파일명을 수정하는 코드 블록입니다. step 2는 os.listdir( ) 또는 os.walk( ) 함수를 통해 구현이 가능합니다. 다만, 이번 코드에서는 os.listdir( ) 함수보다는 os.walk( ) 함수가 폴더 경로와 파일명을 한 번에 알려주기 때문에 더 적절해 보입니다. 전체 코드 블록을 보기 전에 os.walk( ) 함수를 복습할 겸 한번 해당 작업 경로를 출력해 보겠습니다.

코드는 step 1에서 이어서 작성하며, 현재 경로를 설정했던 current_path 변수를 활용합니다.

[코드]

```python
for folder_path, folder_list, file_list in os.walk(current_path):
    print("폴더 경로 : {}".format(folder_path))
    print("하위 폴더 리스트 : {}".format(str(folder_list)))
    print("파일 리스트 : {}".format(file_list))
    print()
```

[결과]

```
폴더 경로 : c:\...\OS\이름 동시 변경하기
하위 폴더 리스트 : ['폴더1', '폴더2', '폴더3', '폴더4']
파일 리스트 : []

폴더 경로 : c:\...\OS\이름 동시 변경하기\폴더1
하위 폴더 리스트 : []
파일 리스트 : ['텍스트_1.txt', '텍스트_2.txt', '텍스트_3.txt']

폴더 경로 : c:\...\OS\이름 동시 변경하기\폴더2
```

```
하위 폴더 리스트 : []
파일 리스트 : ['엑셀_1.xlsx', '엑셀_2.xlsx', '엑셀_3.xlsx']


폴더 경로 : c:\...\OS\이름 동시 변경하기\폴더3
하위 폴더 리스트 : []
파일 리스트 : ['PPT_1.pptx', 'PPT_2.pptx', 'PPT_3.pptx']


폴더 경로 : c:\...\OS\이름 동시 변경하기\폴더4
하위 폴더 리스트 : []
파일 리스트 : ['PPT_1.docx', 'PPT_2.docx', 'PPT_3.docx']
```

os.walk( ) 함수의 결과는 3가지 정보를 출력해 줍니다. 현재 설정된 폴더 경로, 설정 폴더 경로 내부에 있는 하위 폴더명, 그리고 파일명입니다. 출력된 내용 중 폴더 리스트와 파일 리스트는 파이썬의 리스트(List) 타입으로 반복이 가능한 형태임을 기억해 주세요.

이번에 작성할 코드에 필요한 정보는 os.walk( ) 함수를 통해 모두 알 수 있습니다. 이 정보들을 조합해서 파일명을 바꿔볼 겁니다. 그럼 이번엔 step 2의 전체 코드 블록을 보겠습니다.

[코드]

```python
# step 2. 하위 폴더 및 파일의 이름 수정하기
for folder_path, folder_list, file_list in os.walk(current_path):

    # 파일명을 다시 반복문을 통해 접근하기
    for file in file_list:
        # step 2-1.문자열 split 함수 통해 파일명(숫자), 확장자 정보 분리
        format = file.split('.')[1] # split 함수 사용하여 확장자 저장
        file_number = file.split('.')[0] # split 함수 사용하여 파일 이름(숫자) 저장

        # step 2-2. 확장자별 형식에 따라 한글 이름 저장
        if format == 'txt': format_name = '텍스트'
        elif format == 'xlsx': format_name = '엑셀'
        elif format == 'pptx': format_name = "PPT"
        elif format == "docs": format_name = '워드'

        # step 2-3. 새로운 파일명 저장  ex) 1 -> 텍스트_1.txt
        new_fname = "{}_{}.{}".format(format_name, file_number, format)
```

```
# step 2-4. rename 함수 사용을 위한 경로 설정 및 파일명 변경
file_path1 = folder_path+'/'+file # 각 파일의 절대 경로(원본)
file_path2 = folder_path+'/'+new_fname # 변경시킬 파일명(경로 포함)
os.rename(file_path1, file_path2)
```

코드가 길어서 복잡해 보이지만 step별로 보면 단순한 작업입니다. 아래 설명을 참고하셔서 이해해 보시기 바랍니다.

step 2-1 문자열 split( ) 함수 통해 파일명(숫자), 확장자 정보 분리

[그림 6-27]을 다시 기억해 보시면 바꾸어야 할 파일명 대상들이 "1.txt, 2.txt, 3.txt, …"와 같은 형태로 되어 있습니다. 파일명에서 숫자와 확장자를 분리하기 위해 온점 "."을 기준으로 문자를 분리하여 각 정보를 저장하는 부분입니다. split( ) 함수는 이전 **3.10**에서도 다뤄본 적이 있습니다. 잘 기억이 안 나시는 분들은 **3.10**의 참고상자를 확인해 주세요.

step 2-2 확장자별 형식에 따라 한글 이름 저장하기

해당 스텝은 단순 조건문에 따라서 format_name이라는 변수에 문자열을 저장합니다. 여기서 저장 된 format_name이 변경된 파일명을 위한 정보가 될 겁니다.

step 2-3 새로운 파일명 저장

step 2-1, 2-2에서 추출한 정보를 통해 새로운 파일명을 new_fname이라는 변수를 통해 저장합니다. 여기서 format 함수는 문자열 포맷팅 함수입니다. 문자열 포맷팅 함수인 format( )은 "**5.3 PDF 페이지 분할 및 회전하기**"에서 다뤘던 적이 있습니다. 코드가 잘 이해가 안 가시는 분은 5.3의 참고상자를 확인해 주세요.

step 2-4 rename( ) 함수 사용을 위한 경로 설정 및 파일명 변경

os.rename( ) 함수를 통해 파일명을 변경하기 위한 경로를 설정하고 함수를 동작시키는 step입니다. os.rename( ) 함수에 대해서는 참고상자에서 간단히 다뤄봤으니 내용을 확인해 주세요. 주의해야 할 점은 rename( ) 내부의 '변경 대상이 되는 파일명'과 '변경 후 파일명'은 모두 경로 형태로 입력되어야 한다는 것입니다.

위 코드가 정상적으로 실행됐다면 아래와 같이 파일명이 변경됩니다.

[그림 6-28]

만약 위 파일들 중에 특정 확장자 파일만 이름을 변경하고 싶다면 어떻게 해야 할까요? 이 경우에는 이전에 배웠던 glob 모듈의 glob( ) 함수를 사용하시면 됩니다. glob( ) 함수는 특정 확장자의 경로를 출력합니다. 위 변경된 파일명을 기준으로 .txt 파일명만 출력하는 코드를 작성해 보겠습니다.

[코드]

```
import os
import glob
current_path = os.getcwd() # 현재 경로 설정
print("현재 경로 : {}".format(current_path))
for path in glob.glob(current_path+'/**/*.txt', recursive=True): # 하위 폴더 포함
    print(path)


[결과]
현재 경로 : c:\..\OS\이름 동시에 변경하기
c:\..\폴더1\텍스트_1.txt
c:\..\폴더1\텍스트_2.txt
c:\..\폴더1\텍스트_3.txt
```

6.6.1의 전체 코드는 아래와 같습니다.

[전체 코드]

```python
# Chapter 6. 연습하기 1 : 여러 폴더의 파일 이름 동시에 변경하기
import os

# step 1. 작업 경로로 이동
try:
    path = "./OS/이름 동시 변경하기"
    os.chdir(path)
except: pass
current_path = os.getcwd()
print("현재 경로 : {}".format(current_path))

# step 2. 하위 폴더 및 파일의 이름 수정하기
for folder_path, folder_list, file_list in os.walk(current_path):

    # 파일명을 다시 반복문 통해 접근하기
    for file in file_list:
        # step 2-1.문자열 split 함수 통해 파일명(숫자), 확장자 정보 분리
        format = file.split('.')[1] # split 함수 사용하여 확장자 저장
        file_number = file.split('.')[0] # split 함수 사용하여 파일 이름(숫자) 저장

        # step 2-2. 확장자별 형식에 따라 한글 이름 저장
        if format == 'txt': format_name = '텍스트'
        elif format == 'xlsx': format_name = '엑셀'
        elif format == 'pptx': format_name = "PPT"
        elif format == "docs": format_name = '워드'

        # step 2-3. 새로운 파일명 저장
        # ex) 1 -> 텍스트_1.txt
        new_fname = "{}_{}.{}".format(format_name, file_number, format)
        # step 2-4. rename 함수 사용을 위한 경로 설정 및 함수 사용
        file_path1 = folder_path+'/'+file # 각 파일의 절대 경로(원본)
        file_path2 = folder_path+'/'+new_fname # 변경시킬 파일명(경로 포함)
        os.rename(file_path1, file_path2)
```

os.rename( )에 대해서

os.rename( ) 함수는 파일의 이름을 변경할 수 있습니다. 사용법은 간단합니다. 괄호 안에 변경 전 파일명, 변경 후 파일명을 입력하시면 쉽게 파일명을 변경할 수 있습니다. 아래 [그림 6-29] 의 "변경전.txt"파일명을 다른 파일명으로 변경하는 코드를 작성해 보겠습니다.

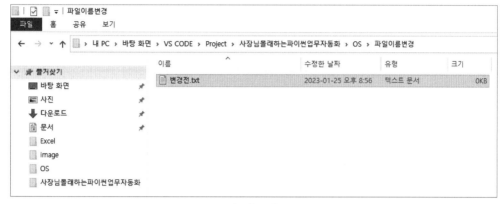

[그림 6-29]

[코드]

```
import os
path = r"C:\Users\...\사장님몰래하는파이썬업무자동화\OS\파일이름변경"
fname_before = "/변경전.txt"
fname_after = "/변경한 파일명.txt"
# os.rename(변경 전 파일명, 변경 후 파일명)
os.rename(path+fname_before, path+fname_after)
```

[결과]

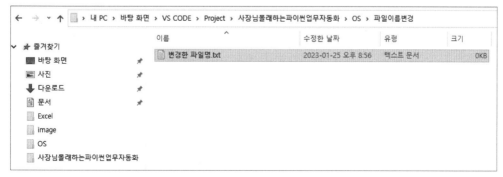

[그림 6-30]

결과에서 보시다시피, 파일명이 "변경전.txt"에서 "변경한 파일명.txt"으로 변경되었습니다. rename( ) 함수 사용 시 한 가지 주의할 점은 코드에서처럼 괄호 안의 입력값을 경로 형태로 입력해 주셔야 한다는 것입니다.(절대 경로 또는 상대 경로) 실행 중인 코드 파일과 변경해야 할 파일이 같은 경로에 있다면 파일명만 입력하셔도 정상 동작합니다.

6.6.2 특정 확장자 파일만 이동하기

이번에는 특정 확장자 파일만 이동하는 방법입니다. 6.6.1에서 변경했던 파일명들을 활용할 겁니다.(그림 6-28) 사실 6.6.2에서 다룰 내용은 "6.6.1 **여러 파일 이름 동시에 변경하기**" 내용과 크게 다르진 않습니다. 단순히 파일명을 바꾸는 os.rename( ) 부분이 파일을 이동하는 shutil.move( )로 바뀐 것으로 이해하시면 쉽습니다. 결국, 특정 확장자 파일만 이동하는 것도 이동할 파일 대상들 경로에 접근해야 하기 때문입니다.

그럼 6.6.1과 동일하게 필요한 정보를 정리해 보겠습니다. 특정 확장자는 엑셀 파일(.xlsx)로 지정하겠습니다.

1) 엑셀(.xlsx) 파일의 경로 파악: glob.glob( ) 모듈 사용

2) 어디로 옮길 것인가?: os.makedirs( ) 함수를 활용해 새로운 폴더인 'Excel' 생성

3) 어떻게 옮길 것인가?: shutil.move( ) 사용

위 정리한 내용과 같이 모듈은 glob, os, shutil 3가지 모두 사용합니다. 그럼 단계별로 코드를 확인해 보겠습니다.

step 1 현재 작업 경로로 이동

[코드]

```
import os
import shutil
import glob

# step 1. 작업 경로로 이동
try:
    path = "./OS/이름 동시 변경하기"
```

```
        os.chdir(path)
except:
        pass
current_path = os.getcwd()
print("현재 경로 : {}".format(current_path))
print("현재 경로에 있는 폴더 출력 : {}".format(os.listdir()))
```

[결과]

```
현재 경로 : c:\...\OS\이름 동시 변경하기
현재 경로에 있는 폴더 출력 : ['폴더1', '폴더2', '폴더3', '폴더4']
```

step 1은 현재의 작업 경로를 설정하고 현재 경로 기준 내부 파일과 폴더 리스트를 출력합니다. 현재 경로 내부에는 폴더만 있기 때문에 폴더명인 폴더1~폴더4만 출력됩니다. 6.6.1 때와 마찬가지로 예외처리 구문을 사용했습니다.

step 2 엑셀(.xlsx) 파일만 경로 저장 및 출력해 보기

[코드]

```
# step 2. xlsx 파일만 경로 저장 및 출력해 보기
xlsx_path = glob.glob(current_path+'/**/*.xlsx', recursive=True)
for one_path in xlsx_path:
        print(one_path)
```

[결과]

```
현재 경로 : c:\..\OS\이름 동시 변경하기
c:\..\폴더1\텍스트_1.txt
c:\..\폴더1\텍스트_2.txt
c:\..\폴더1\텍스트_3.txt
```

step 2는 엑셀 파일의 경로만 읽어오기 위해 glob.glob 함수를 사용했습니다. 경로에 current_path+"/**/*.xlsx"를 사용했는데 기억이 나시나요? 별표(*)는 무엇이든지 상관없다는 의미입니다. "/**/*.xlsx"는 current_path 경로에 속한 하위 폴더까지 모두 .xlsx 확장자 파일을 대상으로 하겠다는 의미입니다. 한 가지 기억하셔야 할 점은 glob.glob( ) 함수를 통해 하위 폴더까지 검색할 경우에는 recursive=True라는 옵션값을 입력해 주어야 한다는 것입니다.

step 3 current_path 기준 새로운 폴더 'Excel' 생성

[코드]

```
# step 3. 현재 current_path 기준 새로운 폴더 'Excel' 생성
if 'Excel' not in os.listdir(current_path): # Excel이라는 폴더명이 현재 경로에 없다면
    os.makedirs("Excel")
else: pass # 있으면 별도 코드 없이 조건문 종료
print("Excel 폴더 생성 후 현재 경로 폴더 출력 : {}".format(os.listdir()))
```

[결과]

```
Excel 폴더 생성 후 현재 경로 폴더 출력 : ['Excel', '폴더1', '폴더2', '폴더3', '폴더4']
```

step 3는 현재 경로인 current_path에 'Excel'이라는 폴더명이 있는지 확인하고 없으면 os.make dirs 함수를 통해 신규 폴더를 생성합니다. If 'Excel' not in os.lisrdir(current_path)라는 구문은 "os.listdir의 결괏값인 파일/폴더명 리스트에 'Excel' 문자열이 없다면~"이라는 의미입니다.

step 4 'Excel' 폴더로 엑셀 파일(.xlsx) 이동

[코드]

```
# step 4. 'Excel' 폴더로 엑셀 파일 이동
for one_path in xlsx_path:
    shutil.move(one_path, './Excel/')
```

[결과]

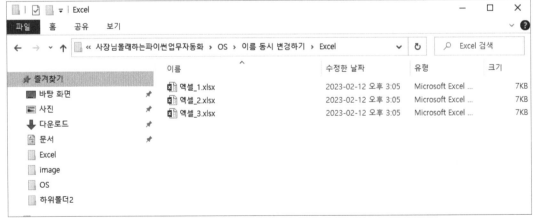

[그림 6-31]

목표로 한 내용대로 'Excel' 폴더에 엑셀 파일만 이동된 것을 확인하실 수 있습니다. 아래는 **6.6.2** 연습하기의 전체 코드입니다.

[전체 코드]

```python
import os
import shutil
import glob
# step 1. 작업 경로로 이동
try:
    path = "./OS/이름 동시 변경하기"
    os.chdir(path)
except: pass
current_path = os.getcwd()
print("현재 경로 : {}".format(current_path))
print("현재 경로에 있는 폴더 출력 : {}".format(os.listdir()))


# step 2. xlsx 파일만 경로 저장 및 출력해 보기
xlsx_path = glob.glob(current_path+'/**/*.xlsx', recursive=True)
for one_path in xlsx_path:
    print(one_path)


# step 3. 현재 current_path 기준 새로운 폴더 'Excel' 생성
if 'Excel' not in os.listdir(current_path): # Excel이라는 폴더명이 현재 경로에 없다면
    os.makedirs("Excel")
else: pass # 있으면 별도 코드 없이 조건문 종료
print("Excel 폴더 생성 후 현재 경로 폴더 출력 : {}".format(os.listdir()))


# step 4. 'Excel' 폴더로 엑셀 파일 이동
for one_path in xlsx_path:
    shutil.move(one_path, './Excel/')
```

Chapter 7

메일

어느 직장인의 이야기 7.

손 사원은 엑셀 자동화를 통해 부서별 데이터를 자동으로 취합하여 보고서를 작성하는 데 성공했습니다. 그래도 데이터를 퇴근 시간이 지나고 늦게 전달해 주는 부서들이 있어 손 사원의 야근은 줄어들지 않았습니다.

손 사원 : '아니 … 엑셀을 자동화해도 데이터가 늦게 오면 무용지물이잖아? 어차피 늦게 올 거 특정 시간에 메일 데이터를 자동으로 다운받을 수 있는 기능만 개발하면 나는 그냥 퇴근해도 될 것 같은데?'

이런 아이디어를 떠올리게 되니 손 사원은 먼저 메일 자동화를 공부해 보기로 합니다. 과연 손 사원은 자동화에 성공하여 칼퇴에 성공할 수 있을까요?

7.1 라이브러리 소개

해시태그: #메일자동화 #smtplib #imaplib #email

7.1.1 smtplib

smtplib 모듈은 Python 코드로 이메일 메시지를 보낼 때 사용하는 파이썬 내장 라이브러리(PIL)입니다. PIL은 파이썬을 설치할 때 함께 설치되므로 별도로 설치가 필요하지 않습니다.

smtplib가 무엇을 하는 모듈인지 이해하기 위해서는 SMTP의 개념을 먼저 아셔야합니다. SMTP(Simple Mail Transfer Protocol)란 이메일을 보내는 데 사용되는 업계 표준 프로토콜을 말합니다.

SMTP에 대한 쉬운 이해를 위해서 여러분들이 평소에 사용하시는 구글이나 네이버 계정으로 이메일을 보냈을 때를 예로 들어보겠습니다. 우리가 이메일을 작성하고 상대방에게 보내면 곧바로 상대방에게 가는 것이 아니라 SMTP를 규칙으로 나에게 할당된 이메일 서버 A로 전송되고, 상대의 이메일 서버 B로 전송된 후, 상대방이 구글이나 네이버 메일을 IMAP를 통해 확인하게 되는 것입니다.

정리하자면 smtplib란 "파이썬에서 아주 쉽게 SMTP를 이용해 서버로 메일을 보낼 수 있게 해주는 모듈"이라고 할 수 있습니다.

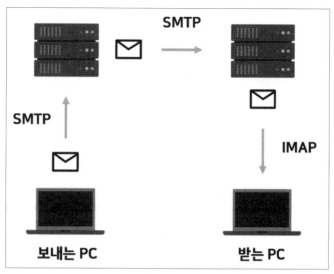

[그림 7-1]

7.1.2 imaplib

imaplib도 smtplib와 유사하게 imap과 library의 lib를 따서 만든 모듈 이름이며, 파이썬 내장 라이브러리(PIL)에 속해 있기 때문에 별도로 설치가 필요하지 않습니다.

IMAP(Internet Message Access Protocol)은 영어 그대로 직역하면 '인터넷 메시지 접속 프로토콜'로 말 그대로 이메일 클라이언트가 메일 서버에서 이메일 메시지를 검색하는 데 사용하는 프로토콜입니다.

imaplib 모듈은 Python 코드를 사용하여 IMAP 서버에 연결하고 해당 서버에 저장된 이메일 메시지와 상호작용 하는 방법을 제공합니다.

정리하자면 imaplib란 "파이썬에서 아주 쉽게 IMTP를 이용해 서버의 메일을 읽을 수 있게 해주는 모듈"이라고 할 수 있습니다.

7.1.3 email

마지막으로 소개해 드릴 email 모듈은 사람의 언어로 된 발신자, 수신자, 제목, 내용 등을 인코딩하여 컴퓨터가 메일을 전송할 수 있도록 해주는 모듈이라고 이해하시면 되겠습니다. email 모듈을 사용하다 보면 MIME이라는 단어를 자주 접하게 되실 텐데 Multipurpose Internet Mail Extensions의 약자로 전자 우편을 위한 인터넷 표준 포맷을 말합니다.

좀 더 깊게 설명해 드리자면 전자 우편은 7비트 ASCII 문자를 사용하여 전송되므로 8비트 이상의 코드를 사용하는 문자나 이진 파일들은 MIME 포맷으로 변환되어 앞서 배운 SMTP로 전송됩니다.

우리는 이 email 모듈 덕분에 손쉽게 문자로 된 메일 내용뿐만 아니라 그림, 영상, 문서 파일 등을 첨부할 수도 있습니다.

Google/Naver 메일 보내기

해시태그: #메일자동화 #smtplib #imaplib #email #Google #Naver #Gamil

앞서 설명해 드린 모듈들을 이용하면 주로 사용하는 구글, 네이버, 다음, 아웃룩 등의 메일 계정으로 메일을 전송하거나 읽어올 수 있습니다. 이번 시간에는 구글의 Gmail을 사용하는 방법을 배워 보겠습니다.

7.2.1 계정 설정

1. Google 계정 설정

당연한 이야기겠지만 Gmail을 사용하기 위해서는 구글 계정이 있어야 합니다. 구글 계정으로 로그인한 후, 아래의 그림을 따라서 순서대로 클릭 및 입력을 해 주세요.

[그림 7-2]

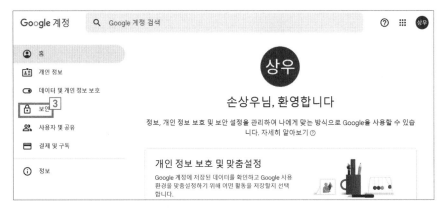

[그림 7-3]

[그림 7-4]

[그림 7-5]

[그림 7-6]

[그림 7-7]

[그림 7-8]

[그림 7-9]

[그림 7-10]

[그림 7-11]

[그림 7-12]

여기서는 두 가지 옵션을 선택해 주어야 합니다. 왼쪽의 옵션(앱 선택)은 '메일', 오른쪽의 옵션(기기 선택)은 'Windows 컴퓨터'를 선택해 주시면 됩니다. 만약 Mac OS를 사용하신다면 Mac을 선택해 주세요.

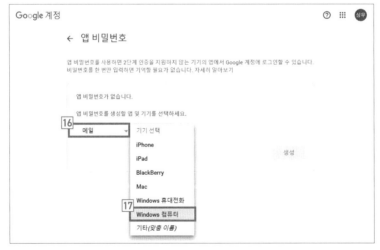

[그림 7-13]

[그림 7-14]

여기까지 따라오셨다면 영어와 숫자가 조합된 앱 비밀번호 16자리가 나올 것입니다. 이 앱 비밀번호는 한 번 확인하면 다음부터는 확인이 불가능하여 새로 발급받아야 하므로 따로 메모장에 저장해 두시거나, 바로 코드에 적용해 주시면 됩니다.

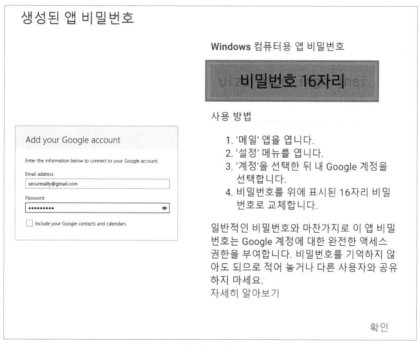

[그림 7-15]

2. Naver 계정 설정

네이버 메일을 발신/수신하기 원하시는 분들은 아래의 계정 설정을 먼저 진행해 주세요. 해당 설정을 하지 않으시고 파이썬 코드를 실행하시면 아래와 같은 오류가 출력된답니다.

```
SMTPAuthenticationError: (535, b'5.7.1 Username and Password not accepted
wIKXs+XGQSmZsM0dOtS9cA - nsmtp')
```

그럼 지금부터 함께 네이버 계정을 설정해 보겠습니다.

step 1 사용하고자 하시는 네이버 메일에 로그인하신 후, 화면 왼쪽 하단의 환경설정을 클릭해 주세요.

[그림 7-16]

step 2 화면이 전환되었다면 아마 '외부 메일 가져오기' 탭이 클릭된 상태일 거예요. 'POP3/IMAP 설정' 탭을 클릭하신 후, 아래 그림과 같이 사용함을 클릭해 주세요.

[그림 7-17]

네이버 로그인 이중 보안을 사용하는 경우

로그인 시, 휴대폰으로 한 번 더 확인 과정을 거치는 이중 보안을 사용하시는 경우에는 다음 설정이 추가로 필요합니다. 만약 그러지 않으면 로그인 시, smtplib.SMTPAuthenticationError 에러가 발생하게 됩니다.

step 1 네이버를 로그인한 상태에서 메인 화면의 우측 상단에 위치한 '네이버ID'를 클릭하세요.

[그림 7-18]

step 2 2단계 인증의 '관리' 버튼을 클릭하세요.

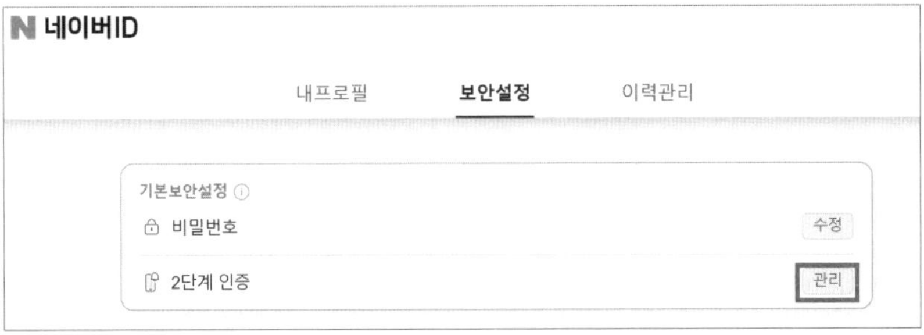

[그림 7-19]

step 3 비밀번호를 입력해 주세요.

[그림 7-20]

step 4 스크롤을 내리셔서 애플리케이션 비밀번호 관리 항목이 보이시면 아래와 같이 '직접 입력' 옵션을 체크하고 '생성하기' 버튼을 클릭해 주세요. 그러면 알파벳, 숫자로 조합된 12자리의 비밀번호가 나올 텐데 이 앱 비밀번호를 따로 메모장에 기록해 두세요. 구글의 앱 비밀번호와 마찬가지로 지금만 볼 수 있고 다시는 출력되지 않기 때문에 까먹으면 또 발행해 줘야 한답니다.

애플리케이션 비밀번호 관리 ?	IMAP · POP · SMTP 방식의 메일(예:아웃룩), CalDav 방식의 캘린더 등 일부 애플리케이션은 2단계 인증을 지원하지 않습니다. 미지원 환경에서는 먼저 비밀번호를 생성한 후, 애플리케이션 로그인 화면에서 해당 비밀번호를 입력해 주세요.		

애플리케이션 비밀번호 생성

1. 종류선택 ○ 아웃룩 ○ 아이폰 ○ 안드로이드폰 ○ 지메일

◉ 직접 입력 [파이썬]

· 편의를 위해 대표적인 종류를 나열한 것으로, 원하는 종류가 없는 경우 '직접 입력란'에 기입하면 됩니다.

2. 비밀번호 생성 [생성하기]

3. 비밀번호 확인 [L2TL3K1GWZG1]

· 생성한 비밀번호를 애플리케이션 로그인 시 사용하세요.

· 비밀번호는 12자리이며 알파벳 대문자와 숫자입니다.

사용 내역

앱 이름	생성 날짜	최근 사용 날짜	삭제
파이썬	2023-08-29	사용이력없음	삭제

[그림 7-21]

7.2.2 메일 보내기

Google과 Naver에서 첨부 파일이 없는 일반적인 메일을 보내는 방법에 대해서 공부해 보겠습니다.

가장 먼저 해줄 일은 smtplib 모듈을 import해 주는 것입니다. 지난 시간에 말씀드렸듯이 smtplib 모듈은 파이썬 내장 라이브러리에 포함된 모듈로 별도의 설치가 필요 없답니다.

[코드]

```
import smtplib
```

다음으로는 사용할 메일의 smtp 서버의 url과 포트(port) 정보를 입력하고 변수에 담아줍니다. 구글 혹은 네이버에 따라서 선택적으로 사용해 주세요. 무조건 하나는 지우거나 주석 처리 해주셔야 합니다.

[코드]

```
# smtplib.SMTP('사용할 SMTP 서버의 URL', PORT)
smtp = smtplib.SMTP('smtp.gmail.com', 587) # Google
smtp = smtplib.SMTP('smtp.naver.com', 587) # Naver
```

smtp 서버의 암호화 방식에 따라 TLS(Transport Layer Security) 혹은 SSL(Secure Socket Layers)을 사용하며, TLS 방식의 메일을 사용할 때는 starttls( ) 함수를 사용해 프로토콜을 활성화해 주어야합니다. Gmail이나 Naver 메일은 TLS 방식이므로 아래의 코드를 실행해 주셔야 합니다.

[코드]

```
# TLS 암호화 (TLS를 사용할 때에만 해당 코드 입력)
smtp.starttls()
```

이제 메일 정보를 입력해 줄 차례입니다. 구글의 경우는 앞서 발급받았던 "앱 비밀번호"가 필요하며, 네이버 메일의 경우 계정 로그인 비밀번호 혹은 앱 비밀번호를 입력하시면 됩니다.

마찬가지로 두 코드 중 하나를 용도에 맞게 선택해 주세요.

[코드]

```
# smtp.login('메일 주소', '비밀번호')
smtp.login('xxxxx@gmail.com', '지난 시간 받았던 16자리 앱 비밀번호')

# smtp.login('메일 주소', '비밀번호')
smtp.login('xxxxx@naver.com', '비밀번호')
```

이제부터는 메일의 내용에 대한 코드를 작성할 차례입니다. 수신 메일, 발신 메일, 제목, 내용을 입력해 주세요. 여기서 주의하실 점은 수신 메일이 하나인 경우와 여러 개일 경우 모두 리스트로 작성해 주셔야 한다는 것입니다. 이는 두 경우를 모두 커버하기 위함입니다.

[코드]

```
# 수신 메일, 발신 메일, 제목, 내용 입력
from_addr = 'sender@example.com'
to_addrs = ['recipient1@example.com', 'recipient2@example.com']
subject = '메일 자동화 테스트용 발신'
```

```
body = '''
원하는 메시지를 입력하세요.

여러 줄 메일을 보내려면 이렇게 보내시면 됩니다.

감사합니다.
'''
```

메일을 택배를 보내는 것에 비유하면, 위에서 준비한 내용들을 MIMEText라는 택배 상자로 포장하는 단계입니다. 이때 msg['To'] 부분은 to_addrs 리스트에 저장된 메일 주소들을 콤마(,)로 이어 붙여서 문자열로 만들어 주는 부분입니다.

[코드]

```
# email 모듈의 MIMEText 클래스 import
from email.mime.text import MIMEText

# MIMEText에 입력
msg = MIMEText(body)
msg['Subject'] = subject
msg['From'] = from_addr
msg['To'] = ', '.join(to_addrs)
```

이제 택배 상자를 발송하고 작업을 종료합니다.

[코드]

```
smtp.sendmail(msg['From'], msg['To'], msg.as_string())

# smtp 종료
smtp.quit()
```

여기까지 완료하셨다면 보낸 메일 주소의 보낸 메일함이나 받은 메일 주소의 받은 메일함을 확인해 보세요.

[그림 7-22]

Google과 Naver 외에 다른 메일을 사용하고 싶다면?

이 책에서는 구글과 네이버, 아웃룩 메일만 다룰 예정이지만 그 외 다른 메일을 이용하시려면 아래의 smtp 정보를 참고하셔서 괄호 안의 정보만 바꿔주시면 됩니다.

TLS는 포트 587을, SSL은 465를 사용하는데 SSL 방식을 사용하기 위해서는 위와는 조금 다른 코드를 사용해야 하니 주의해 주세요.

```python
# SMTP 서버 정보
# TLS 암호화 방식
smtp_info = {
    'gmail.com': ('smtp.gmail.com', 587),
    'naver.com': ('smtp.naver.com', 587),
    'outlook.com': ('smtp-mail.outlook.com', 587),
    'hotmail.com': ('smtp-mail.outlook.com', 587),
    'yahoo.com': ('smtp.mail.yahoo.com', 587),
    }
```

```
# SSL 암호화 방식
smtp_info = {
    'daum.net': ('smtp.daum.net', 465),
    'hanmail.net': ('smtp.daum.net', 465),
    'nate.com': ('smtp.mail.nate.com', 465),
    }
```

SSL 방식을 사용하기 위해서는 아래의 코드를 사용하셔야 합니다. 위에서 배웠던 smtp 변수를 선언하는 부분을 아래의 코드로 바꿔주세요.

```
smtp = smtplib.SMTP_SSL('smtp.daum.net',465)
```

7.2.3 첨부 메일 보내기

우리는 대부분 메일을 보낼 때, 글과 함께 문서나 그림과 같은 자료를 함께 첨부하는 경우가 대부분입니다. 이번 항에서는 새로 등장하는 모듈과 클래스들이 많으므로 쉬운 이해를 위해서 기능에 따라 배치해 보았습니다.

그림을 기준으로 소개해 드리자면,

[그림 7-23]

MIMEBase:

첨부 파일이 포함된 메일은 멀티파트(Multipart)로 구성되어 있으며, MIMEBase가 기본 포맷의 역할을 합니다. 즉, MIMEBase라는 종이 위에 텍스트도 넣고, 첨부 파일도 넣는 느낌인 것입니다.

Header:

Header는 MIMEBase의 Header 부분에 제목(subject)을 입력해 줄 때, 사람의 문장을 컴퓨터가 이해할 수 있는 숫자로 인코딩해 주기 위해 사용하는 모듈입니다.

MIMEText:

지난 시간에도 사용했던 MIMEText 클래스는 '본문 메시지'를 작성할 때 사용합니다.

MIMEApplication:

MIMEApplication 클래스는 파일을 첨부해 줄 때 사용합니다.

그럼 위의 그림을 뼈대 삼아서 전체 코드를 함께 살펴보겠습니다.

먼저 해줄 일은 관련 모듈과 클래스를 불러오는 것입니다. 이번에 처음 보시는 email 모듈 안의 클래스들은 위에서 설명해 드렸던 그림을 참고하면 이해하시기 쉬울 거예요.

```python
# step 1. 관련 모듈, 클래스 불러오기
import os
import smtplib
from email.header import Header
from email.mime.base import MIMEBase # 메일 내용과 첨부 파일을 담는 포맷 클래스
from cmail.mimc.text import MIMEText # 메일 내용 작성 판련 클래스
from email.mime.application import MIMEApplication # 파일 첨부 관련 클래스
```

이 부분은 독자분들이 어떤 메일을 사용하실지 모르니 smtp 서버를 Dictionary로 정의해 놓은 것입니다. 나중에 메일을 보낼 때 이 Dict를 자동으로 참고하여 smtp 서버에 접속할 수 있습니다.

웬만큼 자주 사용하는 주소들은 넣어두었으나 혹시 규모가 큰 회사여서 별도의 메일을 사용하신다면 IT 관리팀에 문의하시는 것을 추천해 드립니다.

```python
# step 2. 각 메일의 SMTP 서버를 dictionary로 정의
smtp_info = {
    'gmail.com': ('smtp.gmail.com', 587),
    'naver.com': ('smtp.naver.com', 587),
    'outlook.com': ('smtp-mail.outlook.com', 587),
    'hotmail.com': ('smtp-mail.outlook.com', 587),
    'yahoo.com': ('smtp.mail.yahoo.com', 587),
    'nate.com': ('smtp.mail.nate.com', 465),
    'daum.net': ('smtp.daum.net', 465),
    'hanmail.net': ('smtp.daum.net',465)
}
```

여기서부터가 핵심입니다. send_email이라는 함수를 정의하였고 발신 메일, 수신 메일, 제목, 본문, 첨부 파일 경로, 발신 메일의 비밀번호를 입력으로 받습니다.

자세한 내용은 주석으로 대체하고, 간략히만 설명해 드리면 MIMEBase 클래스를 이용해서 mail_format을 생성합니다. 이 위에 발신자 메일, 수신자 메일, 제목, 본문 등을 입력합니다.

이때, 메일 주소는 영어와 '@'로 이루어져 있어 별도의 인코딩이 필요 없지만 제목과 본문에는 다양한 나라의 언어 혹은 특수 기호가 포함될 가능성이 높으므로 'utf-8'이라는 규칙으로 인코딩하는 과정을 거치게 됩니다.

```python
# step3.메일 보내는 함수 정의 (발신 메일, 수신 메일, 제목, 본문, 첨부파일 경로, 비밀번호)
def send_email(sender_email, receiver_emails, subject, message, attachments=(),
password='', subtype='plain'):

    # step4: 멀티 파트 포맷을 객체화
    mail_format = MIMEBase('multipart', 'mixed')


    # step5: 입력한 이메일 주소, 제목, 본문 등을 암호화하여 메일 형식으로 입력
    # 발신 메일을 포맷에 입력
    mail_format['From'] = sender_email
    # list에 담긴 수신 메일들을 ','로 이어붙여서 하나의 문자열로 변환
    mail_format['To'] = ', '.join(receiver_emails)
    # utf-8로 인코딩 후, Header 모듈로 메일 제목 입력
    mail_format['Subject'] = Header(subject.encode('utf-8'), 'utf-8')
    # 메일 본문 인코딩
    message = MIMEText(message.encode('utf-8'), _subtype=subtype, _charset='utf-8')
    mail_format.attach(message) # 인코딩한 본문 mail_format에 입력


    # step6.여러 개의 파일을 하나씩 첨부
    for file_path in attachments:
        # 파일 이름을 경로에서 분리 (첨부 시, 파일명으로 사용)
        folder, file = os.path.split(file_path)
        # 첨부 파일 열기
        with open(file_path, 'rb') as file_obj:
            attachment_contents = file_obj.read()
        # 첨부 파일을 MIMEApplication 클래스로 감싸고 인코딩
        attachment = MIMEApplication(attachment_contents, _subtype=subtype)
        filename = Header(file, 'utf-8').encode()
        attachment.add_header('Content-Disposition', 'attachment', filename=filename)
        # 멀티 파트에 첨부파일 추가
        mail_format.attach(attachment)


    # step7.SMTP 서버 로그인 및 작성된 메일 보내기
```

```python
    # 발신인 메일 주소의 @를 기준으로 username과 host로 나눔
    username, host = sender_email.rsplit("@",1)
    # step2에서 만든 dict를 이용해서 host와 port 정보들을 받아옴
    smtp_server, port = smtp_info[host]

    # SMTP 서버 접속 여부 확인
    if port == 587:
        smtp = smtplib.SMTP(smtp_server, port)
        rcode1, _ = smtp.ehlo()
        rcode2, _ = smtp.starttls()
    else:
        smtp = smtplib.SMTP_SSL(smtp_server, port)
        rcode1, _ = smtp.ehlo()
        rcode2 = 220
    if rcode1 != 250 or rcode2 != 220:
        smtp.quit()
        return '연결에 실패하였습니다.'

    smtp.login(sender_email, password)
    smtp.sendmail(sender_email, receiver_emails, mail_format.as_string())
    smtp.quit()
```

위에서 정의한 send_email 함수를 실제로 사용하기 위해 함수에 들어갈 인수들을 입력해 준 뒤, 함수를 호출하는 것으로 프로그램의 동작이 시작됩니다.

```python
# step 8. 실제 함수 실행 부분
sender_address = '보내는 메일 주소'
password = '보내는 메일 비밀번호'
receiver_addresses = ['받는 메일 주소 1', '받는 메일 주소 2']

subject = '파이썬으로 메일 보내기 테스트'

message = """
안녕하세요, 파이썬 코드로 제작된 '메일 전송 봇'입니다.

첨부드리는 파일 참고 부탁드립니다.
```

```
감사합니다.
"""

attachment_files = ['첨부파일1.PNG', '첨부파일2.xlsx','첨부파일3.py']
send_email(sender_address, receiver_addresses, subject, message, attachment_files,
password=password)
```

인코딩과 UTF-8이란?

인코딩(Encoding)이란 사람의 문자를 컴퓨터가 알아들을 수 있는 숫자로 바꾸어 주는 것을 말합니다. 예를 들어 ASCII 혹은 UTF-8 인코딩 규칙에서, 'A'는 숫자 '65'로 변환되어 저장됩니다.

세상에는 다양한 언어와 문자가 있고, 이 모든 것들을 숫자로 표현해야 합니다. UTF-8은 이런 다양한 문자를 표현하기 위한 규칙입니다. 예를 들어, UTF-8은 영어 알파벳은 그대로 표현하고, 한국어나 중국어처럼 복잡한 문자들은 여러 숫자의 조합으로 표현합니다.

우리가 이메일을 작성할 때, 주제나 본문에 다양한 언어의 문자를 사용하여 내용을 작성하면, 이를 UTF-8 인코딩을 사용하여 컴퓨터끼리 통신하고, 이메일을 받는 사람은 컴퓨터가 이해할 수 있는 숫자를 다시 문자로 변환하여 읽을 수 있습니다. 숫자를 문자로 다시 변환하는 것을 디코딩(Decoding)이라고 합니다.

인코딩과 디코딩 과정을 통해 우리는 다양한 언어로 이루어진 이메일을 주고받을 수 있는 것이죠.

한마디로 요약하자면 UTF-8 인코딩은 다양한 언어의 문자를 이메일에 넣을 수 있도록 약속된 규칙으로 컴퓨터가 알아들을 수 있는 숫자로 바꾸는 것이라고 생각하면 됩니다.

Google/Naver 메일 읽기

7.3.1 메일 읽기

가장 먼저 해줄 일은 imaplib 모듈을 import해 주는 것입니다. imaplib 역시 smtplib 모듈과 같이 파이썬 내장 라이브러리에 포함된 모듈로 별도의 설치가 필요 없답니다.

```
import imaplib
```

다음으로는 Gmail 메일의 imap 서버의 url 정보를 입력하고 server라는 이름의 변수에 담아줍니다.

```
imap = imaplib.IMAP4_SSL('imap.gmail.com')
```

이제 메일 정보를 입력해 줍시다. 여기서도 마찬가지로 앞서 발급받은 "앱 비밀번호"가 필요합니다. 만약 아래의 코드를 실행하였을 때, error: b'[ALERT] Application-specific password required라는 오류가 출력된다면 그건 평소 사용하시던 비밀번호를 입력하셨기 때문일 거예요.

```
# imap.login('메일 주소', '비밀번호')
sender_adress = 'your_email@gmail.com'
password = '지난 시간 받았던 16자리 앱 비밀번호'
imap.login(sender_adress, password)
```

로그인이 정상적으로 완료되었다면, 사서함을 선택할 차례입니다. 기본적으로 "INBOX"를 선택해 주는데 이는 Gmail의 기본 사서함이며 모든 수신 이메일이 들어 있습니다.

```
imap.select("INBOX")
```

받은 메일들을 리스트업하기 위해서는 search 함수를 사용해 줍니다. search 함수를 실행하고 돌려

받은 리스트가 messages 변수에 저장되어 있는데, 그 안의 내용은 [b'1 2 3 4 5]와 같은 형태를 갖고 있습니다. 이렇게 리스트에 둘러싸여 있는 문자열을 messages[0]으로 문자열만 가져온 뒤, split( ) 함수로 공백 기준으로 나누어주면 [b'1', b'2', b'3', b'4', b'5']와 같은 리스트로 가공됩니다.

이 b'숫자' 형태를 UDI(고유식별자)라고 하는데 이 고유 번호를 이용해서 각 메일을 인덱싱할 수 있습니다.

```python
# 사서함의 모든 메일의 UID(고유식별자) 정보 가져오기 (만약 특정 발신 메일만 선택하고 싶다면 'ALL'
대신에 '(FROM "xxxxx@naver.com")' 입력
status, messages = imap.search(None, 'ALL')

# b'숫자' 형태의 UID(고유식별자)를 요소로 하는 리스트
messages = messages[0].split()

# 0이 가장 마지막 메일, -1이 가장 최신 메일
recent_email = messages[-1]
```

위의 코드에 의해 선택된 메일은 가장 최신에 'Roy'에게서 받은 메일입니다.

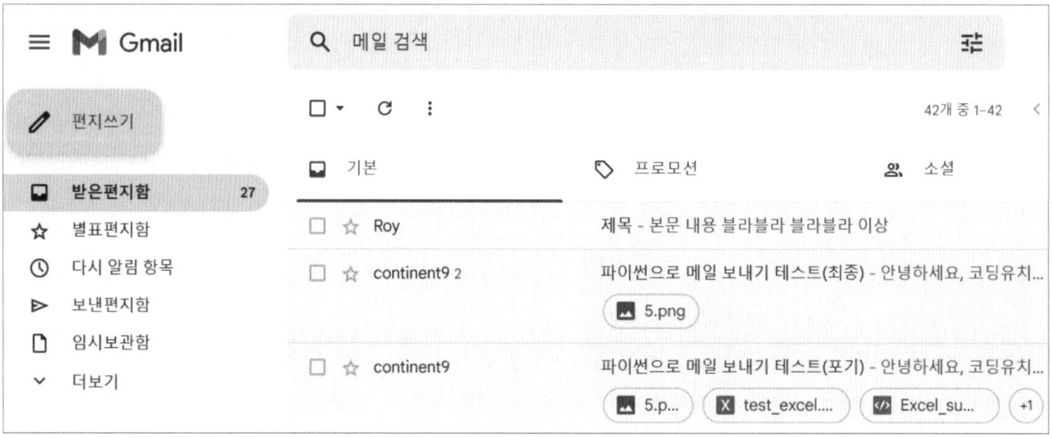

[그림 7-24]

방금까지 읽을 메일의 UID를 찾았다면, 이제는 fetch 함수로 메일을 읽어온 다음, 바이트에서 유니코드 형식으로 decoding할 차례입니다. 참고로 fetch 메소드의 "(RFC822)" 인수는 전자 메일 메시지의 표준 형식인 RFC 822 형식으로 전체 전자 메일 콘텐츠를 가져오기 위해 사용됩니다. 깊이 이해하실 필요는 없고, 기계적으로 붙여주셔도 되겠습니다.

```
# fetch 함수로 메일 가져오기
status, message = imap.fetch(recent_email, "(RFC822)")

# 바이트 문자열
raw = message[0][1]

# 바이트 문자열을 유니코드 문자열로 디코딩
raw_readable = message[0][1].decode('utf-8')
```

위에서 한차례 니코딩(바이트 → 유니코느) 처리뇐 메일을 사람이 읽을 수 있는 형태로 한 번 더 디코딩할 차례입니다. 이를 위해서 email 모듈과 message from_string( ) 메소드가 사용됩니다.

```
import email
from email.header import decode_header, make_header

# raw_readable에서 원하는 부분만 파싱하기 위해 email 모듈을 이용해 변환
email_message = email.message_from_string(raw_readable)
```

여기서 보낸 사람의 메일 주소, 메일 제목, 메일 내용을 하나씩 가져와서 각각 fr, subject, body 변수에 저장해 주었습니다.

메일 내용을 가져오는 부분은 조금 복잡하므로 간략히 설명을 하자면 주어진 이메일이 멀티 파트인 경우, 메시지의 멀티 파트 구조에서 텍스트 본문만 추출합니다. 첨부 파일과 같은 다른 파트는 무시하며, 본문을 디코딩하여 body 변수에 저장합니다. 멀티 파트가 단일 파트인 경우엔 바로 get_payload( ) 메소드를 이용해 body 변수에 본문을 저장합니다.

```
# 보낸 메일 주소
fr = make_header(decode_header(email_message.get('From')))

# 메일 제목
subject = make_header(decode_header(email_message.get('Subject')))

# 메일 내용
if email_message.is_multipart():
    for part in email_message.walk():
        ctype = part.get_content_type()
```

```
            cdispo = str(part.get('Content-Disposition'))
            if ctype == 'text/plain' and 'attachment' not in cdispo:
                body = part.get_payload(decode=True)  # decode
                break
    else:
        body = email_message.get_payload(decode=True)


# 사람이 읽을 수 있는 형태로 메일 본문을 변경
body = body.decode('utf-8')


print('보낸 메일 주소:', fr)
print('메일 제목:',subject)
print('메일 본문:', body)


# 메일함을 닫고 imap 서버에서 로그아웃
imap.logout()
```

출력된 텍스트와 실제 메일을 비교해보겠습니다.

[출력 결과]

```
보낸 메일 주소: Roy <sonsangwoo91@gmail.com>
메일 제목: 제목
메일 본문: 본문 내용


블라블라


블라블라


이상
```

[메일 내용]

[그림 7-25]

같은 개념으로 네이버 메일도 보내실 수 있겠죠? imap 주소와 아이디, 비밀번호만 따로 설정해 주시면 메일 보내기 때와 마찬가지로 잘 작동한답니다.

[그림 7-26]

위에서는 가장 최근의 메일 내용만 읽어왔지만 for문을 이용하면 모든 메일의 내용을 읽어올 수 있습니다. 여기서는 print 함수로 출력만 했지만 앞서 배웠던 내용들을 참고해서 엑셀에 저장할 수도 있겠죠?

```python
# 사서함의 모든 메일의 uid 정보 가져오기
status, messages = imap.uid('search', None, 'ALL')
messages = messages[0].split()

# for문을 돌면서 모든 메일 내용 print
for msg in messages:
    res, msg = imap.uid('fetch', msg, "(RFC822)")
    raw = msg[0][1]
    raw_readable = msg[0][1].decode('utf-8')

    email_message = email.message_from_string(raw_readable)

    # 보낸 메일 주소
    fr = make_header(decode_header(email_message.get('From')))

    # 메일 제목
    subject = make_header(decode_header(email_message.get('Subject')))

    # 메일 내용
    if email_message.is_multipart():
        for part in email_message.walk():
            ctype = part.get_content_type()
            cdispo = str(part.get('Content-Disposition'))
            if ctype == 'text/plain' and 'attachment' not in cdispo:
                body = part.get_payload(decode=True)  # decode
                break
    else:
        body = email_message.get_payload(decode=True)
    body = body.decode('utf-8')
```

```
      print('보낸 메일 주소:', fr)
      print('메일 제목:',subject)
      print('메일 본문:', body)
```

7.3.2 첨부 메일 파일 받기

이번에 배워볼 내용은 받은 메일함에 있는 메일들을 차례대로 참조하면서 첨부 파일이 있는 경우, 지정한 경로에 첨부 파일을 저장하는 방법입니다. 코드와 함께 설명해 드려보겠습니다.

가장 먼저 해줄 일은 imaplib 모듈과 email 모듈, os 모듈을 import해 주는 것입니다.

[코드]

```
import imaplib
import email
from email.header import decode_header, make_header
import os
```

다음으로는 첨부 파일을 저장할 폴더 경로와 사용할 메일의 IMAP 서버 주소, 메일 주소, 비밀번호를 미리 코드에 문자열로 입력해 주세요.

[코드]

```
save_directory = r'C:\Users\NAME\Desktop\VSCODE BASIC\메일 첨부 파일 저장소'

# IMAP 서버 세부 정보
# google의 IMAP_SERVER는 'imap.gmail.com'이며, PASSWORD는 '앱 비밀번호' 입력 필요
IMAP_SERVER = 'imap.naver.com'
USERNAME = '메일 주소'
PASSWORD = '비밀번호'
```

필요한 정보를 입력 완료 하셨다면, IMAP 서버에 접속해서 '받은 메일함' 안의 메일 정보를 조회합니다. 아래의 코드까지 실행되면 받은 메일이 모두 리스트업되었다고 볼 수 있습니다.

[코드]

```
# IMAP 서버에 연결
imap = imaplib.IMAP4_SSL(IMAP_SERVER, timeout=600)

# 계정에 로그인
imap.login(USERNAME, PASSWORD)

# 액세스하려는 이메일이 있는 메일 박스(폴더) 선택
imap.select('inbox')  # 예: 'inbox', 'spam', 'sent' 등

# 이메일 검색
status, messages = imap.search(None, 'ALL')
```

여기서부터가 본격적으로 리스트업된 메일을 하나씩 둘러볼 차례입니다. 앞서 **7.3.1**절에서 배웠 듯이 messages[0].split( )에는 [b'1', b'2', b'3', b'4', b'5']와 같은 UID(고유식별자)를 요소로 가지 는 리스트가 들어있으며, reversed( ) 함수로 리스트를 뒤집어서 가장 최신의 메일부터 참조하게 됩니다.

[코드]

```
# 이메일 메시지 가져오기
for num in reversed(messages[0].split()):
    # fetch 메소드를 사용하여 이메일 메시지 가져오기
    status, msg_data = imap.fetch(num, '(RFC822)')
    # byte string을 이메일 객체로 변환
    raw_email = msg_data[0][1]
    msg = email.message_from_bytes(raw_email)

    # 이메일의 발신자와 제목 출력
    fr = make_header(decode_header(msg.get('From')))
    subject = make_header(decode_header(msg.get('Subject')))

    print('Sent mail address:', fr)
    print('Email Subject:', subject)

    # 이메일 본문을 읽기 쉬운 형태로 변환
    body = None
```

```
        if msg.is_multipart():
            for part in msg.walk():
                ctype = part.get_content_type()
                cdispo = str(part.get('Content-Disposition'))
                if ctype == 'text/plain' and 'attachment' not in cdispo:
                    body = part.get_payload(decode=True)
                    break
        else:
            body = msg.get_payload(decode=True)

        # 본문을 읽기 쉬운 형태로 변환
        if body is not None:
            try:
                body = body.decode('utf-8')
            except:
                body = body.decode('euc-kr')
        else:
            pass
    print('Mail body:', body)
```

for문 중간에 이렇게 설명을 넣은 이유는 위의 내용까지는 앞서 배웠던 **7.3.1**절의 메일 읽기와 동일한 내용이며, 아래부터가 첨부 파일을 추출하는 코드이기 때문입니다. 만약 이 부분이 필요 없고 첨부 파일 다운로드만 하고 싶으신 분들은 '#이메일 발신자와 제목 출력' 주석부터 모두 지워주셔도 됩니다.

아래의 첨부 파일 받는 코드를 요약하면, msg 객체의 모든 파트를 조회하면서 첨부 파일이 들어있는 파트를 찾은 후, filename을 얻고 디코딩해서 파일 경로를 설정, 해당 경로에 첨부 파일을 저장하는 것입니다. 자세한 내용은 주석으로 대체하겠습니다.

```python
    # 이메일 파트를 순회하며 첨부 파일 추출
    for part in msg.walk():

        # 일반적으로 첨부 파일은 'multipart'에 포함되지 않으므로 multipart면 다음 루프로 넘어감.
        if part.get_content_maintype() == 'multipart':
            continue

        # 'Content-Disposition' 헤더가 있는지 확인 후, 없으면 다음 루프로 넘어갑니다.
        if part.get('Content-Disposition') is None:
            continue

        # 'Content-Disposition' 헤더에서 파일 이름을 가져옵니다.
        # 만약 파일이름이 없으면 for문의 다음 루프로 넘어갑니다.
        filename = part.get_filename()
        if not filename:
            continue

        # 인코딩된 파일 이름을 디코딩하여 원래 파일 이름을 가져옵니다.
        filename = decode_header(filename)[0][0]
        # 디코딩한 filename이 바이트 문자열이라면
        if isinstance(filename, bytes):
            try:
                # utf-8로 디코딩합니다.
                filename = filename.decode('utf-8')
            except UnicodeDecodeError:
                # utf-8로 디코딩 중 오류가 발생하면 euc-kr로 디코딩합니다.
                filename = filename.decode('euc-kr', errors='ignore')
        # 첨부 파일을 읽습니다.
        payload = part.get_payload(decode=True)
        # 지정된 디렉터리에 첨부 파일을 저장합니다.
        file_path = os.path.join(save_directory, filename)
        with open(file_path, 'wb') as f:
            f.write(payload)

# IMAP 서버 로그아웃 및 종료
imap.logout()
```

[실행 결과]

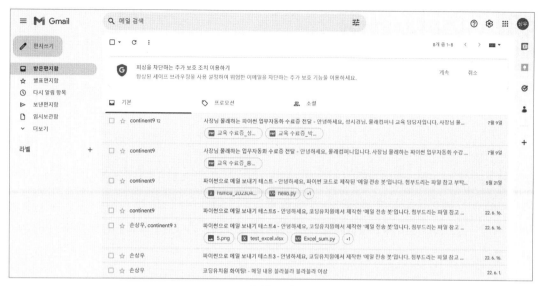

[그림 7-27]

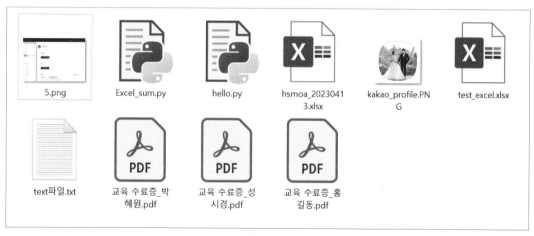

[그림 7-28]

회사를 다니는 직장인이라면 많이 사용하는 사내 메일이 있습니다 아웃룩(Outlook)인데요. 이번에는 아웃룩을 파이썬을 통해 제어하는 방법을 배워볼 겁니다. 아웃룩은 Window에서 자체 제공하는 메일 프로그램으로 Microsoft에서 제공하는 Win32com 라이브러리의 client 모듈을 사용하셔야 합니다.

win32com의 client 모듈을 사용하면 아웃룩 전자 메일을 자동화할 수 있습니다. 예를 들어, 다수의 사람들에게 메일을 자동발송 할 수 있습니다. 또한, 첨부 파일들을 한 번에 다운받거나 메일의 내용들을 엑셀 파일에 한 번에 취합하는 것도 가능합니다.

먼저 win32com을 설치해 보겠습니다. win32com은 아래와 같이 pywin32 라이브러리를 설치하시면 됩니다.

```
pip install pywin32
```

7.4.1 메일 보내기

코드를 작성하기에 앞서 메일을 보내는 과정을 생각해 보겠습니다. Outlook 프로그램을 열고, 메일 보내기 창을 선택하여 메일 정보(내용, 수신자 등)를 입력합니다. 그다음, 메일 보내기 버튼을 누르면 지정한 수신자에게 메일을 보낼 수 있습니다.

win32com.client를 통해 메일을 제어하는 과정도 동일합니다. 그 과정을 아래와 같이 도식화해 보았습니다. 앞으로의 작성 코드는 그림과 같이 순서대로 과정을 따라가도록 하겠습니다.

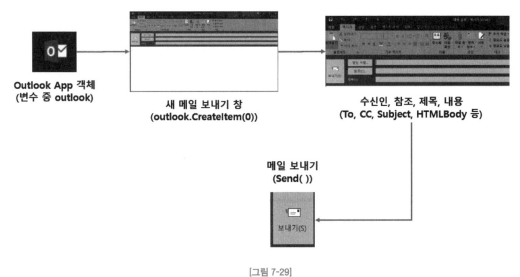

Outlook App 객체
(변수 중 outlook)

새 메일 보내기 창
(outlook.CreateItem(0))

수신인, 참조, 제목, 내용
(To, CC, Subject, HTMLBody 등)

메일 보내기
(Send( ))

보내기(S)

[그림 7-29]

step 1 Import

win32com을 사용해 메일을 보내는 과정에 대해 순서대로 알아보겠습니다. 당연하게도 가장 첫 번째 과정은 win32com의 client 모듈을 import하는 것입니다. 아래와 같이 코드를 작성합니다. win32com의 client라는 모듈을 사용하는 것이기 때문에 win32com.client를 입력하시면 됩니다.

[코드]

```
# step 1. Import
import win32com.client
```

step 2 Outlook application에 대한 객체 생성

Outlook을 제어할 때 가장 첫 번째로 해야 할 일은 Outlook 프로그램을 여는 것입니다. 코드에서는 Outlook 프로그램에 대한 객체를 설정해 준다고 표현합니다.(위 이미지에서 첫 번째 과정)

[코드]

```
# step 2. outlook 객체 생성하기
outlook = win32com.client.Dispatch("Outlook.Application")
print("객체 출력 : ", outlook)
print("타입 출력 : ", type(outlook))
```

```
객체 출력 : Outlook
타입 출력 : <class 'win32com.client.CDispatch'>
```

변수로 설정한 outlook의 타입과 값을 각각 출력해 보면 "win32com.client.CDispatch"라는 클래스의 객체이고 그 내용은 "Outlook"이라고 출력됩니다. 잘 이해가 안 가신다면 아래와 같이 기억하시면 됩니다.

```
outlook이라는 변수는 "Outlook"이라는 프로그램을 가리킨다.
```

step 3 메일을 보내기 위한 객체 생성

이전 과정에서 생성한 outlook 변수를 통해 "메일 보내기" 창을 열어보겠습니다. 위 그림의 "새 메일 보내기 창" 부분입니다. 메일 보내기 창을 생성하려면 CreateItem( )이라는 함수를 사용합니다. 괄호 안에 0을 입력해 주면 메일 보내기 창을 새로 생성할 수 있습니다. 숫자 0은 이메일을 의미하며 0~6 숫잣값에 따라 다른 옵션을 설정할 수 있습니다.

Type	Index	설명
olMailItem	0	이메일
olAppointmentIItem	1	약속
olContactItem	2	연락처
olTaskItem	3	할 일
olJournalItem	4	일지
olNoteItem	5	메모
olPostItem	6	게시물

그럼 메일 보내기 창을 생성하는 코드를 작성해 보겠습니다.

[코드]

```python
# step 3. 메일 보내기 창 생성(객체 생성)
send_mail = outlook.CreateItem(0)
print(send_mail)
```

```
<COMObject CreateItem>
```

CreateItem(0) 함수를 통해 send_mail이라는 객체 변수를 설정했습니다. 해당 변수를 출력해 보면 COMobject라는 내용이 나옵니다. COMobject는 어떤 특정 객체를 의미하는 부분이라고 이해하시면 됩니다. 예를 들어, Outlook에서 메일 보내기 창이 될 수도 있고, 받은 편지함의 메일 1건을 말할 수도 있습니다. COMObject들은 해당 객체의 성질을 가지게 되는데 위 변수 send_mail을 가지고 쉽게 설명해 드려보겠습니다.

send_mail 변수는 "메일 보내기 창"의 속성(성질)을 가진다.

step 4 메일을 보내기 위한 정보 입력

위에서 send_mail 변수는 "메일 보내기 창"의 속성을 가진다는 내용을 설명했습니다. 속성이라는 게 무엇일까요? 먼저 사용자가 메일 보내기 창을 열고 하는 행동이 무엇이 있을지 생각해 보겠습니다. 먼저 수신인, 참조, 메일 제목, 메일 내용 등을 입력합니다. 필요한 정보들을 모두 입력하면 메일 보내기 버튼을 통해 전송합니다.

마찬가지로 send_mail은 "메일 보내기 창"의 속성을 가지고 있기 때문에 해당 변수들을 통해 수신인, 참조, 메일 제목, 메일 내용 등을 입력할 수 있고 메일을 보낼 수도 있습니다. 아래 코드 예시를 통해 이해해 보겠습니다.

[코드]

```
# step 4. 메일 보내기 정보 입력
send_mail.To = "jeong_sajang@example.com" # 메일 수신인
send_mail.CC = "jeong_sajang@example.com" # 메일 참조
send_mail.Subject = "파이썬 통해 Outlook 자동화해 보기" # 메일 제목
send_mail.HTMLBody = "이것은 내용" # 메일 내용
```

send_mail이라는 변수를 통해 To(받는 이), CC(참조), Subject(메일 제목), HTMLBody(메일 내용) 등의 속성을 활용해 메일 정보를 입력할 수 있습니다.

step 5 메일 보내기

메일을 보내기 위한 정보들을 모두 입력했다면 이제 보내기를 하면 됩니다. 보내기를 할 때는

Send( ) 함수를 사용합니다.

[코드]

```
send_mail.Send() # 메일 보내기
```

코드를 실행 후, 메일이 제대로 전송됐는지는 Outlook의 보낸 편지함을 확인해 보세요!

7.4.2 메일 읽기

지금까지 win32com.client 모듈을 사용하여 Outlook 메일을 보내는 법을 순서대로 설명했습니다. 이번에는 반대로 받아온 메일을 어떻게 파이썬을 통해 읽어올 수 있는지 설명해 보도록 하겠습니다.

먼저, 메일을 받는 수신 과정을 코드로 구현하는 것은 아래 그림으로 요약할 수 있습니다. 앞으로의 과정도 아래 그림을 기준으로 설명하겠습니다.

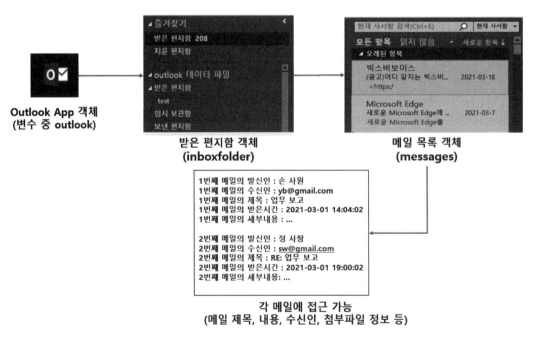

[그림 7-30]

step 1 Import 및 Outlook application에 대한 객체 생성

메일 송신과 마찬가지로 수신 시에도 Outlook에 대한 객체를 생성해 주어야 합니다. 위 그림에서 Outlook App 객체를 생성하는 부분입니다. 아래와 같이 코드를 작성해 보겠습니다.

[코드]

```
# step 1. Import 및 Outlook App 객체 생성
import win32com.client
outlook=win32com.client.Dispatch("Outlook.Application").GetNamespace("MAPI")
```

기본적으로 메일 송신과 수신 시 코드는 Dispatch 함수를 사용한다는 점에 있어서 동일합니다. 한 가지 차이점은 메일 수신 시에는 .GetNameSpace("MAPI")라는 부분을 추가하셔야 한다는 것입니다.

MAPI는 메일을 수신할 때 필요한 프로토콜입니다. "**7.1 라이브러리 소개**"에서도 설명해 드렸지만 프로토콜은 통신 규약 중 하나입니다. 'MAPI'는 Microsoft Outlook 메일을 사용할 때 송신자와 수신자 간의 약속이라고 생각하시면 됩니다. 자세한 내용은 모르셔도 사용하시는 데 무관하며, Outllok을 사용하여 메일 수신 시 사용해야 하는 코드라고 이해하시면 됩니다.

step 2 메일 수신함 설정하기

Outlook 전자 메일을 사용할 때, 받은 메일을 확인하는 과정을 생각해 보겠습니다. [그림 7-2] 기준으로 설명하면 먼저, 원하는 편지함(받은 편지함)을 선택합니다. 그다음, 받은 편지함의 메일 목록 중 확인할 메일의 제목을 클릭합니다. 아래는 그 과정을 코드로 구현해 본 것입니다.

[코드]

```
# step 2. 편지함 및 메시지 리스트 받아오기
# 받은 편지함 선택(객체 생성), 6번은 받은 편지함(inbox folder) 의미
inboxfolder = outlook.GetDefaultFolder(6)

# 받은 편지함의 messgae 받아오기(모든 메시지)
messages = inboxfolder.Items

# 메시지 목록 출력해 보기
for mail in messages:
    print(mail)
```

```
<COMObject <unknown>>
<COMObject <unknown>>
```

위 코드는 받은 편지함을 선택해서 편지함의 편지 목록을 출력해 보는 코드입니다. 결과 중 COMobject는 "1) 메일 보내기(송신)" 파트에서도 설명했지만 특정 객체를 이야기하는 것입니다. 여기서 COMObject는 메일 1건을 가리킵니다.

코드 중 inboxfolder를 설정하는 outlook.GetDefaultFolder(6)은 step 1에서 설정한 outlook 객체 변수를 통해 받은 편지함을 선택하는 부분입니다. 괄호 내부의 숫자 6은 Outlook에서 "받은 편지함"을 선택하는 인덱스입니다. GetDefaultFolder 함수의 옵션은 총 16가지로 1~16까지 선택이 가능하나, 일반적으로 사용하는 메일함 설정에 대한 인덱스만 아래 표에서 간단히 살펴보겠습니다.

Type	Index	설명
olFolderDrafts	4	임시 보관함
olFolderInbox	5	받은 편지함
olFolderSentMail	6	보낸 편지함

만약 아래와 같이 받은 편지함 중 'test'라는 폴더에 접근하고 싶다면 아래와 같이 코드를 작성하시면 됩니다.

[코드]

```python
# 받은 편지함 중 "test" 메일함을 객체로 설정
inboxfolder = outlook.GetDefaultFolder(6).Folders["test"]
```

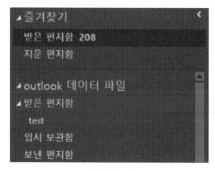

[그림 7-31]

받은 메일 내용 출력해 보기

step 2에서 작성했던 받은 편지함(inboxfolder)을 선택하고 해당 편지함에 있는 메시지 목록을 받아오는 변수 messages까지 설정했습니다. 그리고 각 메시지 요소들이 COMObject라는 내용으로 출력되는 부분까지 확인했습니다.

각 COMObject는 메일 1건에 대한 정보들을 모두 가지고 있습니다. 그 정보들을 활용해 보낸 이, 제목, 메일 내용 등을 출력할 수 있습니다.

[코드]

```
inboxfolder = outlook.GetDefaultFolder(6) # 받은 편지함 설정
messages = inboxfolder.Items # 받은 편지함의 messgae 받아오기(모든 메시지)
i=1 # 여러 메일 출력을 위한 인덱싱
# 각 메일에 대한 정보를 for 반복문을 통해 출력
for mail in messages:
    print(str(i) + "번째 메일의 발신인 : " + mail.SenderName)
    print(str(i) + "번째 메일의 수신인 : " + mail.To)
    print(str(i) + "번째 메일의 제목 : " + mail.Subject)
    print(str(i) + "번째 메일의 받은 시간 : " + str(mail.ReceivedTime))
    print(str(i) + "번째 메일의 내부 내용 : " + mail.Body)
    print('\n')
    i = i+1
```

[결과]

```
1번째 메일의 발신인 : 손 사원
1번째 메일의 수신인 : 정 사장@gmail.com
1번째 메일의 제목 : 금일 업무 진행 상황 보고 건
1번째 메일의 받은 시간 : 2023-03-01 14:10:54+00:00
1번째 메일의 내부 내용 : 사장님 금일 업무 보고 드립니다… <중략>

2번째 메일의 발신인 : 손 사원
2번째 메일의 수신인 : 정 사장@gmail.com
2번째 메일의 제목 : 금일 업무 진행 상황 보고 건(수정)
2번째 메일의 받은 시간 : 2023-02-28 11:30:20+00:00
2번째 메일의 내부 내용 : 사장님 틀려서 다시 보냅니다. <중략>
```

위 코드 블록의 for문 내부를 확인해 보겠습니다. messges(메일 목록)를 for문을 통해 출력하면 COMObject 1개(메일 1건)에 대해 접근할 수 있습니다. SenderMail(보낸 이), To(수신인), Subject(제목), Body(내용) 등은 메일 1건에 대한 속성입니다. 해당 코드를 통해 필요한 정보를 출력할 수 있습니다. ReceivedTime(받은 시간)의 경우 문자열이 아니기 때문에 str( )을 통해 문자열로 변경하여 출력했습니다.

step 4 첨부 파일 다운받기

메일에는 내용뿐만 아니라 별도 파일이 첨부되어 있는 경우도 있습니다. 만약, 업무 자동화 내용 중 메일의 첨부 파일을 모두 다운받아야 하는 기능이 필요하다면 아래 코드를 응용하시면 됩니다. 기본적으로 받은 편지함(inboxfolder), 메일 목록(messeges) 변수를 설정하여 for 반복문을 활용하는 부분은 같습니다.

[코드]

```python
# Code 3 :첨부 파일 다운받기
# step 1. import 및 outlook app 설정
import win32com.client
outlook=win32com.client.Dispatch("Outlook.Application").GetNamespace("MAPI")


# step 2. 편지함 및 메시지 리스트 받아오기
inboxfolder = outlook.GetDefaultFolder(6) # 받은 편지함 설정
messages = inboxfolder.Items # 받은 편지함의 messgae 받아오기(모든 메시지)


# step 3. 각 메일의 첨부 파일 다운받기
no = 1 # 중복 파일명이 있을 것을 대비해 추가한 파일명 인덱스
m_count = 1 # 메일 카운트
for ms in messages: # 각 메일마다 첨부 파일을 다운로드하는 루프
    attachments = ms.Attachments # 해당 메일의 첨부 파일 객체 설정
    r = attachments.count # 해당 메일의 첨부 파일 개수(integer)
    print("{}번째 메일 첨부 파일 개수 : {}개".format(m_count, r))
    m_count=m_count+1 # 메일 카운트 증가
    # 해당 메일의 첨부 파일을 모두 저장
    for i in range(1, r + 1):
        attachment = attachments.Item(i)
        attachment.SaveASFile("{}_{}".format(no, attachment))  # 파일명 설정no,
        no = no + 1 # 인덱스 증가
```

```
1번째 메일 첨부 파일 개수 : 1개
2번째 메일 첨부 파일 개수 : 2개
```

위 코드를 실행하면 설정한 메일함(받은 편지함)의 모든 메시지를 받아와서 첨부 파일이 있는 경우 파일을 다운받게 됩니다. 첨부 파일명이 중복될 수 있으므로 no라는 인덱스 변수를 사용해서 파일명에 붙이도록 코드를 작성했습니다.

Chapter 8

웹 크롤링

어느 직장인의 이야기 8.

손 사원이 몰래컴퍼니에 입사한 지 1년이 되었습니다. 하지만 여전히 손 사원은 막내 사원입니다. 막내 사원답게 손 사원은 사무용품 구매도 담당하고 있습니다. 각 직원들이 필요한 용품의 링크를 엑셀에 기재하면 손 사원이 달에 한 번씩 모두 취합하여 구매하는 업무입니다. 달에 한 번씩이라고 하나 안 그래도 바쁜 손 사원에게는 부담스러운 업무입니다.

손 사원 : '해야 되는 일이긴 하지만 너무 귀찮은 일이야… 엑셀에 구매 링크 정보도 있는데 자동으로 장바구니에 담고 구매할 수 있게 만들 수 있지 않을까?'

손 사원은 구매 사이트에서 자동으로 물품을 장바구니에 넣어주는 방법을 찾아보던 중 '웹 크롤링'이라는 용어를 알게 됩니다.

손 사원 : '웹 크롤링을 공부해 보면 쉽게 해결될 수도 있겠는데?'

웹 크롤링 기초 지식

해시태그: #웹 #Web #크롤링 #HTML #태그 #크롬 #크롬드라이버

8.1.1 웹(Web)이란?

Web은 World Wide Web의 줄임말로, 인터넷에 연결된 사용자들이 서로의 정보를 공유할 수 있는 공간을 의미합니다. 우리가 인터넷 웹 사이트의 주소를 칠 때 www.google.com이런 식으로 입력하죠? 바로 이 www가 World Wide Web에서 유래된 것입니다.

흔히 인터넷과 웹을 자주 혼동해서 사용하는데요. 인터넷은 컴퓨터 네트워크 통신망을 의미하며 웹은 인터넷상에서 동작하는 하나의 서비스입니다. 아마도 자주 혼동되는 이유는 거의 여러 서비스들 중 웹의 비중이 압도적이기 때문일 것 같아요.

우리는 이 웹이란 것을 웹 브라우저라는 애플리케이션을 통해서 사용합니다. 흔히 사용되는 웹 브라우저로는 인터넷 익스플로러, 크롬, 사파리 등이 있습니다.

[그림 8-1]

8.1.2 HTML이란?

HTML은 Hyper Text Markup Language의 약어로 HyperText(하이퍼링크를 통해 독자가 한 문서에서 다른 문서로 즉시 접근할 수 있는 텍스트)를 '태그'를 이용하여 구조화한 언어입니다. 한마

디로 네트워크 내에서 웹 페이지의 콘텐츠를 구조화하고 표시하는 데 사용되는 언어라고 이해하시면 되겠습니다.

웹 크롤링 기초 지식으로 HTML을 넣은 이유는 페이지 내에서 우리가 원하는 정보를 타겟팅해서 가져오기 위함입니다.

웹 크롤링을 책이나 강의를 보고 독학으로 공부하다 보면 여러 예제들이 나옵니다. 그 예제들을 그대로 따라 해 보면 자동으로 착착 움직이며 텍스트나 그림 등을 가져오는 것을 보면서 웹 크롤링을 마스터한 듯한 기분이 듭니다.

하지만 HTML에 대한 기초 지식이 없다면 웹 페이지의 형태가 조금만 바뀌어도 그리고 수집하고자 하는 데이터의 위치나 종류가 조금만 바뀌어도 그 생각은 바로 착각이었다는 것을 깨닫게 됩니다.

우리가 어떤 웹 사이트를 만나든 그리고 어떤 종류의 자료든 크롤링할 수 있으려면, HTML에 대한 개념을 이해할 필요가 있습니다. HTML만 공부하는 데에도 책 한 권의 분량이기 때문에 웹 크롤링에 필요한 부분만 골라서 설명해 드리도록 하겠습니다.

1) HTML 기본 구조

[그림 8-2]

HTML은 태그라는 개념이 가장 중요합니다. 태그의 종류에 따라 다른 기능을 가지고 있는데 예를 들면 p 태그는 문장을 입력할 때 사용하고, div 태그는 박스 형태의 구역을 설정할 때 사용합니다.

아래에 크롤링을 하면서 자주 볼 수 있는 태그들을 정리해 보았습니다. 이 외에도 많은 태그들이 있지만 지금은 모르셔도 무방하다고 판단하여 넣지 않았습니다.

태그	설명	사용 예
p	하나의 문장을 입력할 때 사용	`<p> 문장 </p>`

div	박스 형태의 구역 설정
	(block 요소)
	→ 다른 태그들이 div 태그 안에 모여 있게 됨
		`<div>`
		`<h3> 제목 </h3>`
		`<p> 문장 </p>`
		`</div>`

span	줄 형태의 구역 설정(inline 요소) → 독립적으로 사용하지 않고 p 태그 안에 span 태그가 들어감	`<p> 이렇게 <span style="border: 3px solid red"> span 요소로 텍스트의 일부분 </span> 만 스타일을 적용할 수 있음 </p>`
img	이미지와 관련된 태그 (속성명은 src, 속성값은 "이미지의 url 주소") 종료 태그(/img)가 없는 빈 태그 (empty tag)	`<img src="/img 주소.png" alt="이미지가 없을 때 이미지 대신 출력할 문장 입력">`
a	하이퍼링크를 추가할 때 사용	`<a href="링크 주소">HTML 링크 </a>?`

2. 태그의 속성

HTML은 수많은 태그로 이루어져 있어서, 효율적인 인덱싱을 위해서 각 태그에 속성을 부여해 줍니다. 각 태그별로 속성이 다양하지만 꼭 기억해야 할 속성명은 id와 class 두 가지입니다.

[그림 8-3]

속성명	설명	사용 예
id	페이지 내에서 유일한 속성값을 가짐	`<div id="header"> </div>`
class	페이지 내에서 비슷한 요소들을 묶어서 같은 속성값을 부여	`<div class="u_cbox_area"> </div>`

id는 웹 페이지상의 태그당 하나만 쓸 수 있는 고유한 이름으로 <태그 이름 id="속성값">과 같이 쓰이며, class는 비슷한 형태를 가진 요소에 여러 번 사용할 수 있는 이름으로 <태그 이름 class="속성값">과 같이 쓰입니다.

8.1.3 크롬과 크롬 드라이버

웹 크롤링을 할 때는 주로 크롬(Chrome)을 사용합니다. 특별히 크롬을 사용하는 이유는 F12를 눌렀을 때 나타나는 개발자 도구와 추후에 배울 selenium 패키지로 크롬을 제어할 수 있는 크롬 드라이버(chrome driver) 때문입니다. 사실 가장 큰 이유는 전 세계적으로 많이 사용하기 때문입니다.

[그림 8-4]

1. 크롬 설치

크롬은 대부분 이미 설치가 되어 있으실 것 같지만 설치가 안 된 경우에는, 구글이나 네이버에서 '크롬'을 검색하시고 가장 위에 나오는 결과를 클릭해 주시면 자연스럽게 크롬 설치 파일을 다운로드하는 링크로 연결됩니다. 다운로드가 완료되면 파일을 실행해 설치를 진행해 주시면 됩니다.

2) 크롬 드라이버 설치

뒤에서 배울 selenium이라는 패키지가 2022년 4월에 4.6 버전으로 업데이트되기 전까지는 크롬 드라이버를 매번 크롬 버전에 맞춰서 설치해 주어야 했지만, 더 이상 그런 번거로운 일을 하지 않아도 됩니다. 따라서 이 책에서는 크롬 드라이버 설치 방법에 대해서는 따로 다루지 않겠습니다.

다만, 4.6보다 더 오래된 버전을 사용하시는 경우에는 다음과 같은 에러가 출력될 수 있습니다.

```
selenium.common.exceptions.SessionNotCreatedException: Message: session not created:
This version of ChromeDriver only supports Chrome version 106
Current browser version is 116.0.5845.111 with binary path C:\Program Files\Google\
Chrome\Application\chrome.exe
```

이런 경우에는 selenium을 최신 버전으로 업그레이드한 후, VS Code를 종료했다가 실행하셔야 합니다. 최신 버전 업그레이드는 터미널 창이나 Jupyter의 셀에서 아래 명령어를 입력하시면 됩니다.

```
pip install --upgrade selenium
```

라이브러리 소개

해시태그: #웹크롤링패키지 #requests #beautifulsoup #selenium

8.2.1 requests

html 문서를 가져올 때 사용하는 패키지입니다. requests는 사용자 친화적인 문법을 사용하여 다루기 쉬우면서 안정성이 뛰어나다고 합니다. 그래서 파이썬 기본 라이브러리에 포함된 urllib 패키지보다 자주 사용됩니다.

1. 설치 방법

VS code의 터미널 창에서 아래와 같이 입력하면 됩니다.

```
pip install requests
```

2. 사용 방법

[코드]

```python
# requests 패키지 가져오기
import requests

# 가져올 url 문자열로 입력
url = 'https://www.naver.com'

# requests의 get 함수를 이용해 해당 url로부터 html이 담긴 자료를 받아옴
response = requests.get(url)

# 우리가 얻고자 하는 html 문서가 여기에 담기게 됨
html_text = response.text
```

8.2.2 beautifulsoup

BeautifulSoup4 패키지는 매우 길고 정신없는 html 문서를 잘 정리되고 다루기 쉬운 형태로 만들어 원하는 것만 쏙쏙 가져올 때 사용합니다. 이 작업을 파싱(Parsing)이라고도 부릅니다.

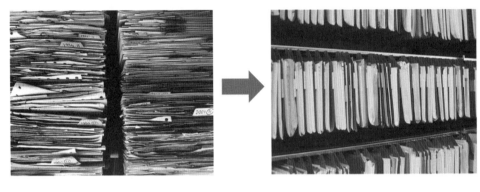

파싱(Parsing) 전　　　　　　　**파싱(Parsing) 후**

[그림 8-5]

1. 설치 방법

VS code의 터미널 창에서 아래와 같이 입력하면 됩니다.

```
pip install beautifulsoup4
```

2. 사용 방법

[코드]

```python
# BeautifulSoup 패키지 불러오기
# 주로 bs로 이름을 간단히 만들어서 사용함
from bs4 import BeautifulSoup as bs

# html을 잘 정리된 형태로 변환
html = bs(html_text, 'html.parser')
```

8.2.3 selenium

selenium 패키지는 앞서 설치했던 chromedriver를 이용해 chrome을 제어하기 위해 사용합니다. 크롤링을 하다 보면 무엇인가 입력하거나 특정 버튼을 눌러야 하는 상황이 발생합니다. 사람이 그러한 행동을 하는 대신 컴퓨터가 할 수 있도록 해주는 패키지가 selenium입니다.

selenium 패키지도 웹 정보를 크롤링하는 것이 가능하기 때문에 저자는 웹 크롤링은 거의 selenium 패키지를 사용하는 편입니다. 단, 크롤링해야 하는 양이 많을 때는 속도를 위해서 requests와 beautifulsoup 패키지를 사용하기도 합니다.

1. 설치 방법

VS code의 터미널 창에서 아래와 같이 입력하면 됩니다.

```
pip install selenium
```

2. 사용 방법

자세한 사용 방법은 뒤의 '동적 웹 크롤링'에서 자세히 다루도록 하고, 여기서는 selenium 패키지를 불러오고 크롬 드라이버로 구글에 접속하는 것까지만 다루면서 느낌만 이해해 보겠습니다.

[코드]

```python
# selenium의 webdriver를 사용하기 위한 import
from selenium import webdriver

# 페이지 로딩을 기다리는 데에 사용할 time 모듈 import
import time

# 크롬 드라이버 실행
# 경로 예: 'c:/Users/Name/Desktop/chromedriver.exe'
driver = webdriver.Chrome( )

# 크롬 드라이버에 url 주소 넣고 실행
driver.get('https://www.google.co.kr/')

# 페이지가 완전히 로딩되도록 3초 동안 기다림
time.sleep(3)
```

8.3 정적/동적 웹 페이지

해시태그: #정적웹페이지 #동적웹페이지 #url

웹 크롤링을 하면서 여러분들이 만나게 되는 페이지는 크게 두 가지로 분류할 수 있습니다. 정지해 있다는 의미의 정적(static)과 움직인다는 의미의 동적(dynamic)으로 말입니다. 개발 분야에서는 정적(static)은 외부 환경에 관계 없이 일정한 결괏값을 제공해 주는 것, 동적(dynamic)은 외부 환경에 따라 다른 결괏값을 제공해 주는 것을 뜻합니다.

이 두 가지의 차이점에 대한 이해가 선행되지 않으면 여러분들의 코드는 제대로 작동되지 않을 것입니다. 이번 장에서는 동적/정적 웹 페이지의 차이점에 대해서 간단히 알아보겠습니다.

8.3.1 정적 웹 페이지란?

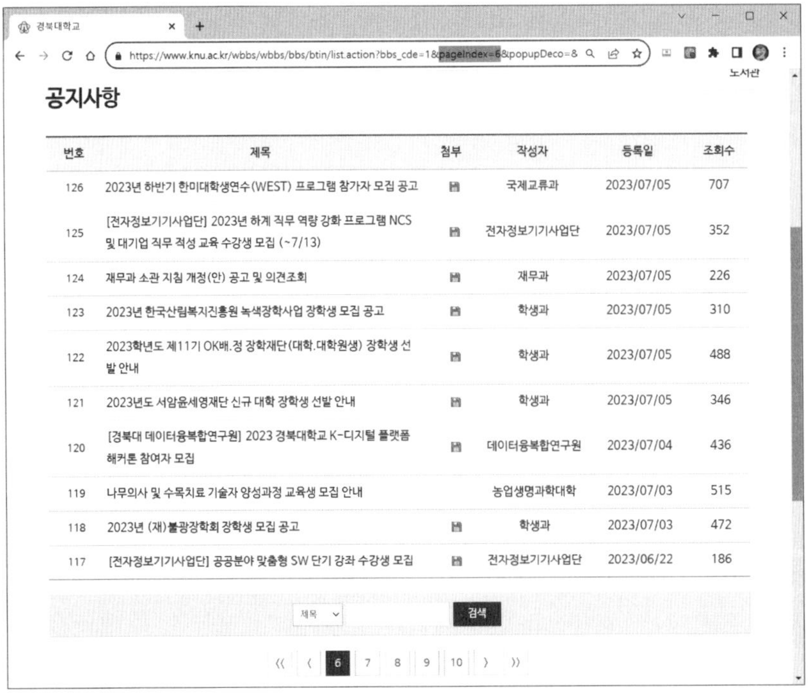

[그림 8-6]

정적 웹 페이지란 서버(Web Server)에 미리 저장된 HTML과 CSS 파일이 그대로 전달되는 웹 페이지를 말합니다. 즉, 특정 웹 페이지의 url 주소만 주소창에 입력하면 그 외의 조작(로그인, 스크롤 다운, 클릭 등) 없이 웹 브라우저로 HTML 정보를 마음대로 가져다 쓸 수 있는 것입니다.

한마디로 웹 페이지를 만든 사람이 서버에 저장해 놓은 HTML과 CSS만 볼 수 있는 수동적인 웹 페이지입니다. 회사나 학교를 소개하는 홈페이지가 흔히 볼 수 있는 예입니다.

위의 사진은 경북대학교의 공지 사항 페이지인데, pageindex의 숫자를 바꿔주면 해당 숫자와 일치하는 페이지로 이동하게 됩니다. 해당 화면에서 어떤 버튼을 클릭해도 url이 변경되면서 새로운 화면이 뜨는 정적 페이지의 예입니다.

정적 웹 페이지는 서버에서 저장된 내용을 바로 전송해 주기 때문에 크롤링 속도가 빠르다는 장점이 있지만, 비율적으로 동적 웹 페이지가 훨씬 많으므로 적용할 수 있는 경우가 많지 않습니다.

8.3.2 동적 웹 페이지란?

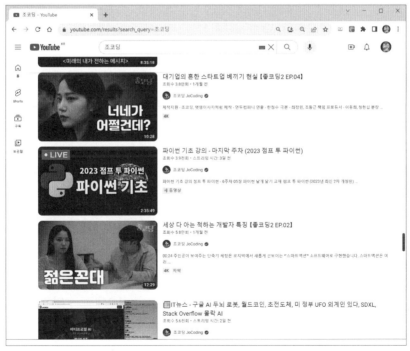

[그림 8-7]

동적 웹 페이지는 우리가 가장 자주 접하는 웹 페이지입니다. 다양한 사용자들과 상호작용 하며 콘텐츠 내용이 계속 바뀌는 웹 페이지를 구현하기 위해서는 동적 웹 페이지로 구성해야 하기 때문이죠. 2000년대 초만 하더라도 정적 웹 페이지가 많았지만, 시장의 니즈에 따라서 웹 서비스가 발전하면서 현재는 대부분이 동적 웹 페이지로 구성되어 있습니다.

앞서 말씀드렸듯이 동적 웹 페이지는 사용자와 상호작용을 하는 페이지므로 계속해서 통신과 계산을 해야 하고, 때문에 모든 내용이 화면에 출력될 때까지 시간이 오래 걸린다는 단점이 있습니다.

동적 웹 페이지를 세 가지만 예로 들어 보겠습니다.

1) 로그인을 통해서만 확인할 수 있는 마이페이지 혹은 메일함
2) 보고 있는 위치나 사용자의 GPS 위치에 따라 출력 결과가 변하는 네이버 지도
3) 드래그를 아래로 내리면 계속 새로운 사진과 영상이 나타나는 인스타그램과 유튜브

8.3.3 동적 웹 크롤링과 정적 웹 크롤링

앞서 배운 정적 웹 페이지와 동적 웹 페이지에서 우리가 원하는 정보를 얻기 위해서는 각각의 크롤링 방법이 있습니다.

정적 웹 크롤링은 주로 requests와 urllib 패키지를 사용하여 html을 수집한 후에 beautifulsoup 패키지를 이용해서 파싱하고, 동적 웹 크롤링은 주로 selenium 패키지를 사용하여 화면을 조작하고 html을 수집하여, 파싱까지 합니다.

정적 웹 크롤링은 서버에 저장된 HTML을 요청해서 받아온 다음, 필요한 내용을 추출하는 방식이며, 동적 웹 크롤링은 마치 사람이 조작하는 것처럼 웹 브라우저를 selenium 패키지를 통해 조작한 뒤, 현재 웹 브라우저에 출력된 HTML을 받아서 필요한 내용을 추출하는 방식입니다.

동적 웹 페이지를 정적 웹 크롤링 방식으로 크롤링할 수 없는 이유는 사용자 조작 후에 나타나는 HTML 내용을 반영할 수 없기 때문입니다. 예를 들어 네이버 뉴스 기사의 댓글 더 보기를 누르기 전과 후에 화면에 보이는 댓글의 개수가 다르므로 모든 댓글을 크롤링하기 위해서는 동적 웹 크롤링 방식을 사용해야 합니다.

동적 웹 페이지가 압도적으로 많을 뿐만 아니라, 크롤링 빈도가 그리 높지 않아서 크롤링 속도가 그리 중요하지 않은 요소라면 동적 웹 크롤링 방법만 먼저 익히시고, 추후에 필요한 경우에만 정적

웹 크롤링을 공부하시는 것을 추천해 드립니다.

	정적 웹 크롤링	동적 웹 크롤링
사용 패키지	requests or urllib	selenium
수집 커버리지	정적 웹 페이지	정적/동적 웹 페이지
수집 속도	빠름	상대적으로 느림
파싱 패키지	beautifulsoup	selenium

정적 웹 크롤링하기

8.4.1 정적 웹 크롤링 3단계

이번 시간에는 정적 웹 페이지의 데이터를 가져오는 정적 웹 크롤링에 대해 배워보겠습니다.

정적 웹 크롤링은 개념적으로 아래의 3단계로 이루어지며, 가장 중요한 단계는 마지막인 세 번째 단계입니다. 원하는 부분을 어떻게 가져올지는 각 사이트마다 다르며, 사용자의 니즈에 따라 다르기 때문입니다.

1단계. 원하는 웹 페이지의 html 문서를 싹 긁어온다.(requests 패키지)
2단계. 긁어온 html 문서를 파싱(Parsing)한다.(beautifulsoup 패키지)
3단계. 파싱한 html 문서에서 원하는 것을 골라서 사용한다.(beautifulsoup 패키지)

그럼 지금부터 특정 키워드를 네이버 뉴스 페이지에서 검색한 결과를 크롤링해 보면서 정적 웹 크롤링 방법을 자세히 알아봅시다.

8.4.2 HTML 가져오기

1단계인 HTML을 가져오기 위해서는 requests 패키지를 사용해서 크롤링하기 원하는 url 페이지의 html을 서버에 요청해야 합니다.

이를 위해서는 url을 입력해 주어야 하는데, url을 얻기 위해서 아래의 단계를 따라해 주세요.

크롬으로 네이버 접속 → 검색창에 키워드 입력 → 뉴스 탭 클릭 → 주소창의 url 클릭 후 복사

이번 과정에서는 '월드컵'을 검색해 보겠습니다.

[그림 8-8]

여러분들은 다른 키워드를 검색하셔도 되며, 여기서 얻은 url은 아래의 url 변수에 문자열로 입력해 주시면 됩니다.

아래는 requests 패키지를 가져온 다음, get( ) 함수를 이용해서 해당 url의 html을 받아오는 간단한 코드입니다. 코드는 내용이 간단하여서 주석으로 설명을 대신하겠습니다.

[코드]

```
# requests 패키지 가져오기
import requests

# 입력받은 키워드가 포함된 url 주소
url = 'https://search.naver.com/search.naver?where=news&sm=tab_jum&query=월드컵'

# requests의 get 함수를 이용해 해당 url로부터 html이 담긴 자료를 받아옴
response = requests.get(url)

# 얻고자 하는 html 문서가 여기에 담기게 됨
html_text = response.text
```

8.4.3 HTML 파싱하기

requests 패키지를 이용해서 원하는 html을 얻어왔다면 이를 사용하기 위해서 BeautifulSoup4 패키지를 이용해 파싱(Parsing)을 해주어야 합니다. **8.2**장에서 간단히 설명드렸듯이 파싱은 사용자가 원하는 부분을 잘 찾아낼 수 있도록 규칙화하여 인덱싱(Indexing)하기 쉬운 상태로 변환시켜주는 것을 말합니다.

[코드]

```
# BeautifulSoup 패키지 불러오기
from bs4 import BeautifulSoup as bs


# html을 잘 정리된 형태로 변환
html = bs(html_text, 'html.parser')
```

여기까지는 매우 간단하며 여러분들이 앞으로 활용하실 때 바꿔주실 부분은 url 정도입니다.

앞서 말씀드렸듯이 핵심은 지금부터 배울 내용인 원하는 정보만 쏙쏙 가져오는 방법입니다.

8.4.4 원하는 정보만 골라서 가져오기

1, 2단계를 지나면 가나다순으로 잘 정리된 서류함과 같이 HTML이란 문서가 잘 정리된 상태가 되었습니다.

우리가 누군가에게 부탁해서 어떤 문서를 찾아달라고 할 때, 몇 번째 서류함의 첫 번째 칸에서 제목이 '업무 자동화'인 문서를 찾아달라고 부탁한다면 빨리 찾을 수 있겠죠?

컴퓨터 역시 마찬가지입니다. 우리가 HTML에서 원하는 정보를 컴퓨터에 찾아달라고 명령하기 위해서는 앞서 배웠던 '태그' 혹은 '속성값'을 이용해서 원하는 내용을 명확히 알려주어야 합니다.

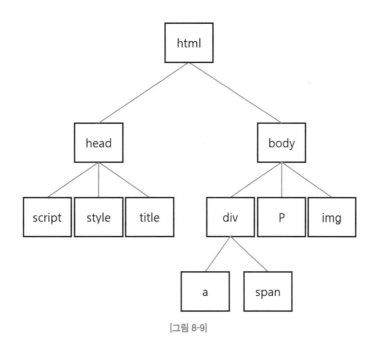

[그림 8-9]

이러한 역할을 할 수 있게 해주는 패키지가 beautifulsoup이며, 주로 사용하는 함수는 select( )와 select_one( ) 함수입니다. 참고로 비슷한 역할을 하는 find( )와 find all( ) 함수도 있지만 select가 더 직관적이고 수행 시간, 메모리 소모량 측면에서 더 뛰어나므로 이 책에서는 select( )와 select_ one( ) 함수만 소개해 드리도록 하겠습니다.

select( ) 함수는 여러 개를 리스트 형식으로, select_one( ) 함수는 가장 처음 것 하나를 선택해서 가져오는 함수라는 것과 태그와 속성값을 이용해서 선택한다는 것을 아시고 아래의 코드를 보시면 이해가 쉬우실 거예요.

[코드]

```
# select( ) - 조건을 만족하는 모든 태그를 찾아서 가져옴
a = html.select("p")   # 태그명으로 검색
b = html.select(".news_tit")   # 속성값(class name)으로 검색
c = html.select("#div.")   # 속성값(id)으로 검색
d = html.select("div.news_cluster")   # 태그와 속성값(class name)을 조합하여 검색

# select_one( ) - 조건을 만족하는 가장 앞의 태그를 찾아서 가져옴
e = html.select_one("p")   # 태그명으로 검색
f = html.select_one(".news_tit")   # 속성값(class name)으로 검색
g = html.select_one("#content")   # 속성값(id)으로 검색
```

이렇게만 보시면 감이 잘 안 오실 테니 예제를 보시면서 함께 알아보겠습니다.

1) 텍스트 추출 / .get_text( )

beautifulsoup를 이용한 텍스트 추출 방법은 아래와 같습니다.

1번. 우측 개발자 도구(단축키 F12)에서 커서 모양의 아이콘을 클릭

2번. 추출을 원하는 부분(여기서는 뉴스 제목)을 클릭

3번. 해당 부분의 HTML 태그를 분석하여 select( ) 함수로 추출

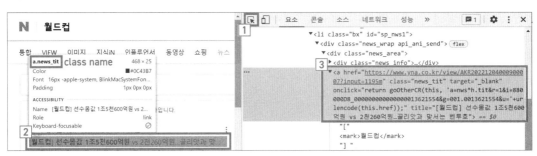

[그림 8-10]

뉴스 기사 제목의 html을 잘 보니 class의 속성값이 'news_tit'인 'a' 태그인 것을 확인할 수 있습니다. 다른 기사 제목도 확인해 보면 'news_tit'가 공통으로 사용하고 있는 class 이름인 것을 알 수 있습니다.

이러한 구조를 알았다면 select 함수의 괄호 안에 클래스 이름을 입력하여 원하는 부분의 html을 변수에 저장해 준 후에, for문과 .get_text( ) 함수를 이용해 주시면 됩니다.

[코드]

```
# 뉴스 제목 텍스트 추출

news_titles = html.select("a.news_tit")


for i in news_titles:
    title = i.get_text()
    print(title)
```

결과는 아래와 같이 출력됩니다.

[월드컵] 선수몸값 1조5천600억원 vs 2천260억원…골리앗과 맞서는 벤투호

日관방 부장관 "韓日, 월드컵 16강 이겨서 8강에서 맞붙길"

[월드컵] '아시아 최고' 손흥민vs'슈퍼스타' 네이마르…8강 길목 정면충돌

[월드컵] 또 세계 1위냐…한국, 톱랭커와 3번째 격돌 '역대 최다 동률'

[2022월드컵] '16강 쾌거' 태극전사 1인당 포상금 1.6억원…8강땐 얼마

월드컵 16강 진출에 편의점 웃었다…'가나 초콜릿' 깜짝 매출

새벽에도 모일까   월드컵 16강 진출에 '붉은 악마' 나섰다

尹, 월드컵 16강 진출 즉시 축전 "투지·열정 국민에 큰 감동"

[월드컵 NOW] 한국-브라질 16강전 주심, 우루과이전 휘슬 佛 '튀르팽'

월드컵 본선 실패 中감독에 분노…체포에 동상 철거

2) 링크 추출 / .attrs['href']

링크를 가져오고 싶을 때, 속성을 가져오는 .attrs['href'] 함수를 사용합니다. href 속성은 방금 가져온 news_titles 변수에 저장되어 있으므로, 따로 한 번 더 가져와 줄 필요 없이 바로 for문을 써줬습니다.

[코드]

```
# 뉴스 하이퍼링크 추출
for i in news_titles:
    href = i.attrs['href']
    print(href)
```

결과는 아래와 같이 출력됩니다.

https://www.yna.co.kr/view/AKR20221204000900007?input=1195m

https://biz.chosun.com/international/international_general/2022/12/04/HQCDE4QN6VGABMPFBGXAVBFYXQ/?utm_source=naver&utm_medium=original&utm_campaign=biz

https://www.yna.co.kr/view/AKR20221204001000007?input=1195m

https://www.yna.co.kr/view/AKR20221204018800007?input=1195m

https://news.jtbc.co.kr/article/article.aspx?news_id=NB12105695

https://economist.co.kr/2022/12/04/industry/distribution/20221204122749201.html

https://www.hankyung.com/sports/article/2022120433127

http://www.newsis.com/view/?id=NISX20221203_0002110096&cID=10301&pID=10300

http://news.tf.co.kr/read/soccer/1983754.htm

https://news.kbs.co.kr/news/view.do?ncd=5616209&ref=A

3. 이미지 추출 / .attrs['src']

다음으로는 이미지 추출입니다. 텍스트나 url 링크를 가져올 때와는 다르게 조금 길지만 어려워하실 필요 없습니다.

앞서 배우신 것과 같이 이미지 주소(src)를 갖고 있는 html을 news_thumnail 변수에 저장해 줍니다.

그다음엔 이미지 다운로드를 위해서 해당 주소들을 리스트 link_thumnail에 append 함수를 이용해 하나씩 담아주세요.

사진을 다운로드받아서 내 PC에 저장하기 위해서는 저장할 폴더를 만들고, src 주소를 이용해 다운로드해 주면 됩니다.

폴더 생성에는 os 모듈과 urllib.request 패키지의 urlretrieve 함수가 필요한데, 모두 다 파이썬 내장 라이브러리이므로 따로 설치할 필요 없이 import해 주시면 됩니다.

os 모듈과 경로에 대한 개념은 6장에서 다루었던 내용이므로 자세한 설명은 생략하도록 하겠습니다.

[코드]

```
# 뉴스 썸네일 이미지 추출
news_content_div = html.select(".news_contents")
news_thumbnail = [thumbnail.select_one(".thumb") for thumbnail in news_content_div]


link_thumbnail = []


for img in news_thumbnail:
    if img is not None and 'data-lazysrc' in img.attrs:
```

```
        link_thumbnail.append(img.attrs['data-lazysrc'])


import os


# path_folder의 경로는 각자 저장할 폴더의 경로를 적어줄 것
path_folder = r'C:\Users\sangwoo\Desktop\img_download'


# 이미지 저장할 폴더 생성
if not os.path.isdir(path_folder):
    os.mkdir(path_folder)


# 이미지 다운로드
from urllib.request import urlretrieve
i = 0
for link in link_thumbnail:
    i += 1
    urlretrieve(link, path_folder + f'\{i}.jpg')
```

[실행 결과]

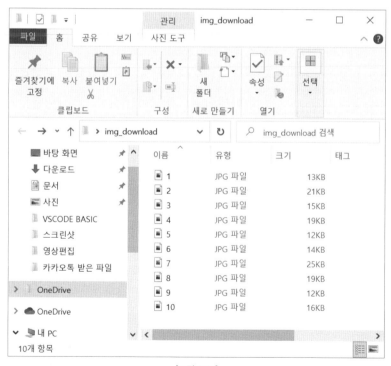

[그림 8-11]

동적 웹 크롤링하기

해시태그: #동적웹크롤링 #selenium #텍스트추출 #하이퍼링크추출 #이미지추출

8.5.1 동적 웹 크롤링 3단계

이번 시간에는 selenium 패키지를 이용한 '동적 웹 크롤링'에 대해 배워보겠습니다.

앞서 배운 정적 웹 크롤링과 개념은 비슷하지만 웹 드라이버를 이용해서 화면을 조작한다는 점에서 좀 더 복잡합니다.

1단계. selenium으로 크롬 드라이버를 실행하고 원하는 페이지로 이동한다.

2단계. 크롤링 혹은 조작하기 원하는 HTML을 찾는다.

3단계. 찾은 HTML의 내용을 가져오거나 조작한다.

8.5.2 크롬 드라이버 실행하고 원하는 페이지로 이동하기

1단계에 해당하는 크롬 드라이버를 실행하고 원하는 페이지로 이동하는 방법은 **8.2.1**항에서 다루었습니다. 아래와 같은 코드로 아주 간단하게 크롬 드라이버를 실행하고 네이버 뉴스 페이지로 이동할 수 있습니다.

```python
from selenium import webdriver # 셀레니움 웹 드라이버 제어 모듈
from selenium.webdriver.common.by import By # HTML 인덱싱을 위한 클래스
import time # 시간 지연을 위한 모듈

# 크롬 드라이버 실행
driver = webdriver.Chrome( )

# 크롬 드라이버에 url 입력 및 페이지 이동
driver.get('https://news.naver.com/')

time.sleep(2)
```

해당 코드를 실행하시면 아래와 같은 화면이 출력될 거예요.

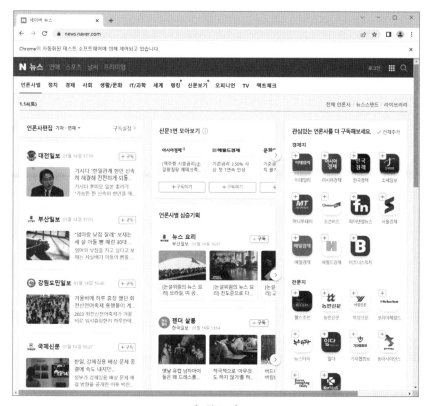

[그림 8-12]

8.5.3 원하는 HTML 인덱싱하기

크롬 드라이버를 이용해 원하는 페이지에 도달했다면 목표한 정보를 크롤링하기 위해서 필요한 html 요소를 살펴보고 인덱싱할 차례입니다.

8.5.2항과 8.5.3항에서는 네이버 뉴스에서 검색창에 원하는 키워드를 검색한 후 기사의 제목, url, 썸네일 등을 크롤링하는 예제를 통해 동적 웹 크롤링에 대해서 공부합니다.

selenium 패키지로 원하는 HTML을 인덱싱하기 위해서는 find_element와 find_elements 함수에 대해서 꼭 알아야 합니다.

쉬운 이해를 위해서 키워드 검색창을 찾는 코드를 먼저 보면서 더 설명해 드려볼게요.

```
# CLASS_NAME으로 검색
btn_search = driver.find_element(By.CLASS_NAME, 'Ntool_button._search_content_toggle_
btn')

# ID와 CLASS_NAME, TAG_NAME이 종합된 CSS_SELECTOR
btn_search = driver.find_element(By.CSS_SELECTOR, 'a.Ntool_button._search_content_
toggle_btn')

# 해당 HTML을 ID나 CLASS_NAME으로 정확히 인덱싱하기 힘든 경우 XPATH를 이용함
btn_search = driver.find_element(By.XPATH, '/html/body/section/header/div[1]/div/div/
div[2]/div[3]/a')
```

네이버 뉴스 페이지의 경우, 원하는 키워드를 검색하기 위해서는 돋보기 모양의 버튼을 눌러주어
야 검색 입력창이 출력됩니다. 이번 코드는 그 버튼을 찾는 코드이며, 모두 같은 기능을 하는 코드
이므로 무엇을 사용하셔도 무방합니다.

[그림 8-13]

Driver는 실행 중인 Chrome Driver(정확히는 활성화된 현재 탭)를 뜻하며, driver.find_element
는 현재 탭에 출력된 HTML에서 요소를 찾겠다는 의미로 이해하시면 됩니다. 무엇을 찾겠다는 내
용이 괄호 안에 쓰이게 됩니다.

괄호 안에 들어갈 수 있는 내용은 아래와 같으며, 주로 사용하는 로케이터는 TAG_NAME, ID, CLASS_NAME, CSS_SELECTOR, 그리고 XPATH 정도입니다.

로케이터(Locator)	설명
By.TAG_NAME	<p>, <div> 등과 같은 태그명으로 검색
By.ID	태그의 id 속성값을 이용하여 검색 (id 속성값은 페이지 내에서 유일하므로 find_element와 함께 사용)
By.CLASS_NAME	태그의 class 속성값을 이용하여 검색(class 속성값은 페이지 내에서 여러 개가 있으므로 주로 find_elements와 함께 사용)
By.CSS_SELECTOR	css 선택자로 검색(위의 3가지 로케이터를 합쳐놓은 개념)
By.XPATH	태그의 경로로 검색(사다리 타기처럼 html의 가장 시작부터 목표한 요소까지 태그를 타고 타고 내려온 경로를 xpath라고 함)
By.NAME	태그의 name값으로 검색
By.LINK_TEXT	링크 텍스트값으로 검색
By.PARTIAL_LINK_TEXT	링크 텍스트의 자식 텍스트값을 추출

 ## class나 id의 속성값에 빈칸이 존재하는 경우

위에서 돋보기 모양의 버튼을 클릭해서 클래스 이름을 보면 'Ntool_button _search_content_toggle_btn ' 입니다.

자세히 보면 button과 _search 사이에 빈칸이 하나 있는 걸 볼 수 있는데, 이런 경우는 빈칸 대신 .(dot)을 입력해 주어야 합니다.

그렇지 않으면 목표로 하는 web element를 찾지 못하는 문제가 발생할 수 있습니다.

알고 나면 간단하지만 모를 때는 정말 고생하는 내용이니 꼭 알고 넘어가시길 바랍니다.

```
▼<div class="Ngnb_tool">
  ▼<a href="javascript:;" class="Ntool_button _search_content_toggle_btn" onclick=
    "nclk(event,'gnb.sch','','');"> == $0
    <span class="Nicon_search">검색</span>
  </a>
```

[그림8-14]

8.5.4 인덱싱한 HTML 조작하기

여기까지 하셨으면 Chromedriver가 Selenium 패키지의 find_element 함수를 이용해서 원하는 html 요소를 찾은 상태입니다. 다음으로 할 일은 원하는 조작을 수행하도록 명령 내리는 일입니다.

여러 가지 명령어들이 있지만 자주 사용하는 명령어는 딱 두 가지입니다. 버튼을 클릭할 때 사용하는 click( ), 원하는 문자열을 입력할 때 사용하는 send_keys( )만 꼭 기억하세요.

1. 클릭, click( )

앞서 찾았던 돋보기 모양의 버튼을 클릭해 주면, 검색어를 입력할 수 있는 창이 출력됩니다. 우리의 목적은 검색창을 출력시킨 후, 검색어를 입력하여 검색하는 것이 목표입니다.

이번에도 마찬가지로 코드로 살펴보겠습니다.

[코드]

```
# 요소 인덱싱
btn_search = driver.find_element(By.CLASS_NAME, 'Ntool_button._search_content_toggle_
btn')

# 인덱싱한 요소 클릭
btn_search.click()

# 이렇게 한 번에 요소를 찾고 클릭할 수도 있음
driver.find_element(By.CLASS_NAME, 'Ntool_button._search_content_toggle_btn').click()
```

2. 원하는 키 입력, send_keys( )

이어서 새로 출력된 창의 입력창을 인덱싱하여 그곳에 원하는 문자열을 입력해 보겠습니다.

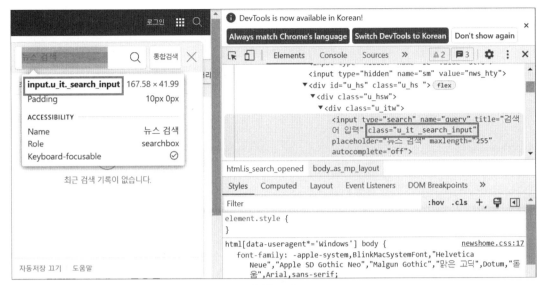

[그림 8-15]

[코드]

```python
box_search = driver.find_element(By.CSS_SELECTOR, 'input.u_it._search_input')
box_search.send_keys('파이썬')
```

검색창을 클래스 이름으로 찾아도 되지만, CSS_SELECTOR 로케이터로 찾아보았습니다. input 태그 중에서 클래스 이름이 'u_it _search_input'인 요소를 찾겠다는 의미입니다. 참고로 class는 .으로 표현하고, id는 #으로 표현해 줍니다.

이제 입력을 완료해 주었으니 검색을 하기 위해서 엔터를 눌러줄 차례입니다. 검색 버튼을 클릭할 수도 있지만 Keys 명령어를 사용하는 것이 요소를 찾는 번거로움을 줄여 주기 때문에 지금 소개해 드리는 방법을 추천해 드립니다.

마찬가지로 send_keys( ) 함수를 사용하지만 import를 활용해 Keys 클래스를 불러와 주어야 하는 점이 다릅니다.

[코드]

```python
from selenium.webdriver.common.keys import Keys
box_search.send_keys(Keys.ENTER)
```

이번에는 Keys.ENTER만 사용했지만 아래의 표를 참고하셔서 추후에 필요한 키를 찾아 활용해 보세요.

로케이터(Locator)	설명
Keys.ENTER Keys.RETURN	엔터
Keys.SPACE	스페이스
Keys.ARROW_UP Keys.ARROW_DOWN Keys.ARROW_LEFT Keys.ARROW_RIGHT	방향 키(상하좌우)
Keys.BACK_SPACE Keys.DELETE	지우기(백스페이스) 지우기(딜리트)
Keys.CONTROL Keys.ALT Keys.SHIFT Keys.TAB	자주 사용하는 기능키(Ctrl, Alt, Shift, Tab)
Keys.PAGE_UP Keys.PAGE_DOWN	스크롤 업 스크롤 다운
Keys.F1~9	F1 부터 F9(F+숫자)
Keys.EQUALS, Keys.ESCAPE, Keys.HOME, Keys.INSERT	기타 등등

8.5.5 인덱싱한 HTML 내용 가져오기

여기까지 따라오셨다면 아래의 화면과같이 새로운 탭에서 '파이썬'으로 검색한 결과가 출력된 상태일 것입니다.

[그림 8-16]

아시다시피 어떤 버튼이나 링크를 클릭했을 때, 기존 탭에서 새로운 내용이 출력되거나 새로운 탭에서 새로운 내용이 출력되는 경우로 나뉩니다. 전자의 경우엔 '탭 전환'에 대해서 모르셔도 무방하지만 두 경우를 모두 대응할 수 있는 실력을 기르기 위해서 잠시 탭 전환에 대한 내용을 공부해 보겠습니다.

[코드]

```python
tab_1st = driver.window_handles[0]
tab_2nd = driver.window_handles[1]

print("현재 탭 (switch 전): ", driver.current_window_handle)

# 두 번째 탭으로 창 변경
driver.switch_to.window(tab_2nd)

print("현재 탭 (switch 후): ", driver.current_window_handle)
```

```
현재 탭 (switch 전):  CDwindow-AB7007E30EBA54D63296BF0B9C3BDDF1
현재 탭 (switch 후):  CDwindow-EC99A6F1AF011B589A10A04E3E1885D4
```

driver는 window_handles라는 리스트를 갖고 있으며, 새로운 탭이 추가될 때마다 리스트 요소가 하나씩 추가됩니다. 해당 코드에서는 window_handles 리스트의 각 요소들을 tab_1st, tab_2nd 변수에 넣어준 후, switch_to 메소드를 이용해서 창(window)을 tab_2nd로 전환해 주었습니다.

위의 코드에서는 쉬운 이해를 위해서 tab_1st, tab_2nd 변수로 나누어 주었지만, 실제 사용하실 때에는 아래와 같이 사용하시면 간단합니다.

[코드]

```
# 두 번째 탭으로 창 변경
driver.switch_to.window(driver.window_handles[1])
```

이제 driver가 보고 있는 탭을 변경했으니 목표로 했던 뉴스 기사의 제목과 url 그리고 썸네일을 크롤링해 보겠습니다.

1. 텍스트 추출 / .text

selenium의 텍스트 추출은 아주 쉽습니다. 아래와 같이 원하는 정보의 html element들을 변수에 저장해 준 후에, for문과 .text 함수를 이용해 주시면 됩니다.

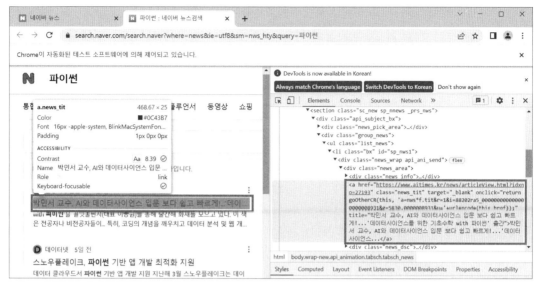

[그림 8-17]

개발자 도구(단축키: F12)로 뉴스의 제목을 살펴보니 클래스 이름이 'news_tit'인 것을 확인할 수 있습니다. find_elements 함수로 인덱싱한 것을 'news_titles'라는 변수에 넣어주면 해당 변수에는 10개의 WebElement가 저장됩니다.

이때 WebElement는 selenium에서 정의한 자료형이므로 이것을 활용하기 위해서는 selenium에서 정의한 명령어를 이용해 주어야 합니다. 그 명령어가 바로 .text입니다.

[코드]

```
news_titles = driver.find_elements(By.CLASS_NAME, 'news_tit')

for i in news_titles:
    title = i.text
    print(title)
```

[결과]

박민서 교수, AI와 데이터사이언스 입문 보다 쉽고 빠르게!...'데이터사이언스...

스노우플레이크, 파이썬 기반 앱 개발 최적화 지원

금투협, '파이썬 입문과 금융모델링 실습' 과정 개설

문과생의, 문과생에 의한, 문과생을 위한 파이썬 클래스

YBM커리어캠퍼스, COS PRO파이썬 자격증 시험응시료 0원 이벤트 실시

최형광 칼럼 | '챗 GPT'와 새로운 깐부의 탄생

해외 보안 연구원, 파이썬에서 프로토타입 오염과 유사한 버그 변종 발견

"기업서 수요 높은 스킬은 자바스크립트, 자바, 파이썬"

[기고] 도서로 본 IT "불황에도 개발자 러시는 현재 진행형"

Do it! 게임 10개 만들며 배우는 파이썬

2. 링크 추출 / .get_attribute['href']

링크를 가져오고 싶을 때, 속성을 가져오는 .get_attribute('href')를 사용합니다. href 속성은 방금 가져온 news_titles 변수에 저장되어 있으므로, 따로 한 번 더 가져와 줄 필요 없이 바로 for문을 써 줬습니다.

[코드]

```
# 뉴스 하이퍼링크 추출

for i in news_titles:
    href = i.get_attribute('href')
    print(href)
```

[결과]

https://www.aitimes.kr/news/articleView.html?idxno=27193

http://www.datanet.co.kr/news/articleView.html?idxno=180268

https://www.dailian.co.kr/news/view/1194352/?sc=Naver

http://ch.yes24.com/Article/View/52590

http://www.beyondpost.co.kr/view.php?ud=20230117143450902167114f971d_30

https://www.ciokorea.com/news/274087

https://www.codingworldnews.com/news/articleView.html?idxno=14529

https://www.ciokorea.com/news/273169

https://it.chosun.com/site/data/html_dir/2023/01/15/2023011500233.html

http://www.kyosu.net/news/articleView.html?idxno=98715

3. 이미지 추출 / .get_attribute['src']

다음으로는 이미지 추출입니다. 텍스트나 url 링크를 가져올 때와는 다르게 조금 길지만 어려워하실 필요는 없어요.

앞서 배우신 것과 같이 이미지 주소(src)를 갖고 있는 WebElement를 news_thumnail 변수에 저장해 줍니다.

그다음엔 이미지 다운로드를 위해서 해당 주소들을 리스트 link_thumnail에 append 함수를 이용해 하나씩 담아주세요.

사진을 다운로드받아서 내 PC에 저장하기 위해서는 저장할 폴더를 만들고, src 주소를 이용해 다운로드해 주면 됩니다.

폴더 생성에는 os 모듈과 urllib.request 패키지의 urlretrieve 함수가 필요한데, 모두 다 파이썬 내장 라이브러리이므로 따로 설치할 필요 없이 import해 주시면 됩니다.

os 모듈과 경로에 대한 개념은 6장에서 다루었던 내용이므로 자세한 설명은 생략하도록 하겠습니다.

[코드]

```python
# 스크롤 내리기 (모든 썸네일 이미지 로딩을 위함)
driver.execute_script("window.scrollTo(0, document.body.scrollHeight);")
time.sleep(2)


#뉴스 썸네일 이미지 다운로드
news_content_div = driver.find_elements(By.CLASS_NAME, 'news_contents')
news_thumbnail = []
for i in news_content_div:
    try:
        thumbnail = i.find_element(By.CLASS_NAME, "thumb")
        news_thumbnail.append(thumbnail)
    except:
        pass


link_thumbnail = [img.get_attribute('src') for img in news_thumbnail]
```

```
# 이미지 저장할 폴더 생성
import os

# path_folder의 경로는 각자 저장할 폴더의 경로를 적어줄 것
path_folder = r'C:\Users\sangwoo\Desktop\img_download'

if not os.path.isdir(path_folder):
    os.mkdir(path_folder)

# 이미지 다운로드
from urllib.request import urlretrieve

i = 0
for link in link_thumbnail:
    i += 1
    urlretrieve(link, path_folder + f'\{i}.jpg')
    time.sleep(0.3)
```

[결과]

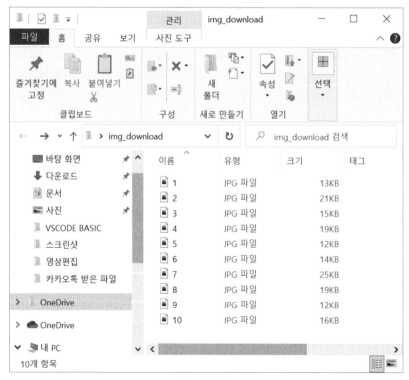

[그림 8-18]

연습하기

8.6.1 잡플래닛 리뷰 크롤링하기

그럼 이번 챕터에서 배운 내용을 토대로 기업 평점/리뷰 사이트로 유명한 잡플래닛에 로그인하고, 원하는 회사의 리뷰 정보를 크롤링해서 엑셀에 저장하는 것을 연습해 보겠습니다. 코드를 설명해 드리기에 앞서 잡플래닛의 기업 리뷰를 모두 보기 위해서는 다음의 조건이 갖춰져야 합니다.

1) 잡플래닛 '이메일로 가입하기'로 회원 가입

2) 기업 리뷰 하나 작성

[그림 8-19]

자 그럼 위의 조건이 갖춰졌다고 생각하고 코드 설명을 시작해 보겠습니다.

step 1 프로젝트를 진행하는 데에 필요한 웹 크롤링 관련 패키지(selenium, webdriver_manager)와 딜레이를 위한 time 모듈, 리스트를 테이블로 만들어 엑셀에 저장하기 위한 pandas, 마지막으로 올림 계산을 위한 math 모듈을 import해 줍니다.

[코드]

```
# step 1. 프로젝트에 필요한 패키지 불러오기
from selenium import webdriver
from selenium.webdriver.common.keys import Keys
from selenium.webdriver.common.by import By
import time
import pandas as pd
import math
```

step 2 방금 잡플래닛에 가입할 때 정한 메일 주소와 비밀번호, 그리고 리뷰가 필요한 기업 이름을 변수에 저장해 줍니다.

[코드]

```
# step 2. 로그인 정보 및 검색할 회사 미리 정의
USR = "잡플래닛 ID(e-mail 주소)"
PWD = "비밀번호"
QUERY = "네이버랩스"
```

step 3 로그인 함수를 정의해 줍니다. 로그인 함수는 driver, usr, pwd를 입력받아서, 잡플래닛 로그인 페이지로 이동한 뒤 로그인 정보(usr, pwd)를 입력창에 입력하고 엔터를 눌러줍니다. 이때 시간이 걸릴 수 있으므로 5초 정도 기다려 줍니다.

[코드]

```
# step 3. 크롬드라이버 실행 및 잡플래닛 로그인 함수
def login(driver, usr, pwd):
    driver.get("https://www.jobplanet.co.kr/users/sign_in?_nav=gb")
    time.sleep(5)

    # 아이디 입력
    login_id = driver.find_element(By.ID, "user_email")
```

```
    login_id.send_keys(usr)

    # 비밀번호 입력
    login_pwd = driver.find_element(By.ID, "user_password")
    login_pwd.send_keys(pwd)

    # 로그인 버튼 클릭
    login_id.send_keys(Keys.RETURN)
    time.sleep(5)
```

step 4 로그인을 하고 나서는 검색창에 타깃 회사명을 입력했을 때 가장 앞에 나타난 회사를 클릭해 줍니다. 추가적으로 클릭 후에 나타나는 팝업창은 x 버튼을 눌러서 제거해 주는 코드도 있습니다. 참고로 해당 팝업창은 크롬으로 실행할 때는 안 나타나지만 크롬 드라이버 실행할 때는 나타납니다.

[그림 8-20]

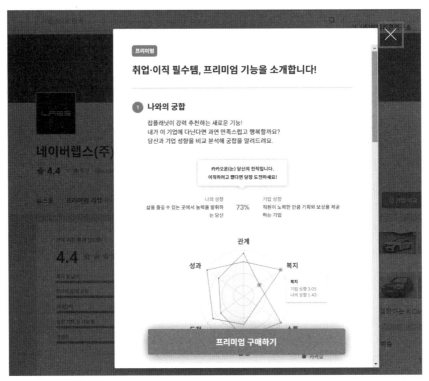

[그림 8-21]

[코드]

```python
# step 4. 원하는 회사의 리뷰 페이지까지 이동 함수
def go_to_review_page(driver, query):

    # 검색창에 회사명 입력
    search_query = driver.find_element(By.ID, "search_bar_search_query")
    search_query.send_keys(query)
    search_query.send_keys(Keys.RETURN)
    time.sleep(3)

    # 회사명 클릭
    driver.find_element(By.CLASS_NAME, "tit").click()
    time.sleep(5)

    # 팝업창 제거
    driver.find_element(By.CLASS_NAME, "btn_close_x_ty1").click()
    time.sleep(3)
```

step 5 HTML의 style에 저장된 문자열을 별점(1~5점)으로 변경시키는 함수입니다. 참고로 100%가 5점, 20%가 1점입니다.

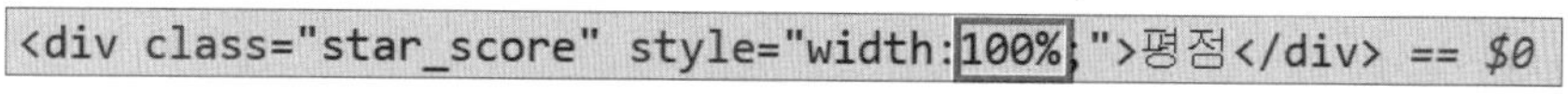

<div class="star_score" style="width:100%;">평점</div> == $0

[그림 8-22]

[코드]

```
# step 5. 별점 변환 함수
def parse_star_rating(style_attribute):
    if len(style_attribute) == 11:
        rating_value = int(style_attribute[7:9])
        return f"{rating_value // 20}점"
    else:
        return "5점"
```

step 6 가장 핵심이 되는 데이터 수집 함수입니다. 리뷰 개수를 파악할 때는 class명이 'num'인 것들이 매우 많아서 id를 속성값으로 가지는 바로 상위 태그를 먼저 가져온 후에 그 안에서 'num'을 한 번 더 찾은 점 주의 깊게 봐주세요.

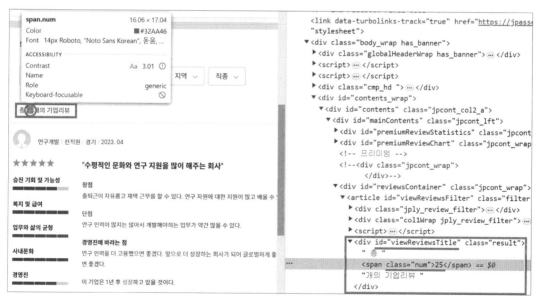

[그림 8-23]

```
# step 6. 데이터 크롤링 함수 (직무/근속 여부/일시/요약/평점/장점/단점/경영진에게 바라는 점)
def scrape_data(driver):
    list_div = []
    list_cur = []
    list_date = []
    list_stars = []
    list_summery = []
    list_merit = []
    list_disadvantages = []
    list_managers = []

    # 크롤링 할 리뷰 개수 파악
    review_count = driver.find_element(By.ID, "viewReviewsTitle")
    review_count = review_count.find_element(By.CLASS_NAME, "num").text
```

함수가 길어서 중간중간 설명을 드리겠습니다. 잡플래닛의 경우, 한 페이지당 리뷰가 5개씩 존재합니다. ceil 함수는 올림 함수로, 리뷰 수를 5로 나눴을 때 딱 떨어지지 않는 경우 올림 처리 하여페이지 수를 구합니다. 예를 들어 리뷰가 22개일 때와 25개일 때 모두 페이지 수가 5가 되는 것이죠.

```
# 크롤링할 페이지 수 파악
page = math.ceil(int(review_count)/5)
```

다음은 계산한 페이지 수만큼 for문을 돌면서 각 페이지당 최대 5개씩 존재하는 리뷰 상자(div.content_wrap) 안의 정보들을 크롤링해 줄 차례입니다. 해당 태그 안에는 각 class 이름 기준으로아래와 같은 정보들이 존재합니다.

1) 직무/재직 여부/작성 날짜
2) 리뷰 요약
3) 장점, 단점, 경영진에게 바라는 점
4) 별점

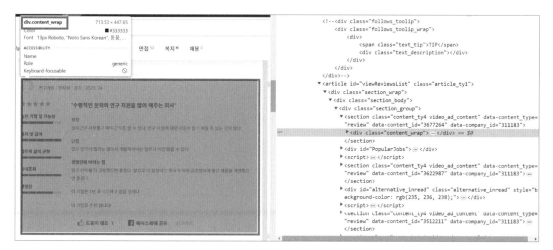

[그림 8-24]

각 정보들을 find_element 혹은 find_elements 함수로 찾아서 text를 추출해 주시면 되는데, 이때 작성 날짜가 없거나 리뷰가 신고를 당해서 2, 3, 4번 항목들이 존재하지 않는 경우가 있습니다. 이 부분을 try - except라는 예외처리 구문으로 처리해 주었습니다.

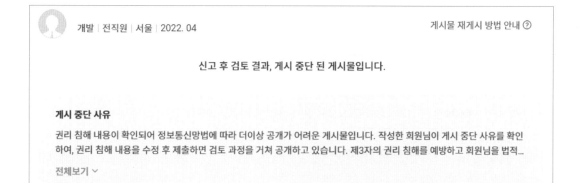

[그림 8-25]

[그림 8-26]

```python
    for _ in range(page):

        review_box = driver.find_elements(By.CLASS_NAME, "content_wrap")

        # 페이지당 최대 5개의 리뷰 박스 존재
        for i in review_box:

            user_info = i.find_elements(By.CLASS_NAME, "txt1")

            # 직무
            division = user_info[0].text
            list_div.append(division)

            # 재직 여부
            current = user_info[1].text
            list_cur.append(current)

            # 날짜
            try:
                date = user_info[3].text
                list_date.append(date)

            except: # 날짜 없는 경우 예외처리
                date = "날짜 없음"
                list_date.append(date)

            # 리뷰 요약
            try:
                summary = i.find_element(By.CLASS_NAME, "us_label ")
                list_summery.append(summary.text)

            except: # 신고로 인해 리뷰 요약 없는 경우 예외처리
                summery_ban = i.find_element(By.CLASS_NAME,
                "cont_discontinu.discontinu_category")
                list_summery.append(summery_ban.text)
                list_merit.append(summery_ban.text)
                list_disadvantages.append(summery_ban.text)
```

```
        list_opinions.append(summery_ban.text)

    # 장점, 단점, 경영진에게 바라는 점
    try:
        contents = i.find_elements(By.CLASS_NAME, "df1")

        merit = contents[0].text
        list_merit.append(merit)

        disadvantage = contents[1].text
        list_disadvantages.append(disadvantage)

        opinion = contents[2].text
        list_opinions.append(opinion)

    except:
        pass

    try:
        stars = driver.find_elements(By.CLASS_NAME, "star_score")
        for star in stars:
            list_stars.append(parse_star_rating(star.get_attribute('style')))
    except:
        list_stars.append("별점 없음")

try:
    driver.find_element(By.CLASS_NAME, "btn_pgnext").click()
    time.sleep(10)
except:
    pass
```

for문을 빠져나오게 되면 각 리스트들에 정보가 가득 들어있는 상태입니다. 이를 판다스 데이터 프레임으로 묶어 함수의 리턴값으로 반환합니다.

```
    total_data = pd.DataFrame({
        '날짜': list_date,
        '직무': list_div,
        '고용 현황': list_cur,
        '별점': list_stars,
        '요약': list_summery,
        '장점': list_merit,
        '단점': list_disadvantages,
        '경영진에게 바라는 점': list_opinions
    })


    return total_data
```

step 7 메인 함수를 정의해 준 다음에 이를 실행해 줍니다. 메인 함수 안에서는 크롬 드라이버를 실행시키고, login 함수, go_to_review_page 함수, scrape_data 함수 등을 차례대로 호출합니다. 이를 통해 리턴된 데이터 프레임을 엑셀로 저장한 후, 크롬 드라이버를 종료하게 됨으로써 프로그램은 끝나게 됩니다.

[코드]

```
def main():
    # ChromeDriver Manager로 ChromeDriver 자동 다운로드
    # 크롬 드라이버 실행
    driver = webdriver.Chrome( )
    login(driver, USR, PWD)
    go_to_review_page(driver, QUERY)
    total_data = scrape_data(driver)
    total_data.to_excel(f"잡플래닛 리뷰 총정리_{QUERY}.xlsx", index=True)
    driver.close()

if __name__ == "__main__":
    main()
```

Chapter 9

마우스와 키보드

어느 직장인의 이야기 9.

이번 주는 몰래컴퍼니의 워크숍 겸 체육대회가 있습니다. 이번 워크숍은 직원들뿐만 아니라 직원들의 가족들도 참가하는 큰 행사입니다. 손 사원은 정 사장님의 지시를 받아 직원 및 가족들의 명찰을 제작하고 있습니다. 엑셀 명단을 통해 복사(Ctrl+C), 붙여넣기(Ctrl+V) 반복입니다. 손 사원은 반복적인 작업에 지루함을 느끼며 크게 하품을 합니다.

손 사원 : '아, 지겹다… 이런 업무는 왜 항상 나의 것일까? 나는 막내를 언제 탈출할 수 있지?'

손 사원은 잠시 쉬는 김에 지금 하고 있는 업무를 자동화할 수 없는지 방법을 찾아보기로 합니다. 그러던 중 PyAutoGUI라는 파이썬 자동화 라이브러리를 발견합니다.

손 사원 : '왠지 이걸 쓰면 복사, 붙여넣기를 자동화할 수 있지 않을까?'

라이브러리 소개

해시태그: #데스크톱자동화 #매크로 #pyautogui

9.1.1 PyAutoGUI란?

PyAutoGUI는 마우스/키보드 자동제어를 위한 패키지입니다. 흔히 알고 계시는 수강 신청, 콘서트 티켓 예매 매크로 같은 것을 가능케 하는 것이라 이해하시면 되겠습니다.

흔히 운영체제(OS)에 관계없이 모두 사용 가능한 패키지를 크로스 플랫폼이라고 부르는데, PyAutoGUI가 바로 크로스 플랫폼 패키지입니다. 즉 Window, macOS, Linux와 같은 대중적인 운영체제에 모두 적용이 가능하다는 말입니다.

9.1.2 PyAutoGUI 설치

터미널 창에 아래의 코드를 입력하고 엔터를 눌러주세요.

```
pip install pyautogui
```

마우스 조작하기

해시태그: #마우스제어 #이동 #클릭 #드래그 #스크롤

9.2.1 모니터 해상도와 마우스 현재 위치 얻기

PyAutoGUI는 크게 마우스와 키보드 조작 기능으로 나눌 수 있습니다. 그리고 마우스 조작을 위해서는 좌표에 대한 이해가 필요합니다.

PyAutoGUI는 모니터 화면의 가장 왼쪽 위 꼭짓점을 영점(0, 0)으로 하며, 픽셀 단위로 x, y좌표를 가집니다.

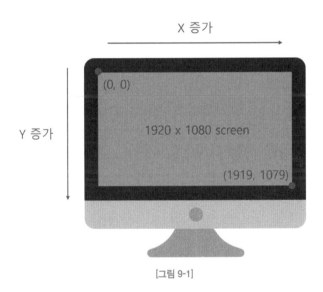

[그림 9-1]

여러분들의 모니터 해상도와 현재 마우스 위치를 확인해 보기 위해서 아래의 코드를 실행해 봅시다.

[코드]

```
import pyautogui
```

```python
# 현재 사용하는 모니터의 해상도 출력
print(pyautogui.size())

# 현재 마우스 커서의 위치 출력
print(pyautogui.position())
```

[결과]

```
>>> Size(width=1680, height=1050)
>>> Point(x=1675, y=18)
```

 ## 마우스 현재 위치 실시간으로 파악하기

매크로를 만들 때 가장 많이 이용하는 기능은 '마우스로 원하는 버튼을 클릭'하는 일일 것입니다. 그리고 원하는 버튼을 클릭하기 위해서는 모니터 상에서 마우스를 어디로 이동시켜야 하는지 좌표를 모두 파악해야 합니다.

이럴 때 유용하게 사용할 수 있는 기능이 mouseInfo( ) 함수입니다.

```python
pyautogui.mouseInfo()
```

코드를 실행하시면 아래와 같은 창이 뜨면서 실시간으로 XY Position이 나오는 것을 확인하실 수 있습니다. 원하신다면 XY 좌표나 RGB 정보를 복사하거나 로그를 남길 수도 있지만 실시간으로 출력되는 좌표만 확인해서 코드에 반영해도 충분할 것이라고 생각됩니다.

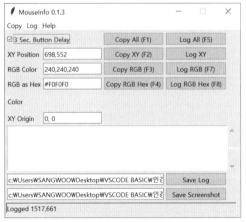

[그림 9-2]

9.2.2 이동

마우스를 이동하는 방법은 두 가지가 있습니다. 위에서 언급한 영점을 기준으로 좌표를 찍어 이동하는 절대 좌표 이동과 현재 커서의 위치를 기준으로 지정한 만큼 이동하는 상대 좌표 이동입니다. 코드를 보시면 바로 이해 가실 거예요!

```
# 절대 좌표로 이동
pyautogui.moveTo(100, 100)                # 100, 100 위치로 즉시 이동
pyautogui.moveTo(200, 200, duration=0.5)  # 200, 200 위치로 0.5초간 이동

# 상대 좌표로 이동
pyautogui.move(100, 100, duration=1)      # 현재 위치 기준으로 100, 100만큼 1초간 이동
```

9.2.3 클릭

마우스를 이동하는 법을 배웠으면 클릭하는 법도 배워야겠죠? 단순하지만 정말 많이 사용하실 함수가 click( ) 함수입니다. 옵션에 따라서 더블 클릭, 우클릭 등이 가능하답니다.

1. 단순 클릭

단순히 해당 위치에서 클릭을 수행합니다.

[코드]

```
pyautogui.click()
```

2. 원하는 위치 클릭

위에서 배웠던 절대 좌표 이동과 단순 클릭이 합쳐진 개념입니다. duration 옵션을 사용하면 마우스가 해당 좌표까지 이동하는 시간도 설정이 가능합니다. 만약 설정하지 않으면 즉시 이동합니다.

[코드]

```
# 절대 좌표 200, 200 위치로 이동 후 클릭
pyautogui.click(200, 200)

# 절대 좌표 200, 200 위치로 2초 동안 이동 후 클릭
pyautogui.click(200, 200, duration=2)
```

3. 클릭 횟수 & 좌/우 클릭 설정

해당 위치에서 총 2번 클릭하며, 0.2초의 시간을 두고 더블 클릭을 수행합니다. 주로 더블 클릭은 좌클릭이지만 이번 코드에서는 옵션 설명을 위해서 오른쪽 버튼을 클릭하도록 하였습니다.

[코드]

```
pyautogui.click(clicks=2, interval=0.2, button='right')
```

참고로, button 옵션을 설정 안 하면 기본적으로 왼쪽 버튼으로 클릭하며, 'middle'과 'right', 'left' 를 옵션으로 넣어줄 수 있습니다.

9.2.4 드래그

마우스를 드래그하는 경우도 종종 있습니다. 사용법은 click 함수와 거의 같으며, dragTo 함수를 쓰면 절대 좌표, dragRel을 사용하면 상대 좌표를 기준으로 드래그합니다.

[코드]

```
# 1초간 절대 좌표 400, 400 위치로 이동 후 클릭
pyautogui.click(400, 400, duration=1)
# 절대 좌표 500, 500으로 2초간 드래그
pyautogui.dragTo(500, 500, 2, button='left')

# 현재 마우스 위치 기준으로 300, 300 범위만큼 왼쪽 버튼으로 드래그
pyautogui.dragRel(300, 300, 2, button='left')
```

9.2.5 스크롤

마우스 휠로 페이지의 스크롤을 내리고 올리는 것도 아래의 코드로 가능합니다.

[코드]

```
# 양수이면 위, 음수이면 아래
pyautogui.scroll(-100)
pyautogui.scroll(100)
```

키보드 조작하기

해시태그: #키보드제어 #문자입력 #단축키입력

이번 시간에는 지난 시간에 이어 PyAutoGUI 패키지로 키보드를 조작하는 법을 공부해 보겠습니다.

키보드가 작동하는 것을 확인하려면 일단 메모장을 켜주세요. 메모장이 아니더라도 입력이 가능한 프로그램이면 뭐든지 가능합니다. 저의 경우엔 그냥 VS code 코딩 창을 이용했습니다.

9.3.1 문자 입력하기

가장 기본적인 write 함수로서 문자열이나 리스트의 요소를 입력하는 함수입니다. interval 옵션은한 글자를 입력하는 사이 간격을 설정해 주는 옵션입니다. 만약 설정하지 않으면 코드 실행 즉시모든 문자가 입력됩니다.

[코드]

```
# 문자열 입력
pyautogui.write('Hello world!', interval=0.2)
# 리스트 입력
pyautogui.write(['H', 'e', 'l', 'l', 'o'], interval=0.2)
```

9.3.2 기능키 입력하기

press 함수를 이용하면 ctrl과 shift와 같은 기능키를 입력할 수도 있습니다. 참고로 press 함수로앞서 배운 문자열 입력을 할 수도 있지만 그건 write 함수가 더 편하기 때문에 주로 기능키 입력에만 사용한답니다.

기능키를 이용하실 때에는 반드시 '영어' 입력으로 설정되어 있어야 정상 작동 하는 점 주의해 주세요. 직접 한/영 키로 바꾸실 수도 있고, 아래 표의 가장 마지막을 참고하셔서 한/영 전환을 코드로 구현하실 수도 있습니다.

```
pyautogui.press('원하는 기능키')
```

입력이 가능한 기능키는 아래와 같습니다.

키	기능
'a', 'b', 'c', 'A', 'B', 'C', '1', '2', '3', '!', '@', '#' 등등	알파벳, 숫자, 특수문자 등등
'enter' (or 'return' or '\n')	ENTER
'esc'	ESC
'shift', 'shiftleft', 'shiftright'	SHIFT, 왼쪽/오른쪽 SHIFT
'alt', 'altleft', 'altright'	ALT, 왼쪽/오른쪽 ALT
'ctrl', 'ctrlleft', 'ctrlright'	CTRL, 왼쪽/오른쪽 CTRL
'tab' (or '\t')	TAB
'space'	SPACE
'backspace', 'delete', 'del'	BACKSPACE, DELETE
'pageup', 'pagedown', 'pgdn', 'pgup'	PAGE UP, PAGE DOWN
'home', 'end'	HOME, END
'up', 'down', 'left', 'right'	방향 키
'f1', 'f2', 'f3', and so on	F1 ~ F12
'pause'	PAUSE
'capslock', 'numlock', 'scrolllock'	CAPS LOCK, NUM LOCK, SCROLL LOCK
'insert'	INSERT
'printscreen'	화면 캡처
'winleft', 'winright'	오른쪽/왼쪽 윈도우 키(Windows 전용)
'command'	Command(macOS 전용)
'option'	OPTION(macOS 전용)
hanguel', 'hangul',	한/영 전환

표에 있는 기능키 외에도 사용 가능한 키를 확인해 보시려면 아래의 코드로 확인 가능합니다.

[코드]

```
print(pyautogui.KEYBOARD_KEYS)
```

9.3.3 조합 키 입력하기

키를 하나가 아니라 동시에 눌러줘야 하는 경우가 있습니다. 단축키처럼 말이죠.

이 기능을 이용하면 여러분들이 아시는 단축키를 모두 사용할 수 있으니 참 유용하겠죠?

[코드]

```
# 붙여넣기 단축키
pyautogui.hotkey("ctrl", "c")
```

아래와 같이 KeyDown과 KeyUp으로 구현할 수도 있지만 훨씬 간단한 hotkey 함수를 사용하시는 것을 추천해 드립니다.

[코드]

```
# 같은 기능 (비추천)
pyautogui.keyDown("ctrl")
pyautogui.keyDown("c")
pyautogui.keyUp("c")
pyautogui.keyUp("ctrl")
```

한글 입력

아쉽게도 write 함수로는 한글을 입력할 수가 없답니다. 그래서 pyperclip이라는 패키지를 이용해서 클립보드에 잠시 한글을 저장해 뒀다가 붙여 넣는 방식을 사용해야 합니다.

먼저 아래의 코드를 커맨드 창에 입력하셔서 pyperclip 패키지를 설치합니다.

```
pip install pyperclip
```

설치를 완료하셨다면 pyperclip을 import해 주시고, 아래와 같이 원하는 한글 문자열을 저장했다가 Ctrl+V 단축키로 붙여 넣어 주면 끝이랍니다. 간단하죠?

```python
import pyperclip
pyperclip.copy("한글 문자열 입력") # "한글 문자열 입력"을 클립보드에 저장
pyautogui.hotkey("ctrl", "v") # 클립보드에 있는 내용을 붙여넣기
```

9.4 화면 이미지 인식하기

해시태그: #이미지기반마우스이동 #캡처이미지

이번에는 직접 좌표를 지정해서 마우스를 움직이는 방법이 아니라, 화면에서 클릭하려는 이미지를 캡처 & 저장 해놓고 그 이미지의 좌표를 찾아가는 방법에 대해서 배워보겠습니다. 시작하기 전에 알고 계셔야 하는 것이 있는데, 이미지 인식 기능은 듀얼 모니터 사용 시, 주 모니터(1번 모니터)에서만 작동한다는 것입니다. 듀얼 모니터를 사용하신다면 꼭 기억해 주세요.

혹시나 화면을 캡처하시는 방법을 모르신다면 윈도우 찾기 창에 '캡처 도구'를 검색하셔서 실행해 주세요. 단축키는 'Shift + Windows 로고 키+S'입니다.

9.4.1 캡처한 이미지로 좌표 얻기

우리가 주로 사용하는 구글 검색창에 있는 마이크 모양을 캡처해서 저장한 후, 해당 이미지의 좌표를 얻어보겠습니다. 좌표만 얻는다면 위에서 배운 마우스 이동과 클릭 함수를 이용해서 원하는 기능을 구현할 수 있겠죠?

[그림 9-3]

시작하기에 앞서 이미지를 신속하고도 정확하게 인식하기 위해서는 'OpenCV'라는 이미지 처리 분야에서 아주 유명한 패키지를 설치해 주어야 합니다. cmd 창에서 아래의 명령어를 실행해 주세요. 이 패키지를 설치하지 않으면 이미지를 찾지 못하는 경우가 많이 발생하며, 찾더라도 시간이

엄청 걸리니 꼭 설치해 주세요!

```
pip install opencv-python
```

캡처한 이미지의 좌표를 얻으려면 locateOnScreen( ) 함수를 사용하시면 됩니다. 이때 괄호 안의 이미지는 같은 디렉터리에 위치해야 작동합니다. 굳이 이미지 파일을 다른 폴더에 위치시키고 싶다면 해당 이미지 파일의 절대 경로를 입력해 주어야 합니다.

[코드]

```
# pyautogui 패키지 불러오기
import pyautogui

# 캡처해서 저장해 둔 이미지 위치 찾기 (confidence 파라미터로 매칭 정확도 조정 가능)
img_capture = pyautogui.locateOnScreen("google_mic.png", confidence=0.8)

# img_capture 변수에 들어있는 값 확인해 보기
print(img_capture)

# 해당 위치로 마우스 커서 이동
pyautogui.moveTo(img_capture)
```

이미지의 경로가 제대로 설정되지 않은 경우에는 에러가 출력되며, 경로는 정확하지만 화면상에서 해당 이미지를 못 찾았을 때는 None(값이 없음을 의미)을 돌려줍니다. 분명 이미지가 있는데 못 찾는 경우가 있습니다. 이런 경우는 두 가지 대응법이 있습니다.

1. confidence 파라미터를 조절

confidence 파라미터는 우리가 캡처한 이미지와 얼마만큼 일치하는 이미지를 찾을지 설정하는 옵션입니다. 설정하지 않았을 때는 100% 일치하는 값을 찾기 때문에 계산 오차에 의해서 찾지 못하는 경우가 있습니다. 이런 경우에는 confidence값을 조금씩 낮춰가면서 테스트를 하며 적당한 값을 넣어주어야 합니다. 참고로 0.9는 90%, 0.75는 75% 일치를 의미합니다.

2. 캡처할 당시의 이미지 크기와 화면상의 이미지 크기가 다를 때

사람마다 사용하는 모니터의 해상도는 다를 수 있습니다. 사람의 눈으로는 크기가 조금 달라진 동일한 이미지는 당연히 같다고 판단하지만 컴퓨터는 그런 판단을 하지 못합니다. 때문에 저장된 이미지와 화면상의 이미지 크기를 동일하게 맞춰 주어야 코드가 잘 작동합니다.

9.4.2 캡처한 이미지가 여러 개일 때 좌표 얻기

만약 화면에서 찾아서 클릭하고 싶은 이미지가 여러 개 있는 경우는 어떻게 해야 할까요? 이런 경우에는 locateAllOnScreen 함수를 사용하시면 됩니다. 간단하게 실습해 보시려면 유튜브 영상을 하나 선택하신 후, 좋아요 버튼을 찾아보는 것을 추천해 드립니다.

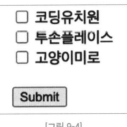

[그림 9-4]

[코드]

```
targets = pyautogui.locateAllOnScreen("checkbox.png", confidence=0.93)

for i in targets:
    print(i)
    # pyautogui.moveTo(i, duration=3)
```

이때 주의하실 점은 print( ) 함수를 이용해서 내가 찾고자 하는 이미지의 개수와 locateAllOnScreen( )으로 화면에서 찾은 이미지 개수가 동일한지 확인하는 일입니다. confidence 파라미터로 매칭 정확도를 낮추다 보면 같은 이미지가 중복으로 찾아지는 경우가 있기 때문입니다. 적절한 confidence값을 찾는 것이 중요합니다.

예를 들어 위와 같은 상황에서 '투손플레이스'에만 체크를 하고 싶다면 targets의 1번 인덱스를 클릭하면 되겠습니다.

[코드]

```
targets = pyautogui.locateAllOnScreen("checkbox.png", confidence=0.93)

#2번째 좌표 클릭 (targets를 리스트로 형변환 시켜줘야 인덱싱 가능)
pyautogui.click(list(targets)[1])
```

오늘은 지난 시간에 이어서 작동 중에 사용자의 확인이 필요하거나 문자 혹은 패스워드를 입력받아야 하는 경우에 대처할 수 있는 메시지 박스 기능에 대해 배워보겠습니다.

9.5.1 알림창 띄우기

가장 기본적인 알림을 띄워보겠습니다.

[코드]

```
pyautogui.alert('알림창입니다!')
```

[그림 9-5]

alert( ) 함수에는 어떤 파라미터가 있는지 한번 보겠습니다.

파라미터	(자료형) 입력값	기본값
text	(str) 원하는 메시지	X
title	(str) 창 제목	X
button	(str) 원하는 버튼 이름 (bool) True/False	OK
timeout	(int) msecond (단위: 1/1000초)	None (시간제한 없음)

alert( ) 함수의 버튼을 클릭하거나 종료하면 위에서 설정했던 버튼 이름을 문자열로 리턴해 주며, 만약 timeout을 설정하셨다면 설정한 시간이 끝나고 timeout을 문자열로 리턴해 줍니다.

아래의 예제 코드를 실행하셔서 어떻게 작동하는지 확인해 보세요.

[코드]

```
msg_box = pyautogui.alert(text='알림창 입니다.', title='제목', button='확인', timeout=5000)
print(msg_box)
```

[그림 9-6]

참고로 button 파라미터를 별도로 설정해 줄 시 한글로 된 text는 위와 같이 정체를 알 수 없는 글꼴로 출력되기 때문에 주의가 필요합니다. 이러한 현상은 이후에 배울 모든 창 역시 마찬가지라는 점 참고해 주세요.

9.5.2 확인 창 띄우기

위에서 배운 알림창과 다른 것은 버튼 2개 중 하나를 선택할 수 있다는 것입니다.

[코드]

```
pyautogui.confirm('계속 진행하시겠습니까?')
```

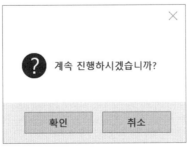

[그림 9-7]

파라미터	(자료형) 입력값	기본값
text	(str) 원하는 메시지	X
title	(str) 창 제목	X
button	(tuple) ('버튼 이름 1', '버튼 이름 2')	'OK' & 'Cancel'
timeout	(int) msecond (단위: 1/1000초)	None (시간제한 없음)

이 함수 역시 위에서 배운 alert( )와 같이 선택한 버튼의 버튼명을 문자열로 리턴해 줍니다. 사용법은 alert 함수와 거의 동일하므로 설명은 생략하겠습니다.

9.5.3 텍스트 입력창 띄우기

이번에는 텍스트를 입력받는 것까지 추가된 창을 띄워보겠습니다.

```
text = pyautogui.prompt('Enter your message')
```

[그림 9-8]

마찬가지로 설정이 가능한 파라미터를 보겠습니다.

파라미터	(자료형) 입력값	기본값
text	(str) 원하는 메시지	X
title	(str) 창 제목	X
default	(tuple) 입력창에 기본으로 출력되는 메시지	X
timeout	(int) msecond (단위: 1/1000초)	None (시간제한 없음)

처음 보는 default 옵션은 메시지 입력창에 처음부터 입력되어 있는 메시지입니다.

[코드]

```
text = pyautogui.prompt(text='Enter your message', title='메시지 입력창', default='input')
```

prompt( ) 함수는 OK 버튼을 누르면 위에서 입력받은 텍스트를 문자열로 리턴해 주며, Cancel 버튼을 누를 시엔 None을 리턴해 줍니다.

9.5.4 비밀번호 입력창 띄우기

이 함수는 위에서 배운 prompt( ) 함수와 같지만 입력 시에 *를 출력하여 보안을 위한 기능을 추가한 함수입니다.

[코드]

```
pyautogui.password(text='Enter your password', title='비밀번호 입력창')
```

[그림 9-9]

위의 prompt( ) 함수와 다른 파라미터는 mask 하나입니다. 만약 mask를 '='로 해주면 * 대신에 =으로 출력됩니다. 별로 사용할 일은 없을 듯하네요.

파라미터	(자료형) 입력값	기본값
text	(str) 원하는 메시지	X
title	(str) 창 제목	X
default	(tuple) 입력창에 기본으로 출력되는 메시지	X
mask	(str) 원하는 마스크 기호	*
timeout	(int) msecond (단위: 1/1000초)	None (시간제한 없음)

password( ) 함수는 prompt( ) 함수와 마찬가지로 OK 버튼을 누르면 위에서 입력받은 텍스트를 문자열로 리턴해 주며, Cancel 버튼을 누를 시엔 None을 리턴해 줍니다.

연습하기

해시태그: #카카오톡 #자동메시지 #나에게보내기 #정해진시간마다

9.6.1 카카오톡으로 정해진 시간마다 나에게 메시지 보내기

방금까지 배운 내용들을 이용해서 실생활에 도움될 만한 프로젝트를 간단히 진행해 보겠습니다.

진행해 볼 내용은 카카오톡에서 나에게 메시지를 정해진 주기마다 보내는 것입니다. 조금만 더 응용한다면 원하는 사람이나 카톡방에도 보낼 수 있고, 당연히 메시지 내용도 바꿔볼 수 있을 거예요.

자, 그럼 시작해 볼까요?!

step 1 여러분의 프로필 사진을 아래와 같은 크기로 캡처한 후 저장해 주세요. 아마 캡처 도구를 사용하셨다면 자동으로 PNG 형식으로 저장될 거예요.

[그림 9-10]

step 2 저장한 사진을 현재의 파이썬 파일 경로에 함께 있도록 옮겨주세요. 반드시 같은 경로일 필요는 없지만, 코드에서 경로를 작성할 때 편하답니다.

step 3 아래의 코드에서 'kakao_profile.PNG'라고 된 부분을 여러분들이 저장한 파일 이름으로 변경해 주세요. 만약 PNG가 아닌 다른 확장자로 저장하셨었다면 그에 맞게 변경해 주시면 됩니다.

```python
import pyautogui
import pyperclip
import time
import schedule
def send_mesaage():
    position_img = pyautogui.locateOnScreen('kakao_profile.PNG' ,confidence=0.93)

    clickPosition = pyautogui.center(position_img)
    pyautogui.doubleClick(clickPosition)

    pyperclip.copy("이 메시지는 파이썬 코드로 보내는 자동메시지 입니다.")
    pyautogui.hotkey("ctrl", "v")
    time.sleep(1)

    pyautogui.write(["enter"])
    time.sleep(1)

    pyautogui.write(["escape"])
    time.sleep(1)

# 10초마다 함수를 실행 (Chapter 10에서 더 자세히 다룰 예정)
schedule.every(10).seconds.do(send_mesaage)

while True:
    schedule.run_pending()
    time.sleep(1)
```

step 4 코드를 실행해 주세요. 단, 모니터에 여러분들의 프로필 사진이 있는 카카오톡 메인 화면이 출력된 상태여야 코드가 잘 작동합니다. 숨어있는 카카오톡 창을 보이게 하거나, 사진을 보내는 등의 기능을 사용하고 싶으시면 프로젝트 11.3장을 참고해 주세요.

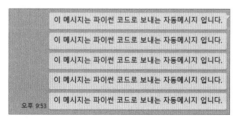

[그림 9-11]

알아두면 유용한 기타 작업

어느 직장인의 이야기 10.

손 사원은 지금까지 파이썬 공부를 통해 다양한 업무 자동화 라이브러리를 활용할 수 있게 되었습니다. 그리고 주변의 다른 동료들에게도 손쉽게 활용할 수 있도록 프로그램을 만들어서 도움을 주고 싶어졌습니다. 손 사원은 구글링을 통해 tkinter를 사용하면 GUI를, pyinstaller를 사용하면 실행 파일(.exe)이 생성되는 것을 확인했습니다. 이제는 업무에 적용해서 다른 동료들에게 배포할 수 있겠다 생각이 들었지만 한 가지 딜레마에 빠집니다.

손 사원 : '이거.. 다른 사람들한테 알려주면 내 일이 더 많아질 것 같은데⋯.'

과연 손 사원은 어떻게 할까요? 그래도 손 사원은 미리 알아두면 좋겠다 싶어 필요한 GUI와 pyinstaller를 공부를 먼저 해보고자 합니다.

파이썬 GUI 구현 라이브러리

해시태그: #GUI #Tkinter #PyQT5 #입력파일선택 #숫자,텍스트입력

Chapter 9까지 파이썬 업무 자동화에 활용할 수 있는 다양한 라이브러리를 공부해 봤습니다. 개인적으로 사용할 목적이라면 코드를 직접 실행해서 결과를 확인하는 간단한 방법으로도 활용이 가능합니다. 하지만 실제 다른 사용자가 활용할 수 있도록 프로그램을 배포하려면 GUI(Graphic User Interface)로 프로그램을 개발해야 합니다.

파이썬에서 GUI 기반으로 개발하도록 돕는 라이브러리는 대표적으로 tkinter와 pyqt5가 있습니다. tkinter는 파이썬에 내장된 표준 라이브러리입니다. tkinter를 통해 간단한 GUI 프로그램을 개발할 수 있습니다.

PyQT5는 C++의 Qt 프레임워크를 기반으로 한 라이브러리를 파이썬에서 사용할 수 있도록 만든 것입니다. tkinter와 비교하여 다양한 기능과 UI 디자인을 할 수 있는 도구를 제공하고 있기 때문에 어떤 툴을 만드느냐에 따라 PyQT5를 사용하시는 게 좀 더 유용할 수 있습니다.

GUI는 제대로 다루면 책 1권 분량이므로 이 책에서는 GUI에 대해서 자세히 다루지 않습니다. 그래서 업무 자동화를 공부하시는 분들이 좀 더 찾아볼 수 있도록 파이썬에서 사용할 수 있는 라이브러리 2가지를 간단히 소개해 보았습니다. Chapter 10에서는 tkinter를 통해 간단히 문자(또는 숫자)를 입력받거나 파일을 입력받는 방법을 tkinter를 통해 구현하는 방법을 배워보겠습니다.

10.1.1 이벤트(Event), 이벤트 핸들러(Event Handler)

GUI 코딩을 진행하기 전에 중요한 개념인 이벤트(EVENT), 이벤트 핸들러(Event Handler)에 대한 개념을 먼저 알아보겠습니다. 해당 개념을 이해하시면 GUI 코딩이 어떤 식으로 진행되는지 이해하실 수 있습니다.

GUI에서 이벤트(Event)란 사용자가 버튼을 클릭하거나 window 창에 무언가를 입력하거나 등의 어떤 특정 행위를 말합니다. 다른 말로 '시그널(Signal)'이라고도 합니다. 사용자들은 버튼을 눌

렀을 때 프로그램에서 어떤 동작이 되는 것을 기대합니다. 예를 들어, 버튼을 눌렀을 때 프로그램 동작이 시작한다거나 파일을 입력하고 싶을 때 파일을 검색할 수 있는 창이 뜬다든가 하는 여러 가지가 있을 겁니다. 이러한 이벤트에 따라 실제 동작을 처리하는 부분을 '이벤트 핸들러(Signal Handler)'라고 합니다. '시그널 핸들러(Signal Handler)'라고도 하죠.

[그림 10-1]

앞서 설명해 드린 부분을 도식화해 보면 위 [그림 10-1]과 같습니다. ①은 사용자가 GUI에서 버튼을 클릭하는 부분입니다. 버튼 클릭을 예시로 들었지만 파일 입력, 콤보 박스 선택, 체크 박스, 텍스트 입력 등을 이벤트(Event)로 정의할 수 있습니다. 이 동작들에 대해 프로그램 내부에서는 이벤트에 대한 시그널(Event Signal)을 발생시킵니다. 그럼 이 시그널에 따라 동작할 함수(Event Handler)가 실행되게 됩니다.

따라서 GUI 코딩을 진행한다면 아래 3가지를 나누어 생각하시면 됩니다.

1) GUI에 대한 객체 디자인(버튼, 콤보 박스, 체크 박스 등 생성): 이벤트를 일으킬 대상
2) 각 이벤트에 대한 동작 함수 작성: 이벤트 핸들러 작성
3) GUI의 각 객체를 동작 함수와 연결: 시그널을 핸들러와 연결

10.1.2 문자 또는 숫자 GUI 통해 입력받기

지금껏 파이썬 라이브러리를 공부해 오셨다면 가장 많이 입력받는 형태는 문자나 숫자 같은 부분입니다. 예를 들어, 여러 PDF 파일에서 특정 페이지들만 추출하고 싶다고 했을 때, 입력받아야 할 부분은 PDF 파일들이 있는 경로와 페이지 숫자일 것입니다.

지금부터 설명해 드릴 부분은 tkinter를 통해 숫자를 간단히 입력받고 GUI 창에 입력받은 숫자를 간단히 출력해 보는 예제 코드입니다.

1. import

[코드]

```
import tkinter as tk # import
```

서론에서도 설명해 드렸지만 tkinter는 파이썬의 내장 라이브러리이므로 따로 설치는 필요가 없습니다. 다른 라이브러리와 동일하게 import를 하시면 됩니다. 이번 예제에서는 tkinter를 'tk'로 줄여 사용할 것이기 때문에 as tk로 선언했습니다.

2. 메인 윈도우 창(main window) 설정하기

[코드]

```
root = tk.Tk() # tkinter 윈도우 생성
root.geometry("300x100") # 윈도우 크기 지정
root.title("Main Window") # 윈도우 타이틀 지정
```

코드를 설명하기 전에 먼저 GUI 윈도우에 대한 기본적인 설명을 드리겠습니다. 윈도우는 간단히 말해서 프로그램 실행 시 GUI가 실행되는 창을 의미합니다. 위 코드를 먼저 작성해서 실행해 보세요. 뭐가 보이시나요? 아마 코드를 실행하면 아무 결과가 나오지 않을 것입니다. 정상적인 결과입니다. 위 코드상에서는 tkinter를 통해 윈도우를 생성한 상태이지만 코드 내부적으로만 생성된 것일 뿐 저희가 기대하는 윈도우 창이 나오지 않습니다. 이어서 아래 코드를 작성해 보겠습니다.

[코드]

```
root.mainloop() # 이벤트 루프 실행
```

[결과]

[그림 10-2]

GUI 창을 보기 위해선 위와 같은 이벤트 루프 코드를 추가해야 합니다. 여기서 이벤트 루프란 무엇일까요? GUI 코드를 작성한다면 이벤트 루프는 중요한 개념입니다. 잠깐 쉽게 언급하고 넘어가 보죠. 10.1.1에서 언급했지만 이벤트는 사용자가 GUI에서 조작하는 어떤 동작들을 의미합니다. 사용자가 실행하는 프로그램에서 GUI가 어떤 동작을 한다는 것을 감지하려면 그에 따른 코드도 필요합니다. 예를 들어 설명하면 사용자가 GUI에서 버튼을 눌렀을 때, 그 행위를 감지하는 코드가 필요할 겁니다. 이벤트 루프는 그 역할을 하는 구문이며 동작에 따른 시그널(Signal)과 함수를 연결해 주는 기능을 합니다. GUI가 실행되는 동안 계속 대기하고 있다가 시그널이 발생 시 처리하는 역할을 하죠.

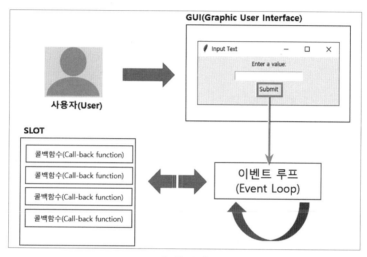

[그림 10-3]

GUI에서 이벤트 루프에 의해 이루어지는 과정을 [그림 10-3]에 도식화해 보았습니다. 사용자가 GUI에서 버튼을 눌러 시그널을 발생시키면 이벤트 루프가 그 행위를 감지합니다. 이벤트 루프에서는 그 시그널에 따른 동작 함수(이벤트 핸들러)를 실행합니다. 동작 함수가 종료되면 콜백 함수(해당 작업이 완료되었다는 알람)를 통해 이벤트 루프는 작업이 종료되었다는 것을 안내받습니다. 그럼 순차적으로 다음 시그널에 따른 함수가 실행됩니다. 처음 접해 보셨다면 위 내용이 복잡하고 어려우실 수 있습니다. 이해가 잘 안 된다면 아래 한 가지만 기억해 주시면 됩니다.

GUI 코드를 실행하기 위해서는 이벤트 루프(Event Loop) 구문이 필수적이다.

tkinter를 예시로 GUI를 설명해 드리긴 했지만 PyQT5 라이브러리에서도 이벤트 루프는 동일하게 적용됩니다.

3. 라벨 위젯(Widget) 생성하기

2)는 메인 윈도우를 설정하는 과정이었습니다. 이번에는 메인 윈도우에 간단한 라벨 위젯을 추가해 보겠습니다. 여기서 위젯이란 버튼, 메뉴, 라벨과 같이 GUI를 구성할 수 있는 요소를 의미합니다. 기본 사용법은 아래와 같습니다.

[기본 사용법]

```
tkinter.Label(메인 윈도우 변수명, text="출력할 라벨 텍스트")
```

[코드]

```
entry_label = tk.Label(root, text="숫자 입력:") # 라벨 위젯 생성 및 텍스트 설정
entry_label.pack(side="top", padx=5, pady=5) # 라벨의 화면 위치를 지정하고 간격 설정
```

[결과]

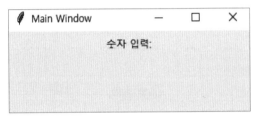

[그림 10-4]

Label 위젯을 entry_label 변수로 지정하고 "숫자 입력:"이라는 텍스트를 입력해 보았습니다. 그럼 메인 윈도우에 [그림 10-4]와 같이 텍스트 라벨이 출력됩니다. 두 번째 코드 라인의 pack( ) 함수는 라벨의 위치를 지정해 주는 함수입니다. 위 방식은 직접 위치를 side="top"이라고 명시하여 지정하였지만 side 없이 지정하면 다른 위젯을 피해서 자동으로 위치를 설정합니다. padx, pady는 라벨의 좌우(x), 상하(y) 여백을 지정하는 옵션입니다.

위에서 설정한 방법과 동일하게 입력된 숫자와 문자를 출력하기 위한 라벨을 1개 더 추가해 보겠습니다. 이번 라벨명엔 "[출력공간]"이라고 지정해 보겠습니다.

[코드]

```
output_label = tk.Label(root, text="[출력공간]") # 출력용 라벨 위젯 생성
output_label.pack(side="bottom") # 출력용 라벨을 화면에 표시
```

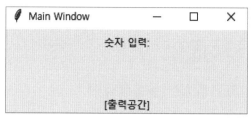

[그림 10-5]

참고로 2)부터 보여지는 윈도우 창의 결과는 지금까지 작성한 코드 마지막에 root.mainloop( )라는 구문을 추가해서 확인하는 부분이라고 생각하시면 됩니다.

4. 입력을 위한 엔트리 위젯 생성

위 코드에 이어 입력을 받기 위한 엔트리 위젯을 생성해 보겠습니다. 엔트리 위젯은 GUI에서 텍스트 또는 숫자를 입력받기 위한 위젯이라고 생각하시면 됩니다. 코드 실행 결과에 따른 이미지를 보시면 바로 이해하실 수 있습니다.

[기본 사용법]

```
tkinter.Entry(메인 윈도우 변수명)
```

[코드]

```
entry = tk.Entry(root) # entry 위젯 생성
entry.pack() # entry 위젯을 화면에 표시
```

[결과]

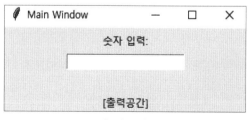

[그림 10-6]

엔트리 위젯의 pack( ) 함수는 라벨 위젯 때 설명해 드렸던 pack( ) 함수와 같은 기능을 합니다. 모든 위젯에 pack( ) 사용법은 공통이라고 보시면 됩니다.

그림 10-5까지의 상태는 GUI 엔트리 위젯이 문자나 숫자를 입력할 수는 있지만 입력값을 처리하는 부분은 구현되지 않은 상태입니다. 이 부분이 "2) 메인 윈도우 창 설정하기"에서 배웠던 이벤트 핸들러(Event Handler)라고 할 수 있습니다. 자세한 내용은 뒤에서 다루니 천천히 따라오세요.

5. 입력받은 숫자를 저장하고 출력하는 함수 구현

이벤트 핸들러(Event Handler)를 위한 함수를 구현하는 부분입니다. 이 과정의 최종 결과는 버튼 위젯을 추가로 생성해서 버튼을 눌렀을 때, 숫자·문자를 내부적으로 저장해서 라벨에 출력해 보는 것인데, 그 내부 처리를 위한 함수 코드입니다. 함수 코드 작성법은 이전 Chapter 3. 엑셀에서 참고 상자로 다룬 이력이 있습니다. 자세한 내용은 3.6의 참고상자를 확인해 주세요.

[코드]

```python
# 입력값을 저장하고 출력하는 함수
def save_input_value():
    input_value = entry.get() # entry 위젯의 값을 가져와 변수에 저장

    try: # entry 위젯의 값을 가져와 변수에 저장
        input_value = int(input_value) # 숫자인 경우 integer로 변환
        output_label.config(text=input_value) # 출력 라벨의 텍스트를 입력값으로 변경
    except ValueError: # 숫자가 아니면 에러 메시지 출력
        # 출력 라벨의 텍스트를 입력값으로 변경
        output_label.config(text="입력 형태가 숫자가 아닙니다.")
```

함수가 호출되면 4) 과정에서 설정했던 엔트리 위젯 변수인 entry에 입력된 값을 읽어옵니다. 엔트리 위젯에서 값을 읽어올 때는 get( ) 함수를 사용하고 이 값은 input_value라는 변수에 저장됩니다. 그리고 입력된 값이 숫자 타입인지 확인을 하여 라벨에 표시할 값을 판단하게 됩니다. 입력값의 타입을 확인하는 과정은 try~except 예외처리 구문을 활용했습니다. try~except 구문은 "6.5 파일, 폴더 이동·복사하기"에서 다룬 적이 있습니다. 궁금하신 분들은 6.5 내용을 참고해 주세요.

결과적으로 출력 라벨 위젯으로 설정했던 output_label에 입력된 숫자 또는 에러 내용을 표시하게 됩니다. 라벨에 어떠한 내용을 표시하고 싶다면 아래와 같이 코드를 작성합니다.

```python
"Label 위젯".config(text="표시할 내용")
```

위 코드에서는 엔트리 위젯에서 저장한 input_value를 표시할 내용으로 설정했습니다. 주의해야 할 점은 작성한 함수는 코드 맨 앞단에 작성하도록 해야 한다는 것입니다.(import 블록 다음 라인)

6. 동작을 위한 버튼 위젯 생성

이번에는 입력된 숫자나 문자를 처리하기 위한 시그널(Signal)을 발생시키는 버튼 위젯을 구현하고 이를 5)에서 작성한 save_input_value( ) 함수에 연결해 보겠습니다.

[기본 사용법]

```
tkinter.Button(메인 윈도우 변수명, text="버튼에 출력할 텍스트", command=함수명)
```

[코드]

```
# 버튼 위젯 생성 및 텍스트 설정, 클릭 시 실행 함수 지정
submit_button = tk.Button(root, text="Save", command=save_input_value)
# 버튼을 화면에 표시하고 간격 설정
submit_button.pack(pady=5)
```

[결과]

숫자 형태 입력　　　　　　　　　　문자 형태 입력

[그림 10-7]

버튼 위젯을 생성하는 방법은 다른 위젯과 동일합니다. 다만 다른 점은 버튼을 눌렀을 때 동작할 함수를 연결해야 한다는 것입니다. 이전 5. 과정에서 버튼을 눌렀을 때 동작할 함수인 save_input_value( ) 함수를 작성했습니다. 이것을 "command"라는 옵션을 통해 연결하시면 됩니다. 실행 결과는 [그림 10-7]과 같이 확인하실 수 있습니다. try~excpet 구문을 통해 예외처리했던 기능을 확인해 보기 위해 2가지 케이스로 결과를 표시해 봤습니다.

7. 이벤트 루프(Event Loop) 코드 작성

이전의 결과 예시들은 이벤트 루프 구문이 있다고 가정하고 보여드린 것입니다. 마지막에 이벤트 루프 구문을 작성하지 않으시면 GUI가 출력되지 않습니다.

[코드]

```python
root.mainloop() # 이벤트 루프 실행
```

지금까지 작성한 전체 코드는 아래와 같습니다.

[전체 코드]

```python
import tkinter as tk # import

# 입력값을 저장하고 출력하는 함수
def save_input_value():
    input_value = entry.get() # entry 위젯의 값을 가져와 변수에 저장
    try: # 숫자인 경우에만 integer type으로 변경하여 라벨에 출력
        input_value = int(input_value) # 숫자인 경우 integer로 변환
        output_label.config(text=input_value) # 출력 라벨의 텍스트를 입력값으로 변경
    except ValueError: # 숫자가 아니면 에러 메시지 출력
        output_label.config(text="입력 형태가 숫자가 아닙니다.") # 출력 라벨의 텍스트를 입력값으로 변경


# tkinter 윈도우 생성
root = tk.Tk()
# 윈도우 크기 지정
root.geometry("300x100")
# 윈도우 타이틀 지정
root.title("Main Window")

# 라벨 위젯 생성 및 텍스트 설정
entry_label = tk.Label(root, text="숫자 입력:")
# 라벨을 화면에 표시하고 간격 설정
entry_label.pack(side="top", padx=5, pady=5)

# 출력용 라벨 위젯 생성
output_label = tk.Label(root, text="[출력공간]")
```

```
# 출력용 라벨을 화면에 표시
output_label.pack(side="bottom")

# entry 위젯 생성
entry = tk.Entry(root)
# entry 위젯을 화면에 표시
entry.pack()

# 버튼 위젯 생성 및 텍스트 설정, 클릭 시 실행 함수 지정
submit_button = tk.Button(root, text="Save", command=save_input_value)
# 버튼을 화면에 표시하고 간격 설정
submit_button.pack(pady=5)

# 이벤트 루프 실행
root.mainloop()
```

10.1.3 파일 선택하여 경로 입력받기

10.1.2에서는 엔트리 위젯을 통해 단순 숫자와 문자를 입력받는 GUI를 간단하게 구현해 보았습니다. 이번에는 GUI를 사용한다면 많이 쓰이는 기능 중 하나인 파일 경로를 입력하는 방법을 배워보겠습니다. 만약 엑셀, 워드 등 다른 종류의 파일을 프로그램 입력으로 받아 처리하는 자동화 프로그램 개발을 생각하신다면 GUI에서 해당 기능이 필요합니다.

파일 찾기 기능은 tkinter 라이브러리의 filedialog 모듈을 사용하시면 됩니다. 바로 코드를 작성하여 사용법을 확인해 보겠습니다.

[코드]

```
import tkinter as tk
from tkinter import filedialog # tkinter filedialog module
root = tk.Tk() # tkinter main widnow
root.withdraw() # tkinter window 숨김

file_path = filedialog.askopenfilename() # file dialog 창 열기
if file_path: # 선택된 path값에 따라 조건문 실행
    print("선택한 파일 경로:", file_path)
```

```
else:  # 취소 버튼을 눌렀을 경우
    print("파일 선택이 취소되었습니다.")
```

10.1.2의 코드와 다른 점 중 하나는 withdraw( ) 함수를 사용한 것입니다. withdraw( ) 함수는 윈도우 창을 뜨지 않게 해주는 함수입니다. 차이점이 궁금하신 분은 root.withdraw( ) 라인을 주석 처리 하고 실행해 보시면 바로 이해가 되실 겁니다. 만약, 입력받은 경로를 활용하여 UI에 표시해야 할 내용이 있다면 해당 코드는 필요 없지만, 이번 코드는 경로를 입력받아 터미널 창에 출력해 보는 것이 목적이기 때문에 윈도우 창을 숨기도록 하겠습니다.

그다음 filedialog.askopenfilename( ) 함수를 사용하여 파일을 입력받습니다. filedialog는 tikinter 라이브러리에서 제공하는 파일과 디렉터리 대화상자 생성을 위한 모듈입니다. 여러 가지 기능을 제공하는데 위 코드에서는 askopenfilename( )이라는 함수를 사용했습니다. 해당 함수는 1가지 파일을 입력받는 형태의 대화상자를 사용합니다. 코드를 실행해 보면 아래와 같은 파일 선택 창이 실행됩니다.

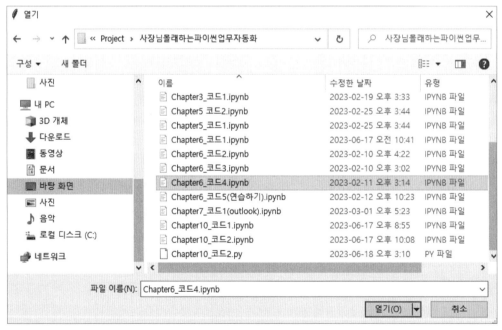

[그림 10-8]

위 메뉴는 현재 저자가 작업하고 있는 폴더이며, 원하는 코드 파일 중 "Chapter6_코드4.ipynb" 파일을 선택해 보겠습니다.

```
선택한 파일 경로:    C:/Users/…/Project/사장님몰래하는파이썬업무자동화/Chapter6_코드
4.ipynb
```

원하는 파일을 선택하면 위 결과처럼 해당 파일의 절대 경로를 출력하는 것을 확인할 수 있습니다. 이전 엑셀, 워드 등의 파일을 다루는 코드에서는 참조할 파일의 경로를 코드상에서 직접 입력을 했었습니다. 직접 코드를 구현하여 다른 사람에게 배포할 경우 위와 같이 파일 찾기 기능을 구현하여 경로 참조를 대신한다면 좀 더 편리하게 사용하실 수 있습니다.

참고로, 위 코드에서 사용했던 askfilename( )뿐만 아니라 filedialo에서 수로 사용되는 함수 4가지를 소개해 보겠습니다.

함수명	설명	반환값 타입
askopenfilename( )	선택한 파일 1개의 경로를 반환받음	str
askopenfilenames( )	선택한 파일 다수의 경로를 반환받음	tuple
asksaveasfilename( )	사용자가 저장할 파일 경로, 파일명 지정	str
askdirectory( )	사용자는 디렉터리(폴더)를 선택하고 해당 디렉터리에 대한 경로를 반환받음.	str

표를 보시면 아시겠지만 1개 파일이 아닌 다수의 파일을 선택해서 경로를 반환받을 수도 있으며, 실제 저장할 폴더의 경로나 파일명을 지정하는 것도 가능합니다. 사용자가 원하는 업무 자동화 프로그램 기능에 따라 적절한 함수를 선택하여 사용하시면 됩니다.

다른 사용자가 사용하도록 배포하려면 실행 파일(.exe)로 만드는 과정이 필요합니다. 당연한 이야기이겠지만 코드상으로 실행하는 과정들을 다른 사용자가 진행하려 한다면 파이썬 환경을 구축해야 합니다. exe 파일로 생성하면 사용자들은 코드와 환경 구축 없이 편리하게 프로그램을 쉽게 실행할 수 있습니다.

파이썬 코드로 작성한 프로그램을 exe 파일로 변환하는 방법은 pyinstaller라는 패키지를 사용하는 것입니다. pyinstaller는 파이썬 코드를 실행할 수 있는 환경이 아니더라도 단일 실행 파일(.exe)을 만들 수 있습니다. 이번 **10.2**에서는 pyinstaller를 통해 exe 파일을 생성하는 방법을 알아보겠습니다.

그 전에 Pyinstaller는 아래와 같은 제약조건이 있습니다.

1) Python 3.6 이상에서만 사용 가능

2) Windows, Mac OS X 및 GNU/Linux에서만 사용 가능

3) Windows에서 컴파일된 실행 파일은 Windows에서만 사용 가능(OS 간 호환 안 됨)

4) Windows 8 이상만 지원, Mac OS X 10.7(Lion) 이상만 지원

특히 3)의 경우 같은 OS에서 컴파일된 파일만 사용이 가능하니 주의해 주세요.

1. Pyinstaller 설치

pyinstaller는 내장 패키지가 아니므로 사용을 위해 따로 설치가 필요합니다. 아래 코드를 본인의 개발 환경 터미널 창에 입력하여 설치하시면 됩니다.

```
pip install pyinstaller
```

기존에 설치되어 있는 분은 아래 코드를 작성하셔서 최신 버전으로 업데이트해 주세요.

```
pip install --upgrade pyinstaller
```

정상적으로 설치가 진행된다면 아래와 같은 메시지들이 터미널 창에 출력되며 설치(또는 업데이트)가 진행될 겁니다.

```
Microsoft Windows [Version 10.0.19045.2604]
(c) Microsoft Corporation. All rights reserved.

C:\Users\Yongbeom Jeong\Desktop\VS CODE\Project\사장님 몰래하는파이썬업무자동화>pip install --upgrade pyinstaller
WARNING: pip is being invoked by an old script wrapper. This will fail in a future version of pip.
Please see https://github.com/pypa/pip/issues/5599 for advice on fixing the underlying issue.
To avoid this problem you can invoke Python with '-m pip' instead of running pip directly.
Defaulting to user installation because normal site-packages is not writeable
Requirement already satisfied: pyinstaller in c:\users\yongbeom jeong\appdata\roaming\python\python38\site-packages (5.6.2)
Collecting pyinstaller
  Downloading pyinstaller-5.8.0-py3-none-win_amd64.whl (1.3 MB)
                                        ━━━━━━━━━ 1.3/1.3 MB 2.2 MB/s eta 0:00:00
Collecting setuptools>=42.0.0
  Downloading setuptools-67.6.0-py3-none-any.whl (1.1 MB)
                                        ━━━━━━━━━ 1.1/1.1 MB 2.7 MB/s eta 0:00:00
```

[그림 10-9]

정상적으로 설치가 진행된다면 아래와 같은 메시지들이 터미널 창에 출력되며 설치(또는 업데이트)가 진행될 겁니다.

2. Pyinstaller 기본 사용법

pyinstaller는 파이썬 코드 파일(.py)상에서 import하는 패키지가 아닙니다. 패키지 설치 시와 마찬가지로 터미널 창에 아래와 같이 작성해 주셔야 합니다. 기본적인 사용 코드입니다.

[사용법]

```
pyinstaller 파이썬 파일명.py
```

위 사용법을 설명하기 위해 임의의 코드 파일 "exe_test.py"를 생성했습니다.

Project		수정한 날짜: 2023-02-18 오후 4:32
PDF		수정한 날짜: 2022-10-12 오후 9:36
OS		수정한 날짜: 2023-02-12 오후 3:46
Excel		수정한 날짜: 2023-02-19 오후 5:00
dist		수정한 날짜: 2023-06-18 오후 4:38
build		수정한 날짜: 2023-06-18 오후 4:37
exe_test.py 유형: PY 파일		수정한 날짜: 2023-06-18 오후 4:04 크기: 112바이트

[그림 10-10]

가장 먼저 확인해야 하는 건 .py 파일의 경로입니다. pyinstaller 코드를 동작시키려면 .py 파일이 현재 터미널 경로와 일치해야 합니다. 저의 터미널 창 현재 경로를 확인해 봤습니다.

```
C:\Users\Yongbeom Jeong\Desktop\VS CODE\Project\사장님몰래하는파이썬업무자동화
```

위 그림상의 파이썬 파일(exe_test.py)이 위치하고 있는 경로가 터미널 위치와 다르다면 해당 경로로 변경해야 합니다. 터미널상에서 작업 경로를 이동하는 방법은 아래와 같이 작성해 주시면 됩니다.

[사용법]

```
cd "경로"
```

cd는 터미널상에서 작업 경로를 변경해 주는 명령어입니다. 아래 이미지와 같이 cd "절대 경로"를 입력해 주시면 바로 경로가 변경됩니다.

```
cd C:\Users\Yongbeom Jeong\Desktop\VS CODE\Project\사장님몰래하는파이썬업무자동화
```

```
(base) C:\Users\Yongbeom Jeong\Desktop\VS CODE> 1 현재 경로 확인
(base) C:\Users\Yongbeom Jeong\Desktop\VS CODE cd C:\Users\Yongbeom Jeong\Desktop\VS CODE\Project\사장님몰래하는파이썬
업무자동화          2 cd 통해 경로 터미널 경로 변경
(base) C:\Users\Yongbeom Jeong\Desktop\VS CODE\Project\사장님몰래하는파이썬업무자동화>▌
                   3 변경된 경로 확인
```

[그림 10-11]

경로가 변경된 것을 확인하셨다면 아래와 같이 추가로 터미널 창에 입력해 보겠습니다.

```
pyinstaller exe_test.py
```

위 입력에 따라 아래처럼 터미널 창에 출력된다면 정상적으로 .exe 파일로 변환된 것입니다.

```
20934 INFO: Updating manifest in C:\Users\Yongbeom Jeong\Desktop\VS CODE\Project\사장님몰래하는파이썬업무자동화\build\e
xe_test\exe_test.exe.notanexecutable
20937 INFO: Updating resource type 24 name 1 language 0
20949 INFO: Appending PKG archive to EXE
20953 INFO: Fixing EXE headers
21510 INFO: Building EXE from EXE-00.toc completed successfully.
21520 INFO: checking COLLECT
21521 INFO: Building COLLECT because COLLECT-00.toc is non existent
21535 INFO: Building COLLECT COLLECT-00.toc
22257 INFO: Building COLLECT COLLECT-00.toc completed successfully.

(base) C:\Users\Yongbeom Jeong\Desktop\VS CODE\Project\사장님몰래하는파이썬업무자동화>▌
```

[그림 10-12]

변환된 exe 실행 파일은 py 파일이 있는 경로의 dist라는 폴더에 생성이 됩니다.

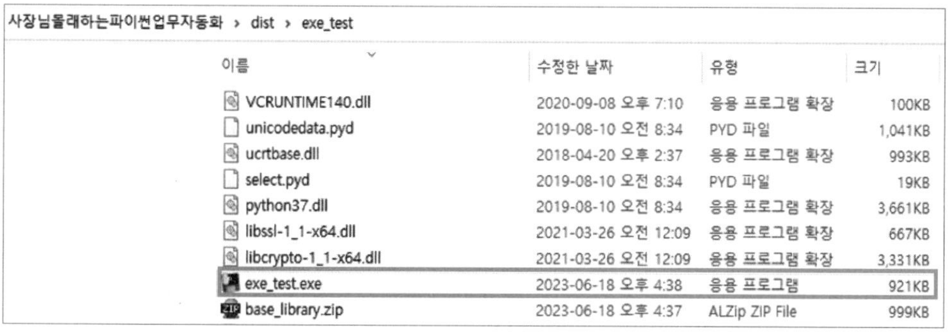

[그림 10-13]

3. Pyinstaller 설정 옵션

2)에서 진행했던 부분은 기본적인 .exe 파일 변환 방법입니다. pyinstaller에서는 exe 파일을 변환할 때 여러 가지 옵션을 제공하고 있습니다. 옵션 중 주로 사용되는 대표적인 옵션만 몇 가지 학습해 보겠습니다. 필요에 따라 여러 가지 옵션을 같이 사용할 수도 있습니다.

옵션	설명	사용 예시
-F (--onefile)	단일 실행 파일로 생성 (모든 파일이 1개 exe 파일로 통합)	pyinstaller -F filename.py
-w (--windowed)	실행 파일을 콘솔 창 없이 실행되도록 설정	pyinstaller -w filename.py
-D (--onedir)	단일 디렉터리에 실행 파일 생성. 실행 파일과 종속 파일들이 동일 디렉터리에 생성	pyinstaller -D filename.py
-i=iconfile.ico (--icon=iconfile.ico)	실행 파일의 아이콘을 별도 지정할 수 있음	pyinstaller --icon=image1.ico filename.py
-n <이름> (--name=<이름>)	실행 파일의 이름을 별도 지정할 수 있음	pyinstaller -n newname filename.py

원하는 시간에 파이썬 자동 실행 하기

해시태그: #schedule #작업스케줄러 #특정시간자동동작 #특정시간크롤링

업무 자동화 툴 개발을 생각하고 있는 분들이라면 한 번쯤은 아래와 같이 특정 시간에 작동하는 프로그램을 생각해 보신 적도 있을 것 같습니다.

- 매일 아침 특정 시간 이메일 자료를 다운받고 취합하기
- 특정 홈페이지에 있는 정보를 특정 시간 기준으로 크롤링해서 엑셀에 정리하기

파이썬으로 원하는 특정 시간에 작업할 수 있게 하는 방법에는 크게 2가지가 있습니다.

1) schedule 패키지
2) Windows OS의 작업 스케줄러

먼저 schedule 패키지에 대해 소개해 드린 후, **10.3.5**항 간략히 작업 스케줄러에 대해서 설명해 드리겠습니다.

첫 번째로 소개해 드릴 schedule 패키지는 업무 자동화를 위한 강력한 도구입니다. 이 패키지를 사용하면 위 사례와 같이 특정 시간에 일부 작업을 실행할 수 있게 합니다. 또한 schedule 패키지는 다른 파이썬 패키지와도 잘 혼합하여 사용할 수 있습니다. 예를 들어, 데이터 프레임 처리를 위해 pandas를 사용하거나, 저희 책에서 다루고 있는 웹 크롤링 패키지들과도 사용할 수 있습니다.

이번 10.3에서는 schedule 패키지 설치부터 간단한 사용법까지 다뤄볼 예정입니다.

10.3.1 schedule 설치 및 실행

1. schedule 설치

schedule 패키지는 내장 패키지가 아니므로 사용을 위해 따로 설치가 필요합니다. 아래 코드를 본인의 개발 환경 터미널 창에 입력하여 설치하시면 됩니다.

```
pip install schedule
```

설치가 완료되면 아래와 같이 "Successfully installed schedule"이라는 메시지가 터미널 창에 출력됩니다.

```
C:\Users\Yongbeom Jeong\Desktop\VS CODE\Project\사장님몰래하는파이썬업무자동화>pip install schedule
Defaulting to user installation because normal site-packages is not writeable
Collecting schedule
  Downloading schedule-1.2.0-py2.py3-none-any.whl (11 kB)
Installing collected packages: schedule
Successfully installed schedule-1.2.0
```

[그림 10-14]

2. schedule 실행

schedule 패키지에 대한 상세 내용을 설명해 드리기 전에 먼저 기본 사용법에 대한 전체 그림을 설명해 드리겠습니다. 아래 코드는 5초에 한 번씩 현재 시간을 출력하는 코드입니다.

[코드]

```python
# step 1. import(schedule&time)
import schedule # schedule import
import time # time import


# step 2. schedule 동작을 위한 함수 구현
def work():
    print('현재 시간 출력 : {}'.format(time.strftime('%x %X')))


# step 3.동작 주기 및 함수 연결
schedule.every(5).seconds.do(work)


# step 4. 예약된 작업을 실행하는 무한 루프 구문
while True:
    schedule.run_pending()
    time.sleep(1)
```

[결과]

```
현재 시간 출력 : 07/07/23 16:47:50
현재 시간 출력 : 07/07/23 16:47:55
```

```
현재 시간 출력 : 07/07/23 16:48:00
...
```

shchedule 패키지를 통해 코드를 구현하는 방법은 크게 4가지 절차로 나뉩니다. 각 단계별로 어떤 절차가 있는지 확인해보겠습니다.

step 1 import

[코드]

```
# step 1. import(schedule & time)
import schedule # schedule import
import time # time import
```

schedule 패키지를 사용하기 위해서는 일반적으로 time 내장 모듈과 같이 사용합니다. 이유는 위 코드 중 step 4의 time.sleep( ) 때문입니다. 뒤에서도 따로 설명해 드리겠지만 time.sleep( )은 프로그램을 설정한 시간 동안 일시적으로 멈추는 역할을 합니다.

step 2 schedule 동작을 위한 함수 구현

[코드]

```
# step 2. schedule 동작을 위한 함수 구현
def work():
    print('현재 시간 출력 : {}'.format(time.strftime('%x %X')))
```

2번째 절차는 schedule 사용을 위한 동작 함수를 정의하는 부분입니다. 이 부분은 일반적으로 사용하는 파이썬 함수 사용법과 동일합니다. 위 코드는 schedule이 제대로 동작하는지 확인하기 위해 time의 strftime( ) 함수를 사용해서 현재 시간을 출력하도록 작성했습니다.

step 3 동작 주기 설정

[코드]

```
# step 3.동작 주기 및 함수 연결
schedule.every(5).seconds.do(work)
```

3번째 단계는 scheduler의 동작 주기를 설정하는 것입니다. 위 코드는 5초마다 work라는 이름을 가진 함수를 동작시키라는 의미입니다. 그런데 실제 3번째 단계까지의 코드를 실행해 보면 아무런 동작을 하지 않습니다. schedule을 통한 코드 구현은 4번째 단계가 필수적이기 때문입니다.

step 4 예약된 작업을 실행하는 무한 루프 구문

[코드]

```
# step 4. 예약된 작업을 실행하고 무한 루프 구문
while True:
    schedule.run_pending()
    time.sleep(1)
```

schedule을 통한 코드 구현의 마지막 절차는 위 코드의 run_pending( ) 구문을 작성하는 것입니다. run_pending( )은 현재 예약된 작업이 있는지 확인하고 실행하는 역할을 합니다. 하지만 이 함수를 한 번만 실행하고 종료하면, 예약된 작업이 실행되지 않습니다. 따라서 while True라는 무한 루프 반복 구문을 통해 지속적으로 run_pending( )이 실행되도록 합니다.

time.sleep(1)은 프로그램이 1초 동안 아무 작업도 수행하지 않고 대기하도록 합니다. 이 코드를 사용하는 이유는 while True:로 인한 반복 실행의 속도를 제어하여 CPU의 부하를 낮추고 프로그램 실행 간격을 안정적으로 조절할 수 있기 때문입니다.

10.3.2 schedule 주기 설정

10.3.1의 2번째 단계에서 schedule의 동작 주기를 설정하는 절차가 있다는 것을 배웠습니다. 위 코드에서는 5초마다 실행시키는 것을 예시로 보여드렸지만 상황에 따라 시간별/일별/주별 또는 특정 요일에만 실행해야 하는 케이스도 있을 겁니다. **10.3.2**에서는 이 동작 주기를 설정하는 코드를 정리해 보겠습니다.

1. 시, 분, 초 단위로 실행

코드 형태	설명
schedule.every(5).seconds.do(함수명)	5초에 한 번씩 함수 실행
schedule.every(10).minutes.do(함수명)	10분에 한 번씩 함수 실행
schedule.every(2).hour.do(함수명)	2시간에 한 번씩 함수 실행

2. 일, 주 단위로 실행

코드 형태	설명
schedule.every(3).every.do(함수명)	3일에 한 번씩 함수 실행
schedule.every(2).weeks.do(함수명)	2주에 한 번씩 함수 실행

3. 매일 정해진 시각에 실행

코드 형태	설명
schedule.every().day.at("13:30").do(함수명)	매일 13시 30분에 함수 실행
schedule.every().day.at("11:11:11").do(함수명)	매일 11시 11분 11초에 함수 실행

4. 매주 정해진 요일의 특정 시각에 실행

코드 형태	설명
schedule.every().monday.at("13:30").do(함수명)	매일 13시 30분에 함수 실행

10.3.3 동작 함수에 매개변수가 있는 경우

지금까지 다뤘던 동작 함수 work( )는 매개변수가 없는 경우였습니다. 만약, 함수에 매개변수가 존재할 경우 어떻게 코드를 작성해야 할까요? 10.3.3에서는 schedule로 동작시켜야 할 함수에 매개변수가 있는 경우에 대해 다뤄보겠습니다.

먼저, 이전에 "10.3.1 schedule 설치 및 실행"에서 작성한 전체 코드 중, 함수 부분을 가져와 보겠습니다. schedule을 설정한 주기에 따라 실행했던 함수 코드입니다.

[코드]

```
# step 2. schedule 동작을 위한 함수 구현
def work():
    print('현재 시간 출력 : {}'.format(time.strftime('%x %X')))
```

위 work 함수에 매개변수(var_list)인 리스트를 추가하여 출력하는 부분을 추가하겠습니다.

```
def work(var_list:):
    print('현재 시간 출력 : {}'.format(time.strftime('%x %X')))
    print("함수 매개변수 출력 : {}".format(var_list))
```

현재 시간을 출력하되, 그 시점에 매개변수로 받은 리스트도 출력하는 것으로 코드를 수정했습니다. 그다음, 이 work 함수를 schedule을 통해 다시 동작시켜 보겠습니다.

[코드]

```
# step 3.동작 주기 및 함수 설정
num_list = [1,2,3,4,5]
schedule.every(5).seconds.do(work, num_list) # 5초에 한 번씩 함수 실행
```

[결과]

```
현재 시간 출력 : 07/09/23 14:22:47
함수 매개변수 출력 : [1, 2, 3, 4, 5]
현재 시간 출력 : 07/09/23 14:22:52
함수 매개변수 출력 : [1, 2, 3, 4, 5]
...
```

이전 step 3의 동작 주기를 설정하는 코드 부분을 일부 수정하고 다시 실행하면 매개변수로 받은 num_list가 출력되는 것을 확인하실 수 있습니다.

기존과 차이점은 do( ) 괄호 내부에 함수명이 들어갔던 부분에 매개변수까지 추가되었다는 것입니다.

코드 형태	설명
schedule.every(3).every.do(함수명)	매개변수가 없는 함수 실행 형태
schedule.every(2).weeks.do(함수명, 매개변수)	매개변수가 있는 함수 실행 형태

schedule을 통해 함수 매개변수 형태를 사용하실 때 주의해야 할 점은 일반 함수처럼 사용하시면 오류가 발생한다는 것입니다. 일반 함수 형태는 아래와 같이 함수(매개변수) 형태를 말합니다. 궁금하신 부분은 코드를 수정하여 실행해 보시기 바랍니다.

```
# step 3.동작 주기 및 함수 설정(오류 형태)
schedule.every(5).seconds.do(work(num_list)) # 함수(매개변수) 형태는 오류 발생!!
```

10.3.4 schedule을 중간에 중단시키는 방법

schedule을 통해 주기적으로 코드를 동작시킬 때 사용자가 강제로 종료시키거나 PC가 어떠한 이유로 꺼지는 게 아니라면 프로그램은 무한히 동작하게 됩니다. 그런데 상황에 따라 프로그램을 종료시켜야 하는 경우도 있을 겁니다. 예를 들어, "2초마다 동작은 하되, 5분 뒤에는 종료할 것"이라는 조건과 같이 말입니다. 이번 10.3.4에서는 schedule을 중간에 종료시키는 방법에 대해 간단히 알아보겠습니다.

schedule을 중간에 중단시키는 대표적인 방법은 exit( ) 함수 또는 schedule 패키지의 cancel_job( ) 함수를 사용하는 겁니다. exit( )는 프로그램을 완전히 종료시키는 역할을 하며, cancel_job( ) 함수는 예약된 schedule 작업을 취소하는 역할을 합니다. 아래 예시 코드를 통해 사용법을 설명해 드리겠습니다. cancel_job( )의 경우 schedule을 여러 개 동시 실행할 때 일부 schedule만 종료하도록 만들 수 있습니다.

1. exit( )를 사용하는 방법

exit( )는 파이썬에서 내장 함수로 제공하는 프로그램 종료 함수입니다. 프로그램을 강제로 종료시키고 싶은 경우 위 함수를 사용하시면 됩니다. 예시 코드를 작성해 보겠습니다.

[코드]

```
# step 1. import( schdule & time )
import schedule # schedule import
import time # time import

# step 2. schedule 동작을 위한 function
def work():
    print('현재 시간 출력 : {}'.format(time.strftime('%x %X')))

# step 3. 동작 주기 및 함수 설정
schedule.every(1).seconds.do(work) # 1초에 한 번씩 함수 실행
```

```
# step 4. 5번만 실행하고 프로그램을 강제 종료
cnt=0 # 프로그램 실행 count
while True:
    schedule.run_pending()
    time.sleep(1)
    if cnt == 5:
        print('프로그램을 종료합니다.')
        exit() # 강제 종료
    cnt+=1 # 루프마다 count 증가
```

[결과]

```
현재 시간 출력 : 07/09/23 15:37:14
현재 시간 출력 : 07/09/23 15:37:15
현재 시간 출력 : 07/09/23 15:37:16
현재 시간 출력 : 07/09/23 15:37:17
현재 시간 출력 : 07/09/23 15:37:18
프로그램을 종료합니다.
```

이전 코드와 다른 점은 step 4 부분입니다. 프로그램을 강제 종료 시키기 위해 실행 횟수를 5번으로 설정했습니다. cnt가 5가 되는 순간 프로그램은 exit( ) 함수를 통해 강제로 종료됩니다.

만약 여러 개의 schedule 작업 시, 일부 작업만 종료시키고 싶다면 어떻게 해야 할까요? 이런 경우에는 프로그램을 완전히 종료시키는 exit( ) 함수가 아니라, cancel_job 함수를 사용해야 합니다.

2. cancel_job( )를 사용하는 방법

이번에는 cancel_job( )을 사용해서 일부 작업을 멈추는 방법을 소개하겠습니다. 기존 방식과 약간의 차이점이 있으나 크게 다른 부분이 없기 때문에 금방 이해하실 수 있습니다. 먼저 전체 코드와 결과부터 보겠습니다.

[코드]

```
# step 1. import(schdule&time)
import schedule # schedule import
import time # time import
# step 2. schedule 동작을 위한 function 2개 정의
```

```
def work1():
    print('work1 현재 시간 출력 : {}'.format(time.strftime('%x %X')))

def work2():
    print('work2 현재 시간 출력 : {}'.format(time.strftime('%x %X')))

# step 3. 동작 주기 및 함수 설정
job1 = schedule.every(1).seconds.do(work1) # 1초에 한 번씩 work1 함수 실행
job2 = schedule.every(1).seconds.do(work2) # 1초에 한 번씩 work2 함수 실행

# step 4. 5번만 실행하고 프로그램을 강제 종료
cnt=0 # 프로그램 실행 count
while True:
    schedule.run_pending()
    time.sleep(1)
    if cnt >= 3:
        schedule.cancel_job(job1) # work1 함수만 cancel
    cnt+=1 # 루프마다 count 증가
```

[결과]

```
work1 현재 시간 출력 : 07/09/23 16:02:58
work2 현재 시간 출력 : 07/09/23 16:02:58
work1 현재 시간 출력 : 07/09/23 16:02:59
work2 현재 시간 출력 : 07/09/23 16:02:59
work1 현재 시간 출력 : 07/09/23 16:03:00
work2 현재 시간 출력 : 07/09/23 16:03:00
work2 현재 시간 출력 : 07/09/23 16:03:01
work2 현재 시간 출력 : 07/09/23 16:03:02
…
```

위 코드는 schedule을 통해 동작시킬 함수 2개를 정의하고 중간에 조건에 따라 work1 함수 동작을 취소하는 코드입니다. 위 결과를 보시면 아시겠지만 work1, work2가 번갈아 동작하다가 어느 순간부터 work2만 동작되는 것을 확인하실 수 있습니다.

이전 코드와 차이점은 동작 주기를 설정하는 부분입니다.

```
# step 3. 동작 주기 및 함수 설정
job1 = schedule.every(1).seconds.do(work1) # 1초에 한 번씩 work1 함수 실행
job2 = schedule.every(1).seconds.do(work2) # 1초에 한 번씩 work2 함수 실행
```

cancel_job( )을 사용하시려면 동작 주기를 설정하는 부분의 코드를 변수로 설정해야 합니다. 위 코드와 같이 work1을 동작시키는 schedule은 job1으로, work2를 동작시키는 함수는 job2로 설정 했습니다. 그다음, cancel_job 함수를 사용하실 때 이 변수를 활용하시는 겁니다.

[코드]

```
cnt=0 # 프로그램 실행 count
while True:
    schedule.run_pending()
    time.sleep(1)
    if cnt >= 3:
        schedule.cancel_job(job1) # work1 함수만 cancel
    cnt+=1 # 루프마다 count 증가
```

위 코드의 cancel_job 내부의 변수를 job1으로 설정한 것을 확인하실 수 있습니다. 이 프로그램 코 드는 cnt 조건에 따라 job1의 작업을 취소하게 됩니다. job의 작업을 취소하는 것이기 때문에 1)의 exit( )와 다르게 프로그램이 강제로 종료되지 않고 다른 schedule의 작업은 그대로 실행시킬 수 있습니다.

10.3.5 작업 스케줄러 사용법

이번 절에서는 Windows 환경에서 파이썬 코드를 주기적으로 작동시킬 수 있는 방법에 대해서 소 개해 드리겠습니다. 사실 schedule 모듈의 경우에는 파이썬 파일이 while문을 통해서 계속 실행되 고 있어야 하기 때문에 주기적으로 한 번씩만 코드를 실행하는 경우에는 작업 스케줄러가 더 효율 적이라고 할 수 있습니다.

1. python 파일을 실행할 batch 파일 만들기

배치 파일은 일련의 명령 또는 지침을 포함하는 ".bat" 확장자를 가진 간단한 텍스트 파일입니다. Windows 운영체제에서 작업을 자동화하거나 여러 명령을 순서대로 실행하는 데 사용됩니다.

갑자기 생소한 확장자를 말씀드려서 머리가 아프실 수 있지만 batch 파일(.bat)은 우리에게 친숙한 텍스트 파일(.txt)을 이용해서 만들기 때문에 어려울 것이 전혀 없어요.

우선 실행하고자 하는 파이썬 파일과 동일한 폴더에 txt 파일을 만들어 주세요. 폴더의 빈 공간에 우클릭해서 '새로 만들기 - 텍스트 문서'를 차례대로 클릭하시면 됩니다. 그러면 새 텍스트 문서 .txt가 생성되고, 이름을 바로 바꿀 수가 있는데 편의상 python 파일의 이름과 동일하게 작성해 줍니다. 이때 중요한 것은 .txt 확장자를 .bat로 변경해 주는 것입니다.

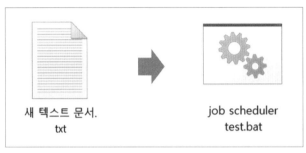

새 텍스트 문서. txt

job scheduler test.bat

[그림 10-15]

이름을 바꾸신 후에 batch 파일을 그냥 더블 클릭하시면 열리지 않으므로, 우클릭을 하신 후 편집을 클릭해 주셔야 합니다. 편집을 클릭하셨다면 아래와 같은 메모장 화면이 출력되는데, 아래와 같이 python "실행하고자 하는 파이썬 파일 이름.py"을 입력하시면 됩니다. 잘 입력하셨으면 저장 후 파일을 닫아주세요.

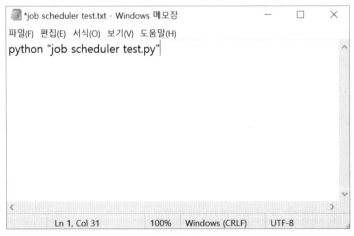

[그림 10-16]

참고로 이렇게 생성된 batch 파일을 더블 클릭하시면 방금 저장한 python 파일이 실행된답니다.

2. batch 파일을 작업 스케줄러에 등록하기

step 1 batch 파일을 만들었으니, 우리가 원하는 시간에 python 파일이 실행될 수 있도록 작업 스케줄러에 등록해 보겠습니다. 우선 좌측 하단의 '찾기' 창에 작업 스케줄러를 검색하셔서 클릭해 주세요.

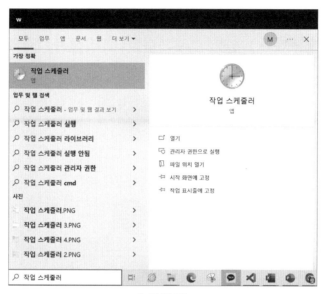

[그림 10-17]

step 2 작업 스케줄러가 실행되면 아래와 같은 창이 나오는데요. 우측의 '기본 작업 만들기...'를 클릭해 주세요.

[그림 10-18]

step 3 아래와 같은 화면이 나오면 해당 작업을 잘 표현할 수 있는 이름을 입력하고, 필요하다면 간단히 설명도 넣어주세요. 모두 입력하셨다면 다음 버튼을 클릭해 주세요.

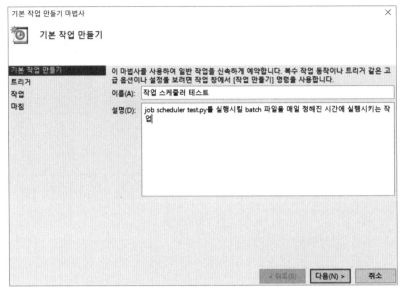

[그림 10-19]

step 4 다음은 작업 트리거, 즉 작업을 어떤 주기 혹은 어떤 조건에서 실행할지 정해주는 단계입니다. 아래 그림과 같이 매일, 매주, 매월, 한 번, 컴퓨터 시작 시, 로그온할 때, 특정 이벤트가 기록될 때로 구체적으로 정해줄 수 있습니다. 그럼, '매일'로 설정하고 다음 버튼을 클릭해 주겠습니다.

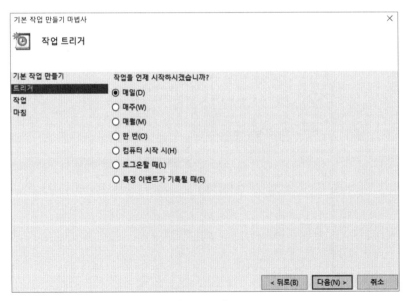

[그림 10-20]

step 5 앞서 '매일' 옵션을 선택했기 때문에 아래와 같이 매일 언제 작업을 실행할지 설정하는 단계가 나옵니다. 각자 원하시는 시간을 설정하시면 됩니다. 그 아래에 며칠 간격으로 실행할지도 나오는 걸 보니 2를 입력한다면 격일 단위로도 가능하겠네요.

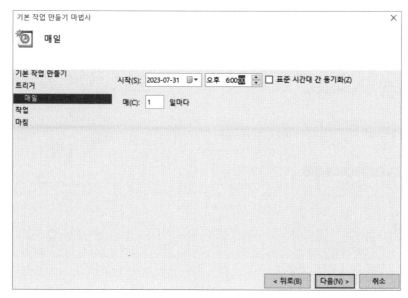

[그림 10-21]

step 6 어떤 작업을 할 것인지에 대한 설정 단계입니다. 기본으로 설정된 '프로그램 시작' 그대로 다음 버튼을 클릭해 주세요.

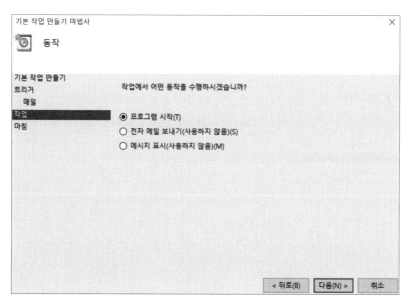

[그림 10-22]

step 7 가장 어려운(?) 단계입니다. 프로그램/스크립트 칸에는 방금 만들었던 batch 파일의 절대 경로를 입력해 줍니다. 찾아보기 버튼으로 해당 파일을 GUI 방식으로 선택하셔도 되고, 파일 경로를 복사 붙여 넣기 해 주셔도 됩니다. 단, 복사 붙여 넣기 하실 때는 큰따옴표(" ") 안에 경로를 넣어주세요. 이유는 위에서 설명해 드렸던 이유와 동일합니다. 그리고 시작 위치(옵션)에는 batch 파일이 위치하는 폴더의 경로를 입력해 줍니다. 이때는 큰따옴표를 넣어주면 안 됩니다.

[그림 10-23]

step 8 마침 버튼을 누르고 기본 작업 만들기를 완료해 주세요.

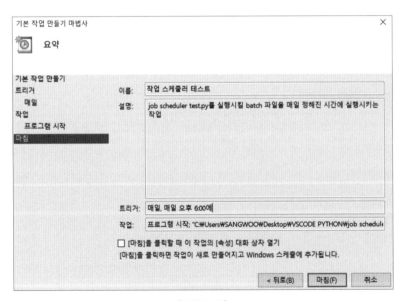

[그림 10-24]

여기까지 잘 따라오셨다면 아래와 같이 작업 스케줄러에 작업이 추가된 것을 확인하실 수 있을 거예요. 혹시 시간이나 경로를 수정하고 싶으시면 해당 작업을 더블 클릭하셔서 수정하시면 됩니다.

[그림 10-25]

정해진 시간이 되면 아래와 같이 cmd 창이 뜨면서 제가 출력하고자 했던 "Hello Python" 문자열이 출력되는 것을 확인할 수 있습니다. 테스트하실 때는 현재 시간의 1분 뒤로 설정하시면서 확인해 보세요!

[그림 10-26]

제가 테스트를 위해서 만들었던 코드는 아래와 같고 참고로 time.sleep(10)은 cmd 창이 바로 종료되면 확인을 못 하기 때문에 추가해 주었답니다.

```
import time

print("Hello Python")
time.sleep(10)
```

batch 파일의 파이썬 경로 설정 시 주의 사항

만약 파이썬 파일의 이름에 공백이 들어가 있다면 무조건 큰따옴표 (" ")를 붙여주셔야 합니다.

컴퓨터는 큰따옴표가 없으면 띄어쓰기를 문자열의 끝으로 인식하므로 제대로 파이썬 파일을 실행하지 못합니다. 예를 들어, python job scheduler test.py라고 batch 파일에 입력한다면 컴퓨터는 python을 실행하긴 하는데 job이라는 이름의 무엇인지 모를 파일을 실행하게 되므로 그냥 바로 프로그램이 종료되어 버리는 것이죠.

만약 여러분들의 파이썬 파일 이름에 공백이 없다면 큰따옴표를 붙여주지 않으셔도 됩니다. 코딩을 하다 보면 공백으로 인한 오류가 의도치 않게 발생할 수 있기 때문에 파일 이름을 지으실 때 의미를 구분하기 위해서는 공백 대신 언더바(_)를 사용하시는 것을 추천해 드립니다.

Chapter 11

실전
프로젝트

어느 직장인의 이야기 11.

손 사원이 이전에 만들었던 업무 자동화 프로그램이 사내에서 대박을 쳤습니다. 사내 개선 제안에서 1등을 수상하여 이달의 사내 우수 사원으로도 뽑혔습니다. 정 사장님은 손 사원의 업무 자동화 툴 개발 실력에 감탄하며 한 가지 제안을 합니다.

정 사장 : 자네 정말 우수한 인재로군… 사내에서 업무 효율화를 위한 팀을 만들려고 하네. 자네가 사내 업무 자동화 툴 개발을 위해 TFT를 추진해 보게나.

손 사원 : 감사합니다. 사장님 열심히 해보겠습니다.

손 사원 : '아니 우수상은 그렇다 치고 인센티브는요 사장님… 이럴 거면 사장님 몰래 했어야 했는데… 괜히 일 줄이려고 시작했는데 일이 더 많아지는 것 같아...'

손 사원은 구시렁거리기도 하지만 한편으로는 인정받은 기분에 들떠서 좀 더 열심히 해 보고자 의욕을 다졌습니다. 지금까지 공부한 내용으로 여러 업무 자동화 툴을 개발해 보기로 하였습니다.

※ TFT(Task Force Team) : 특정 업무 프로젝트 추진을 위한 팀

스마트 스토어 리뷰 크롤링해서 엑셀에 저장하기

몰래컴퍼니에서는 스마트 스토어로 굿즈를 팔고 있습니다. 상품기획팀에서는 고객들의 리뷰를 분석해서 새로운 굿즈를 기획하기도 합니다. 지금까지는 리뷰가 많이 없어서 상품마다 모든 리뷰를 복사, 붙여넣기 하는 방식으로 분석 데이터를 만들어왔지만 최근 들어 매출이 나면서 기존 방식으로는 대응이 힘들어졌습니다. 이러한 상황에서 상품기획팀은 업무 자동화 TF팀이 생겼다는 말을 듣고 의뢰를 해왔습니다.

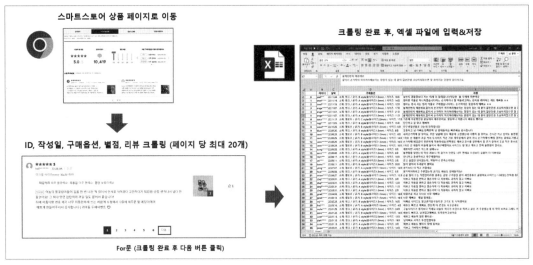

[그림 11-1]

문제해결에 필요한 조건을 정리해 보겠습니다. 프로그램을 간단히 도식화해 보았습니다.

- 크롤링할 사이트(스마트 스토어)에서 원하는 정보만 추출해야 함.

- 모든 리뷰를 크롤링하기 위해서 페이지 이동을 반복하며 정보를 축적해야 함.

- 마지막 페이지까지 리뷰를 크롤링 후, 엑셀로 정리해야 함.

- **사용 라이브러리**: selenium, pandas, openpyxl, time, math

step 1 필요한 패키지와 모듈들을 불러옵니다. 거의 다 앞에서 배웠던 내용이므로 새로 보실 만한 패키지만 설명해 드리겠습니다.

1) **pandas**: 판다스는 주로 데이터 분석에 많이 사용되는 패키지로 table, 즉 행(row)과 열(column)로 이루어진 자료 형태를 다룰 때 효과적입니다. 이번 프로젝트에서는 크롤링한 리스트들을 표 형태로 합쳐주고, 엑셀로 변환해 줄 때 사용됩니다.

2) **math**: math는 수학 계산에 사용하는 모듈이며, 별도의 설치가 필요 없는 내장 라이브러리입니다. 이번 프로젝트에서는 전체 리뷰 수를 계산해서 for문으로 반복할 횟수, 즉 리뷰 페이지 수를 계산할 때 올림 계산을 하기 위해 사용됩니다.

[코드]

```
from selenium import webdriver
from selenium.webdriver.common.keys import Keys # 기능키 혹은 문자를 입력할 때 사용
from selenium.webdriver.common.by import By # CLASS_NAME이나 ID, XPATH 선택 시 사용
import time # 시간 delay를 위한 모듈
import pandas as pd # 리스트를 엑셀로 넘겨주기 위한 패키지
import math # 페이지 수 올림 계산을 위한 모듈
```

step 2 selenium 패키지를 이용해서 우리가 목적한 url 페이지로 이동합니다. 여기서 중요한 포인트는 크롤링할 리뷰 개수를 파악해서 이를 통해 크롤링할 페이지 수를 산출하는 단계입니다. 먼저 review_count.text는 문자열 형태이므로 int( ) 함수로 정수 형태로 바꿔준 후, 20으로 나눠줍니다. 그러면 20으로 딱 나누어떨어지지 않는 경우가 대부분인데 이를 math.ceil( ) 함수로 올림 처리함으로써 마지막 리뷰 페이지까지 for문으로 반복할 수 있게 됩니다.

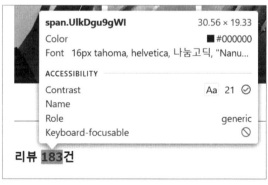

[그림 11-2]

[코드]

```
# 크롬 드라이버 실행
driver = webdriver.Chrome()

# url 입력 및 실행
url = '스마트 스토어 상품 페이지 url 입력'
driver.get(url)
time.sleep(2)

# 리뷰 탭 클릭
driver.find_element(By.CLASS_NAME, "_2pgHN-ntx6").click()
time.sleep(1)

# 크롤링할 리뷰 개수 파악
review_count = driver.find_element(By.CLASS_NAME, "UlkDgu9gWI")
page_count = math.ceil(int(review_count.text)/20)
```

step 3 리뷰의 유저 아이디, 작성일, 선택옵션, 내용, 별점 등을 담을 빈 리스트를 준비한 다음, 리뷰 페이지 수만큼 for문을 반복하며 내용들을 추출하며 리스트에 쌓아줍니다. 한 페이지 내의 리뷰를 모두 크롤링하면 다음 페이지로 이동하고 또 크롤링하는 방식입니다.

여기서 코드를 보시다 보면 별점, 아이디, 작성일을 크롤링한 다음 option 파트에서 if문이 들어간 것이 보입니다. 이 부분은 옵션 정보가 누락된 경우를 따로 처리해 주기 위함입니다.

[그림 11-3]

스마트 스토어의 리뷰를 보시다 보면 리뷰를 작성한 고객이 해당 상품의 어떤 옵션을 선택했는지도 표시됩니다. 가끔씩 이런 옵션 선택 정보가 누락된 경우가 있는데, 이를 '옵션 없음'이라고 처리하고 넘어가지 않으면 다른 리스트들에 비해 요소 개수가 작아져서 취합할 때 문제가 되기 때문입니다.

[코드]

```python
# 정보를 담을 빈 리스트 정의
all_list_star = []
all_list_id = []
all_list_date = []
all_list_option = []
all_list_comment = []


for i in range(page_count):
    # 리뷰 상자
    list_review_div = driver.find_elements(By.CLASS_NAME, "_1yIGHygFbx")

    # 리뷰 상자 안의 정보들을 리스트로 형태로 가공
```

```python
        list_star = [review.find_element(By.CLASS_NAME, "_15NU42F3kT").text for review in
list_review_div]
        list_id = [review.find_elements(By.CLASS_NAME, "_3QDEeS6NLn")[0].text for review in
list_review_div]
        list_date = [review.find_elements(By.CLASS_NAME, "_3QDEeS6NLn")[1].text for review
in list_review_div]

        # 옵션 (선택옵션 정보가 없는 경우를 대응하기 위함)
        list_option = [ ]
        options = driver.find_elements(By.CLASS_NAME, "_14FigHP3K8")

        for i in options:
            option = i.text.split("\n")

            if len(option) == 1:
                option = "옵션 없음"
            else:
                option = option[0]
            list_option.append(option)

        # 리뷰 내용 저장
        list_review_comment = driver.find_elements(By.CLASS_NAME, "YEtwtZFLDz")
        list_comment = [comment.text for comment in list_review_comment]

        # 리스트들을 전체 리스트에 추가
        all_list_star.extend(list_star)
        all_list_id.extend(list_id)
        all_list_date.extend(list_date)
        all_list_option.extend(list_option)
        all_list_comment.extend(list_comment)

    # 다음 페이지 이동
    try:
        driver.find_element(By.CLASS_NAME, "fAUKm1ewwo._2Ar8-aEUTq").click()
        time.sleep(2)
    except:
        print("마지막 페이지입니다.")
        pass
```

step 4 크롤링이 모두 끝나면 크롬 드라이버를 종료하고 정보가 쌓여 있는 리스트들을 zip 함수로 묶어준 다음, pandas의 데이터 프레임으로 변환하면서 열의 이름도 붙여줍니다. 그다음 마지막으로 엑셀로 저장해 줍니다.

[코드]

```python
# 크롬 드라이버 종료
driver.close()

# 전체 리스트를 묶음
list_sum = list(zip(all_list_id, all_list_date, all_list_option, all_list_star, all_list_comment))

# DataFrame 생성
col = ['아이디', '날짜', '구매옵션', '별점', '리뷰']
df = pd.DataFrame(list_sum, columns=col)

# 엑셀에 저장
df.to_excel('./스마트 스토어 상품 리뷰.xlsx')
```

엑셀 파일 시트를 각각 PDF 파일로 변환하기

보통 회사에서 문서 작업은 엑셀로 진행하지만 외부로 반출 시에는 수정을 방지하기 위해 pdf 파일로 변환하여 전송하곤 합니다. 몰래컴퍼니에서도 고객들에게 전달하는 견적서 파일을 월별 엑셀 파일로 관리하고 있습니다. 손 사원은 항상 1개 파일을 열고 각 시트별로 PDF 파일로 변환하는 작업을 반복해 오고 있습니다. 이 반복적인 업무를 루틴화하고 업무 효율화를 위해 손 사원은 한 가지 프로젝트를 진행하게 되었습니다. 각 엑셀 파일의 시트가 몇 개든지 자동으로 PDF 파일로 변환하는 프로그램을 개발하는 것입니다. 11.2에서는 이 프로그램을 파이썬을 통해 자동화해 보겠습니다.

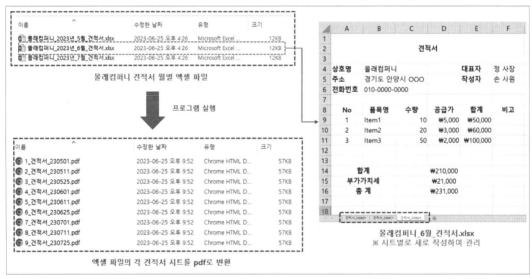

[그림 11-4]

이번 코드에 대한 콘셉트를 간단히 설명하겠습니다.

- 1개 폴더 안에 여러 견적서 엑셀 파일(.xlsx)이 존재함.

- 각 엑셀 파일(.xlsx)에는 여러 개의 견적서 작성 시트가 있음.

- 폴더의 경로만 지정하면 엑셀 파일의 모든 시트를 각 1개 파일 PDF로 변환하여 출력함.

- 라이브러리는 win32com의 client 모듈과 os를 사용함.

이번에는 엑셀을 다루는 프로젝트임에도 win32com 라이브러리를 사용합니다. **Chapter 3**에서 배운 건 openpyxl이었는데 갑자기 win32com인지 궁금하실 것 같습니다. openpyxl은 엑셀을 읽고 쓰는 데는 간단히 사용이 가능하지만 엑셀 본연의 기능(시트 이동, 복사 등)은 일부 지원하지 않아 제한적인 면이 있습니다. 그래서 이번 프로젝트는 엑셀의 본연의 기능을 지원하는 win32com 라이브러리를 사용할 겁니다. win32com은 **Chapter 3**의 **3.1.2**에서도 간단히 설명해 드렸지만 Microsoft에서 제공하는 윈도우 프로그램 제어 라이브러리입니다. 따라서 윈도우의 Microsoft Excel과 같은 애플리케이션과 호환성이 좋습니다. 이 책에서 다루는 새로운 라이브러리지만 openpyxl을 공부하셨다면 충분히 사용할 수 있습니다. 이전 다른 프로젝트와 마찬가지로 step별로 코드를 작성해 보도록 하겠습니다.

step 1 라이브러리 Import 및 폴더 경로 설정

[코드]

```
# step 1. Import 및 Excel 파일이 있는 경로 설정
import win32com.client
import os
path = r"C:\Users\...\사장님몰래하는파이썬업무자동화\실전프로젝트\엑셀 pdf 변환"
```

먼저 win32com의 client 모듈과 os 라이브러리를 import합니다. 그리고 경로를 설정하는데 몰래 컴퍼니의 월별 견적서 엑셀 파일(.xlsx)이 있는 경로입니다. 위 경로인 path에는 아래와 같이 3개의 파일이 있습니다.

이름	수정한 날짜	유형	크기
몰래컴퍼니_2023년_5월_견적서.xlsx	2023-06-25 오후 10:04	Microsoft Excel ...	13KB
몰래컴퍼니_2023년_6월_견적서.xlsx	2023-06-25 오후 4:26	Microsoft Excel ...	12KB
몰래컴퍼니_2023년_7월_견적서.xlsx	2023-06-25 오후 4:26	Microsoft Excel ...	12KB

[그림 11-5]

step 2 설정한 경로(path)에 있는 파일명 리스트 및 경로 출력해 보기

[코드]

```python
# step 2. OS 라이브러리 통해 설정한 경로에 있는 파일명 경로 출력해 보기
for one in os.walk(path):
    print('해당 경로 : {}'.format(one[0]))
    print("해당 경로의 폴더 : {}".format(one[1]))
    print('파일 리스트 : {}'.format(one[2]))
```

[결과]

```
해당 경로 : C:\...\사장님몰래하는파이썬업무자동화\실전프로젝트\엑셀 pdf 변환
해당 경로의 폴더 : [ ]
파일 리스트 : ['몰래컴퍼니_2023년_5월_견적서.xlsx', '몰래컴퍼니_2023년_6월_견적
서.xlsx', '몰래컴퍼니_2023년_7월_견적서.xlsx']
```

"Chapter 6. 파일과 폴더"에서 배웠던 os.walk( ) 함수를 기억하시나요? os.walk( )는 설정한 경로에 있는 폴더 리스트와 파일 리스트를 튜플 형태로 반환합니다. 따라서 위에 있는 print 내부의 변수를 보시면 one[0], one[1], one[2]와 같이 인덱싱을 통해 접근했습니다. "6.3 파일과 폴더 경로 다루기"에서 내용을 다룬 적이 있으니 기억이 안 나신다면 참고해 주세요.

각 엑셀 파일에 접근하기 위해서는 각 파일의 경로를 알아야 합니다. os.walk( )는 그 정보를 주는 함수이며, 다음 step 3에서 위 내용을 가지고 모든 엑셀 파일에 접근할 수 있는 경로 정보 배열을 만들 겁니다.

step 3 모든 파일의 절대 경로를 배열(리스트)로 저장

[코드]

```python
# step 3. 위 결과를 활용하여 모든 파일의 절대 경로를 리스트로 반환
file_path_list = [] # 경로 저장을 위한 빈 리스트 생성
for path, folder_list, file_list in os.walk(path): # os.walk 함수
    for file_name in file_list: # 파일 리스트를 for 반복문으로 진행
        file_all_path = path+"/"+file_name # 설정 경로 + "/" + 파일 이름 형태 (절대 경로)
        file_path_list.append(file_all_path)  # 리스트에 추가

for one_path in file_path_list:
    print(one_path) # 저장한 경로 리스트 출력해 보기
```

```
C:\Users\...\실전프로젝트\엑셀 pdf 변환/몰래컴퍼니_2023년_5월_견적서.xlsx
C:\Users\...\실전프로젝트\엑셀 pdf 변환/몰래컴퍼니_2023년_6월_견적서.xlsx
C:\Users\...\실전프로젝트\엑셀 pdf 변환/몰래컴퍼니_2023년_7월_견적서.xlsx
```

step 3에서는 step 2에서 출력해 봤던 os.walk(path)를 통해 접근해야 할 견적서 엑셀 파일의 절대 경로를 배열로 저장합니다. file_path_list라는 빈 리스트를 생성하여 os.walk( ) 함수를 사용하여 각 정보를 조합하면 결과와 같이 엑셀 파일에 접근할 수 있는 절대 경로를 생성할 수 있습니다.

step 4 엑셀 Application 객체 생성

win32com 라이브러리로 엑셀 파일에 접근하기 위해서는 엑셀 Application에 대한 객체를 생성해야 합니다. 이 부분이 openpyxl과의 차이점이기도 합니다. Openpyxl은 엑셀 객체를 생성하는 과정이 없기 때문입니다.

[코드]

```
# step 4. 엑셀 Application 객체 생성
excel = win32com.client.Dispatch("Excel.Application")
print("win32com Excel Application 객체 생성 : ", excel)
```

[결과]

```
win32com Excel Application 객체 생성 :  Microsoft Excel
```

엑셀 Application 객체를 생성한다는 것은 쉽게 말하면 엑셀을 실행한 상태를 변수로 저장한 상태라고 보시면 됩니다. 사용자는 excel이라는 변수를 통해 새로운 시트를 생성하거나 데이터를 읽고 쓰는 등의 작업을 진행할 수 있습니다. Dispatch라는 함수는 win32com.client 모듈에서 제공하는 Microsoft Application 객체 생성 함수입니다. 엑셀뿐만 아니라 Microsoft에서 제공하는 Word, Power point 등을 객체로 생성하여 코드를 작성할 수 있습니다. 비슷한 예시로 Microsoft Word 를 객체로 생성하는 코드는 아래와 같습니다.

```
word = win32com.client.Dispatch("Word.Application")
```

step 5 각 엑셀 파일에 대한 시트 이름 반환

이번 step은 각 엑셀 파일에 있는 견적서 시트명을 배열로 저장하는 코드입니다. 먼저 코드와 결과부터 보겠습니다.

[코드]

```
# step 5. 각 엑셀 파일에 대한 시트 이름 반환
excel_sht_info={} # 빈 딕셔너리 생성
for file_path in file_path_list: # file_path 반복문
    wb = excel.Workbooks.Open(file_path) # 엑셀 Workbook 열기
    sheet_names = [sheet.Name for sheet in wb.Sheets] # 시트 이름 리스트화
    excel_sht_info[file_path] = sheet_names # 딕셔너리 저장

for key, value in excel_sht_info.items(): # 딕셔너리 출력
    print("key : ", key) # key는 엑셀 파일의 경로
    print("Value : ", value) # value는 엑셀 파일 시트 리스트
```

[결과]

```
key :  C:\...\실전프로젝트\엑셀 pdf 변환/몰래컴퍼니_2023년_5월_견적서.xlsx
Value :  ['견적서_230601', '견적서_230611', '견적서_230625']

key :  C:\...\실전프로젝트\엑셀 pdf 변환/몰래컴퍼니_2023년_6월_견적서.xlsx
Value :  ['견적서_230601', '견적서_230611', '견적서_230625']

key :  C:\...\실전프로젝트\엑셀 pdf 변환/몰래컴퍼니_2023년_7월_견적서.xlsx
Value :  ['견적서_230601', '견적서_230611', '견적서_230625']
```

이전 step 3에서 생성했던 file_path_list 변수(모든 엑셀 파일의 절대 경로)를 반복문(for)을 통해 각 엑셀 파일에 대한 객체(wb)를 생성하는 코드입니다. 객체(wb)를 생성하여 해당 엑셀 파일의 시트 리스트를 리스트 컴프리헨션 구문을 통해 읽어옵니다. Openpyxl로 치면 ws.sheetnames와 동일합니다. ws.sheetnames는 "3.3.2 **Worksheet 설정하기**"에서 다룬 적이 있습니다. 추가로 리스트 컴프리헨션은 리스트를 조건에 따라 또 다른 축약형 리스트로 만들어 주는 파이썬 구문입니다. 리스트 컴프리헨션도 "11.4 **엑셀 데이터를 카테고리별로 자동 분류 하기**" 참고상자에서 다뤘으니 잘 모르시는 분들은 참고해 주세요.

step 6 각 파일 pdf 변환하기

이전 step 5까지의 과정은 엑셀 파일의 경로와 그 파일들이 가지고 있는 시트명 정보를 가지고 있는 딕셔너리 변수 excel_sht_info를 생성하는 것이었습니다. 이번 과정은 11.2의 본격적인 기능인 각 엑셀 파일을 pdf로 변환하는 것입니다.

[코드]

```
# step 6. 각 파일 pdf 변환
idx = 1 # 파일명 중복 방지를 위한 인덱스 부여
for file_path, sheet_list in excel_sht_info.items():
    wb = excel.Workbooks.Open(file_path) # Workbook 객체 생성
    for sht_name in sheet_list: # 시트 리스트 반복
        ws_sht = wb.Worksheets(sht_name) # Worksheet 객체 생성
        ws_sht.Select() # 해당 시트 선택(활성화)
        save_file_path = path+ '/' + '{}_{}.pdf'.format(idx, sht_name) # 파일 경로 설정
        wb.ActiveSheet.ExportAsFixedFormat(0, save_file_path) # pdf 파일 변환
        print("{} 시트 pdf 파일 생성 완료".format(sht_name)) # 완료 메시지
        idx+=1 # 중복 방지 인덱스 증가
```

[결과]

이름 ^	수정한 날짜	유형	크기
1_견적서_230601.pdf	2023-06-30 오후 11:30	Adobe Acrobat 문...	61KB
2_견적서_230611.pdf	2023-06-30 오후 11:30	Adobe Acrobat 문...	61KB
3_견적서_230625.pdf	2023-06-30 오후 11:30	Adobe Acrobat 문...	61KB
4_견적서_230601.pdf	2023-06-30 오후 11:30	Adobe Acrobat 문...	57KB
5_견적서_230611.pdf	2023-06-30 오후 11:30	Adobe Acrobat 문...	57KB
6_견적서_230625.pdf	2023-06-30 오후 11:30	Adobe Acrobat 문...	57KB
7_견적서_230601.pdf	2023-06-30 오후 11:30	Adobe Acrobat 문...	57KB
8_견적서_230611.pdf	2023-06-30 오후 11:30	Adobe Acrobat 문...	57KB
9_견적서_230625.pdf	2023-06-30 오후 11:30	Adobe Acrobat 문...	57KB

[그림 11-6]

Openpyxl에서 다루지 않은 코드들이 있지만 기본적인 과정들은 openpyxl으로 엑셀을 다루는 것이랑 비슷합니다. win32com으로 엑셀을 다루는 코드가 잘 이해가 안 가시는 분들은 이번 파트의 참고상자에서 간단히 설명하였으니 참고하시면 됩니다.

step 6에서 엑셀 파일의 시트를 pdf로 변환하는 코드는 아래 1라인입니다.

```
wb.ActiveSheet.ExportAsFixedFormat(0, save_file_path) # pdf 파일 변환
```

wb는 앞에서 생성했던 Workbook 객체(엑셀 파일 객체)입니다. wb.ActiveSheet의 의미는 설정한 Workbook 객체의 활성화되어 있는 시트를 의미합니다. Openpyxl의 wb.active를 알고 계신다면 비슷한 코드라고 보시면 됩니다. 마지막의 ExportAsFixedFormat이라는 코드는 Worksheet 객체(이 코드에서는 ActiveSheet)에 대한 함수 호출입니다. 설정한 시트를 PDF와 XPS 파일 형태로 추출할 수 있습니다.

설정값	설명
ExportAsFixedFormat(0, path)	설정 경로(path) 파일을 PDF 형태로 변환
ExportAsFixedFormat(1, path)	설정 경로(path) 파일을 XPS 형태로 변환

step 7 Workbook 및 엑셀 종료(객체 닫기)

[코드]

```
wb.Close(False) # Workbook 객체 종료
excel.Quit() # Excel Application 객체 종료
```

프로그램 코드를 실행하고 마지막으로 해야 할 일은 Workbook 과 Excel 객체를 명시적으로 닫는 것입니다. wb.Close( )는 코드에서 설정한 Workbook 객체(wb)를 닫습니다. 괄호 안의 설정값을 False로 하는 경우 수정 사항을 반영하지 않고 닫는 코드이며, 수정 사항을 저장하고 닫으려면 True를 입력하시면 됩니다. excel.Quit( )는 최종적으로 엑셀 프로그램 객체를 닫아 프로그램을 완전히 종료합니다.

위 코드가 필요한 이유는 사용하시는 PC의 리소스 관리와 메모리 누수를 방지하기 위해서입니다. 닫는 과정이 없으면 사용자가 프로그램을 종료해도 PC 내부에는 객체가 그대로 남아있어 프로그램 성능에 좋지 않은 영향을 미칩니다. 따라서 코드 마지막 부분에 객체를 닫는 부분을 추가하시는 것을 습관화하시면 좋습니다.

```python
# 엑셀 데이터를 PDF 파일로 자동 변환하기
# step 1. Import 및 Excel 파일이 있는 경로 설정
import win32com.client
import os
path = r"C:\...\사장님몰래하는파이썬업무자동화\실전프로젝트\엑셀 pdf 변환"

# step 2. OS 라이브러리를 통해 설정한 경로에 있는 파일명 경로 출력해 보기
for one in os.walk(path):
    print('해당 경로 : {}'.format(one[0]))
    print("해당 경로의 폴더 : {}".format(one[1]))
    print('파일 리스트 : {}'.format(one[2]))

# step 3. 위 결과를 활용하여 모든 파일의 절대 경로를 리스트로 반환
file_path_list = [] # 경로 저장을 위한 빈 리스트 생성
for path, folder_list, file_list in os.walk(path): # os.walk 함수
    for file_name in file_list: # 파일 리스트를 for 반복문 진행
        file_all_path =  path+"/"+file_name # 설정 경로 + "/" + 파일 이름 형태 (절대 경로)
        file_path_list.append(file_all_path)  # 리스트에 추가

# step 4. 엑셀 Application 객체 생성
excel = win32com.client.Dispatch("Excel.Application")
print("win32com Excel Application 객체 생성 : ", excel)

# step 5. 각 엑셀 파일에 대한 시트 이름 반환
excel_sht_info={} # 빈 딕셔너리 생성
for file_path in file_path_list: # file_path 반복문
    try:
        wb = excel.Workbooks.Open(file_path) # 엑셀 Workbook 열기
        sheet_names = [sheet.Name for sheet in wb.Sheets] # 시트 이름 리스트화
        excel_sht_info[file_path] = sheet_names # 딕셔너리 저장
    except: pass

for key, value in excel_sht_info.items(): # 딕셔너리 출력
    print("key : ", key) # key는 엑셀 파일의 경로
    print("Value : ", value) # value는 엑셀 파일 시트 리스트
```

```
# step 6. 각 파일 pdf 변환
idx = 1 # 파일명 중복 방지를 위한 인덱스 부여
for file_path, sheet_list in excel_sht_info.items():
    wb = excel.Workbooks.Open(file_path) # Workbook 객체 생성
    for sht_name in sheet_list: # 시트 리스트 반복
        ws_sht = wb.Worksheets(sht_name) # Worksheet 객체 생성
        save_file_path = path+ '/' + '{}_{}.pdf'.format(idx, sht_name) # 파일명 설정
        ws_sht.Select() # 해당 시트 선택(활성화)
        wb.ActiveSheet.ExportAsFixedFormat(0, save_file_path) # pdf 파일 변환
        print("{} 시트 pdf 파일 생성 완료".format(sht_name)) # 완료 메시지
        idx+=1 # 중복 방지 인덱스 증가

# step 7. 엑셀 종료
wb.Close(False)
excel.Quit()
```

 ## win32com을 이용한 엑셀 다루기 기초

이 책에서는 엑셀을 다루는 라이브러리로 openpyxl를 사례로 들어 설명하고 있습니다. Win32
com은 다루고 있진 않지만 이번 프로젝트를 이해하기 위해 보충 설명을 드리고자 합니다. 아래
과정은 win32com.client 모듈을 통해 엑셀을 제어할 때 일반적으로 이루어지는 절차입니다.

1. Excel 애플리케이션에 대한 객체 생성

[예시 코드]

```
excel = win32com.client.Dispatch("Excel.Application")
excel.Visible = False # 엑셀 실행 과정 안 보이게(True 설정 시 보이게)
```

win32com.client 모듈을 통해 엑셀 프로그램을 제어할 때 필요한 가장 첫 번째 절차는 애플리
케이션 객체를 생성하는 겁니다. 쉽게 말하면 엑셀 프로그램에 대한 객체를 만드는 것이라고 보
시면 됩니다. Win32com의 경우 openpyxl과 달리 엑셀 프로그램과 실시간으로 상호작용이 가
능합니다. 따라서 코드 실행 과정을 실시간으로 보이게 설정하는 것도 가능합니다. 궁금하신 분
은 위 excel.Visible의 설정값을 True로 변경해 보시고 코드를 실행해 보세요.

2. Workbook, Worksheet 객체 생성

[예시 코드]

```
wb = excel.Workbooks.Open(file_path) # file_path(설정 경로) Workbook 객체 생성
ws = wb.Worksheets(sht_name) # sht_name(설정 시트) Worksheet 객체 생성
```

Openpyxl에서 Workbook 객체(wb)와 Worksheet 객체(ws)를 생성했던 과정을 기억하시나요? Chapter 3. 엑셀의 "3.3 Workbook, Worksheet 설정하기"에서 다룬 적이 있습니다. 이 코드는 엑셀 파일의 경로(file_path)를 받아 Workbook 객체를 생성하는 코드입니다.

3. Worksheet 객체를 통한 작업 진행

[예시 코드]

```
ws.Range('A1').Value = 'test code' # A1에 'test code' 입력
```

위 코드는 2)에서 생성했던 Worksheet 객체(ws)를 사용해서 Cell "A1"에 접근해 문자를 입력하는 코드입니다. 이 과정은 문법만 다를 뿐 openpyxl과 기본 원리는 같습니다. 위 예시 코드는 문자를 쓰는 코드지만 반대로 읽어올 수도 있고 11.2 프로젝트 코드처럼 Worksheet를 다른 형태로 변환할 수도 있습니다.

4. 작업 완료 후, 객체 닫기 과정

[예시 코드]

```
wb.close(False)  # Workbook 객체 종료
excel.Quit( ) # Excel Application 객체 종료
```

Win32com.client로 프로그램 작성 시 반드시 생성한 객체를 닫는 코드를 추가하도록 합시다.

Openpyxl보다 Win32com이 어려운 것 같지만 사실 위에서 설명해 드린 4개 과정으로 작업이 이루어지게 됩니다.

딕셔너리(dictionary)를 for 반복문 사용해서 출력할 때

생성된 딕셔너리를 반복문(for)을 사용하여 출력하는 방법이 3가지가 있습니다. 아래 예시 코드를 통해 간단히 소개해 드리겠습니다.

[코드]

```
dic_arr = {'이름':"yb.jeong",
           '주소':'경기도 안양시',
           '나이':'32'}
```

1. 딕셔너리의 key값만 출력하기 : keys( )

[예시 코드 1]

```
# Case1) Key값만 출력하기
for key in dic_arr.keys():
    print("key값 출력 : ", key)
```

[결과]

```
key값 출력 : 이름
key값 출력 : 주소
key값 출력 : 나이
```

2. 딕셔너리의 value값만 출력하기 : values( )

[예시 코드 2]

```
# Case2) Value만 출력하기
for value in dic_arr.values():
    print("value만 출력", value)
```

[결과]

```
value만 출력 yb.jeong
value만 출력 경기도 안양시
value만 출력 32
```

3. 딕셔너리의 key, value 동시 출력하기: items( )

[예시 코드 2]

```
# Case3) Key, Value 동시 출력하기
for key, value in dic_arr.items():
    print("key 출력:", key)
    print("value 출력", value)
    print()
```

[결과]

```
key 출력: 이름 value 출력 yb.jeong
key 출력: 주소 value 출력 경기도 안양시
key 출력: 나이 value 출력 32
```

11.3 뉴스 키워드 카카오톡으로 전송하기

손 사원은 요즘 업무 자동화 TF팀 업무로 인해 세상 돌아가는 이야기에 대해서 전혀 모르고 살아 왔습니다. 그래서 얼마 전 친구들을 만나 이야기를 하는데 친구들이 말하는 주제를 전혀 몰라서 대화에 낄 수가 없었습니다. 손 사원은 이래서는 안 되겠다는 생각을 갖게 되었고, 매일 나오는 뉴스의 주제의 언급 빈도를 워드 클라우드로 만들어 카카오톡으로 매일 아침 전송받는 프로그램을 만들기로 하였습니다. 아침마다 그 주제들을 쭉 훑어보고 관심 가는 주제를 검색하기 위해서 말이죠.

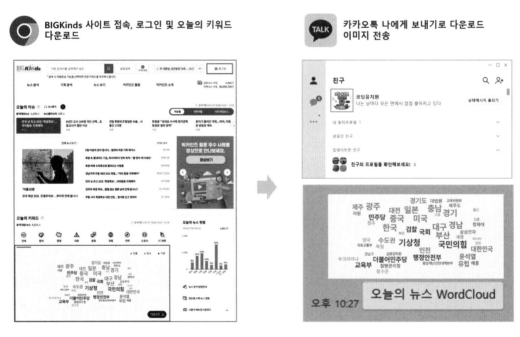

BIGKinds 사이트 접속, 로그인 및 오늘의 키워드 다운로드

카카오톡 나에게 보내기로 다운로드 이미지 전송

[그림 11-7]

문제해결에 필요한 조건을 정리해 보겠습니다. 프로그램을 간단히 도식화해 보았습니다.

- 크롤링할 사이트(빅 카인즈)에 접속해서 로그인 후, 워드 클라우드 이미지 다운로드

- pyautogui를 이용해 카카오톡 실행 및 다운로드받은 이미지 나에게 첨부 파일로 보내기

- 매일 정해진 시간에 주기적으로 프로그램을 실행

- **사용 라이브러리** : selenium, time, pyautogui, pyperclip, schedul

step 1 필요한 패키지와 모듈들을 불러옵니다. 이번 프로젝트에서 다루는 패키지와 모듈은 모두 앞서 다루었던 것들이어서 별도 설명 없이 넘어가겠습니다.

[코드]

```
from selenium import webdriver
from selenium.webdriver.common.keys import Keys # 엔터 혹은 문자를 입력할 때 사용
from selenium.webdriver.common.by import By # CLASS_NAME이나 ID, XPATH 선택 시 사용
import time # 시간 delay를 위한 모듈
import pyautogui
import pyperclip
```

step 2 크롬 드라이버를 실행하고 빅카인즈의 로그인 페이지로 이동해서 아이디와 비밀번호를 입력한 뒤, 로그인 버튼을 클릭해 주는 코드입니다.

[그림 11-8]

코드를 작동하기 위해서는 BIGKinds의 아이디가 필요한데, 이때 주의하실 점은 카카오, 네이버, 구글 계정으로 로그인하는 게 아니라 BIGKinds 계정을 만드셔야 한다는 것입니다. 그 이유는 네이버의 경우에 크롬 드라이버로 접속한 경우, 사람인지 확인하는 과정이 들어가서 자동화가 불가능하기 때문입니다.

[코드]

```python
# 크롬 드라이버 실행
driver = webdriver.Chrome()

# url 입력 및 실행
url = 'https://www.bigkinds.or.kr/'
driver.get(url)
time.sleep(2)

# 로그인 버튼 클릭
driver.find_element(By.CLASS_NAME, 'btn-login.login-modal-btn.login-area-before').
click()
time.sleep(1)

# Big Kinds id/pw 입력 및 로그인
driver.find_element(By.ID, 'login-user-id').send_keys('빅카인즈 아이디')
driver.find_element(By.ID, 'login-user-password').send_keys('비밀번호')
driver.find_element(By.CLASS_NAME, 'btn.btn-lg.btn-primary.btn-login.login-btn').
click()
time.sleep(1)
```

step 3 화면을 page down해서 워드 클라우드가 보이게 만들어준 뒤, 워드 클라우드 이미지를 다운로드하는 단계입니다. 다운로드 경로는 자동으로 '다운로드' 폴더로 됩니다. 웹에서 할 일은 끝났으니 크롬 드라이버를 종료해 줍니다.

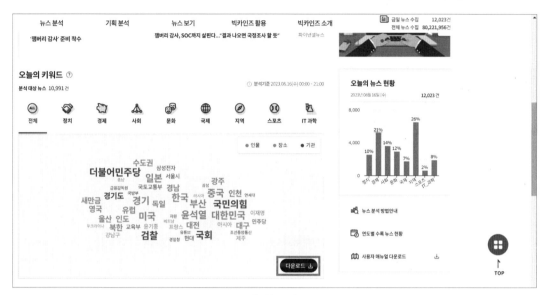

[그림 11-9]

[코드]

```python
# 워드 클라우드 다운로드 버튼이 보이도록 Page down
driver.find_element(By.TAG_NAME, 'body').send_keys(Keys.PAGE_DOWN)
time.sleep(0.5)


# 워드 클라우드 png 다운로드
driver.find_element(By.CLASS_NAME, 'btn.btn-dark.btn-sm.btn-round02').click()
time.sleep(0.5)
driver.find_element(By.CLASS_NAME, 'network-download.mobile-excel-download.btn_keyword_
down').click()
time.sleep(3)


# 크롬 드라이버 종료
driver.close()
```

step 4 작업표시줄에 위치한 카카오톡을 클릭해서 실행해 준 뒤, 내 프로필을 우클릭해서 나와의 채팅을 클릭해 줍니다. 작업표시줄의 카카오톡 이미지와 프로필 이미지를 인식하기 위해서는 별도로 이미지를 캡처해서, 현재 작업 경로에 저장해 둬야 하는 건 9.4절에서 배웠으니 잘하실 수 있으시겠죠?

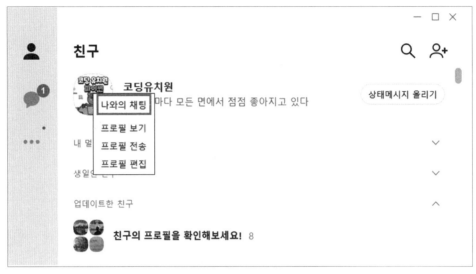

[그림 11-10]

[코드]

```python
# 카카오톡 실행 (로그인되어 있는 상태여야 함)
position_kakao_app = pyautogui.locateOnScreen('kakao_icon.PNG' ,confidence=0.7)
clickPosition = pyautogui.center(position_kakao_app)
pyautogui.doubleClick(clickPosition)
time.sleep(5.0)

# 내 프로필 클릭 (나에게 보내기)
position_profile = pyautogui.locateOnScreen('kakao_profile.PNG' ,confidence=0.93)
clickPosition = pyautogui.center(position_profile)
pyautogui.click(clickPosition, button='right') # 우클릭
pyautogui.move(20,20)
pyautogui.click()
time.sleep(1.0)
```

step 5 나와의 채팅창이 켜진 상태에서 단축키 'Ctrl + T'를 클릭하면 첨부 파일을 선택할 수 있는 창이 출력됩니다. 이번에도 이미지 기반으로 다운로드 폴더를 선택하고, '오늘'이라는 글자를 선택하기 위해서

이미지 캡처 및 저장하였습니다. 방금 다운로드된 '오늘의키워드' 파일을 선택한 뒤 엔터를 눌러서 파일을 전송합니다.

[그림 11-11]

[코드]

```python
# 첨부 파일 보내기 단축키
pyautogui.hotkey("ctrl", "t")
time.sleep(2.0)

# 다운로드 폴더로 이동
position_png = pyautogui.locateOnScreen('path_download.PNG' ,confidence=0.93)
clickPosition = pyautogui.center(position_png)
pyautogui.moveTo(clickPosition)
pyautogui.click()
time.sleep(0.5)

# 파일 선택 및 전송
position_png = pyautogui.locateOnScreen('kakao_today.PNG' ,confidence=0.7)
clickPosition = pyautogui.center(position_png)
pyautogui.moveTo(clickPosition)
pyautogui.move(0,40)
pyautogui.doubleClick()
pyautogui.press('enter')
```

step 6 해당 이미지가 무엇인지 간단히 메시지를 작성해서 전송한 뒤 채팅방과 카카오톡을 종료해 줍니다.

[코드]

```python
# 이미지 설명 텍스트 전송
pyperclip.copy("오늘의 뉴스 WordCloud")
pyautogui.hotkey("ctrl", "v")
time.sleep(0.5)
pyautogui.press('enter')
time.sleep(0.5)


# 채팅방 나가기
pyautogui.press('escape')
time.sleep(0.5)


# 카카오톡 종료
pyautogui.press('escape')
```

step 7 해당 루틴을 매일 아침 혹은 밤에 전송하기 위해서는 10.3.5항에서 배운 작업 스케줄러를 이용해서 작업 등록을 해줍니다. 해당 내용은 이미 자세히 다루었으니 이번 프로젝트에서는 생략하겠습니다.

11.4 엑셀 데이터를 카테고리별로 자동 분류 하기

아래 엑셀 표는 몰래컴퍼니의 6월 N 주차 제품 출하 이력 파일입니다. 정 사장은 손 사원에게 6월에 대리점별 제품에 대한 판매 이력을 상세히 확인하기 위해 데이터를 정리해 오라고 지시합니다. 물론 엑셀의 필터 기능과 복사 기능을 사용하면 분류할 수 있습니다. 하지만 매주 분류해야 할 대리점 개수가 수백 가지라면 어떨까요? 데이터가 수천수만 개라면요? 이런 경우를 대비해 손 사원은 업무 자동화 툴 개발을 기획했습니다.

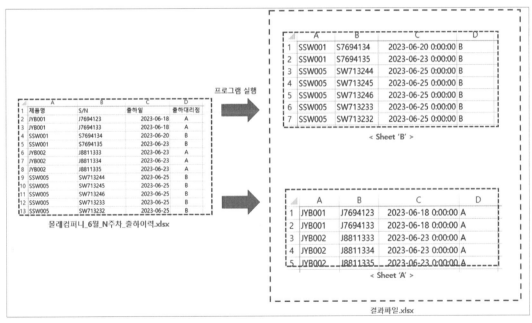

[그림 11-12]

문제에 필요한 조건을 정리해 보겠습니다. 위 그림은 이번에 구현해야 할 프로그램을 간단히 도식화해 본 것입니다.

- 엑셀 파일 "몰래컴퍼니_6월_N주차_출하이력.xlsx" 파일의 데이터를 읽어서 가공해야 함.

- 대리점(A, B)을 기준으로 분류한다면 4번 열을 기준으로 데이터를 처리해야 함.
  (혹은 다른 열을 기준으로도 분류할 수도 있음을 고려해야 함.)
- 결과 파일은 각 분류 카테고리를 시트로 생성하여 "result.xlsx"라는 파일로 저장함.
- **사용 라이브러리** : openpyxl

위 툴은 엑셀을 제어하는 openpyxl 라이브러리 하나만 사용해도 구현이 가능합니다. 이번 프로젝트는 단계별로 함수를 작성하여 진행해 보도록 하겠습니다. 전체 코드는 끝에 있습니다.

step 1 엑셀의 각 행의 데이터를 저장해서 이차원 리스트로 만들기(makeExcelDataList)

먼저 엑셀의 각 행의 데이터를 파이썬의 이차원 리스트로 저장하는 함수를 작성해 보겠습니다. 함수명은 makeExcelDataList( )이며, 코드는 아래와 같이 작성했습니다.

[코드]

```python
import openpyxl as op

# 함수1 : 엑셀 각 행의 데이터를 저장해서 이차원 리스트 만들기
def makeExcelDataList(ws, offset_num=None):
    # 빈 리스트 생성(결과 저장)
    result=[]  # 빈 리스트 생성(결과 저장)
    for one_line in ws.rows:  # 각 행을 for loop문을 통해 반복
        list_1row =[one.value for one in one_line] # 1행 셀값을 저장하는 리스트 컴프리헨션
        result.append(list_1row)  # 결과 리스트에 추가
    if offset_num is not None:  # 리스트 슬라이싱 통해 앞에 특정 몇 행 제외(제목 행)
        result = result[offset_num:]
    return result
```

먼저 함수를 실행하여 결과부터 보겠습니다. 아래는 makeExcelDataList 함수의 실행 코드입니다.

[코드]

```python
path = r"C:\...\사장님몰래하는파이썬업무자동화\실전프로젝트\엑셀데이터분류"
file_name = "6월_제품_출하현황.xlsx"
wb = op.load_workbook(path+"/"+file_name)
ws = wb.active
data_list = makeExcelDataList(ws, offset_num=1) # 함수 호출
print(data_list)
```

[결과]

```
['SSW005', 'SW713244', datetime.datetime(2023, 6, 25, 0, 0), 'B']
['SSW005', 'SW713245', datetime.datetime(2023, 6, 25, 0, 0), 'B']
['SSW005', 'SW713246', datetime.datetime(2023, 6, 25, 0, 0), 'B']
…
<생략>
…
['JYB002', 'J8811334', datetime.datetime(2023, 6, 23, 0, 0), 'A']
['JYB002', 'J8811335', datetime.datetime(2023, 6, 23, 0, 0), 'A']
```

해당 함수에서 중요하게 보셔야 할 부분은 아래 코드 블록입니다. "Chapter 3. 엑셀"을 공부하셨다면 ws.rows를 기억하시나요? 잘 기억이 나지 않으신다면 **3.4 Cell 데이터 조작하기**"를 참고해 보세요.

[코드]

```python
for one_line in ws.rows:    # 각 행을 for loop문을 통해 반복
    list_1row =[one.value for one in one_line] # 1행 셀값을 저장하는 리스트 컴프리헨션
    result.append(list_1row)  # 결과 리스트에 추가
```

ws.rows는 각 행별로 셀의 데이터에 접근할 수 있습니다. for문의 one_line은 각 행의 셀 요소를 가진 1차원 튜플입니다.(궁금하신 부분은 one_line을 직접 출력해 보세요.) 그 one_line을 활용해 다시 리스트 컴프리헨션 구문을 사용합니다. 리스트 컴프리헨션 구문은 튜플이나 리스트 요소를 다시 리스트화하는 구문인데 자세한 내용은 아래 참고상자에서 설명하겠습니다. one_line의 각 요소는 셀 주소이므로 .value를 사용하면 실제 데이터를 읽어올 수 있습니다.

step 2 열 번호를 입력받아서 해당 열의 데이터를 중복 없이 카테고리화하기(makeCategoryList)

이번 단계에서 진행할 내용은 엑셀의 열 번호를 입력으로 받아서 해당 행의 분류할 데이터를 리스트화하는 것입니다. 문제에 필요한 조건에서 4번 대리점 열을 입력받아(혹은 1번) 분류하는 것으로 명시했었습니다. 따라서 이번 2)의 결과는 4번 대리점의 카테고리인 ['A', 'B']가 되어야 합니다. 먼저, 코드부터 보겠습니다.

```
# 함수 2 : 열 번호를 받아서 해당 열의 데이터를 카테고리화
def makeCategoryList(excel_list:list, col_num:int):
    data_list=[] # 빈 결과 리스트 생성
    for one_line in excel_list: # 엑셀 리스트를 for loop문 통해 반복
        data_list.append(one_line[col_num-1]) #4번 열 -> 배열 3번 인덱스
    category_set = set(data_list) # 중복을 제거하기 위해 set 사용
    return list(category_set) # 결과를 리스트로 리턴
```

위 함수의 결과를 확인하기 위해 1)에서 결과로 저장했던 data_list와 4번 열을 분류하기로 하였으므로, col_num=4를 입력해 보겠습니다. 그럼, 대리점 열의 데이터가 중복이 제거되어 리스트로 결괏값이 반환됩니다.

[코드]

```
cat_list = makeCategoryList(data_list, 4)
print(cat_list)
```

[결과]

```
['A', 'B']
```

코드를 간단히 설명 드려보면, 1)에서 생성했던 각 행값들을 저장한 이차원 리스트를 for 반복문을 통해 한 줄씩 처리합니다. one_line[col_num-1]이라는 부분이 보이시나요? one_line은 엑셀의 각 한 행(1차원 리스트)을 의미합니다. one_line이 1차원 리스트이고 col_num=4를 입력하였으므로, 3번째 인덱스를 가리키게 됩니다. 파이썬의 배열 인덱스는 0부터 시작하는 것을 기억해 주세요!

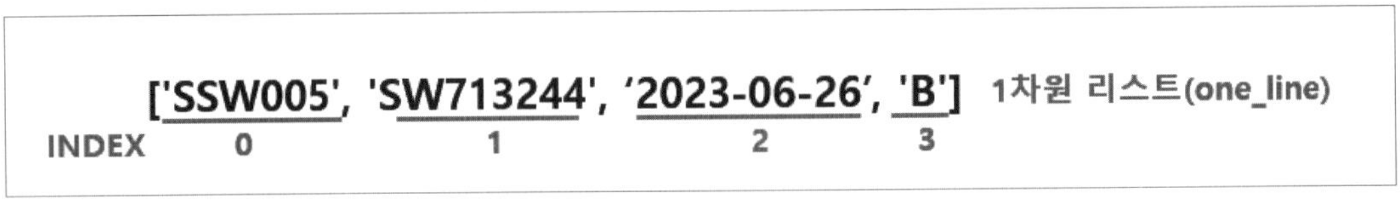

['SSW005', 'SW713244', '2023-06-26', 'B'] 1차원 리스트(one_line)
INDEX   0   1   2   3

[그림 11-13]

그다음, 파이썬의 set을 사용하여 리스트를 set 자료형으로 변환합니다. 참고로, 파이썬의 set 자료형은 중복을 허용하지 않습니다. set 자료형을 다시 리스트로 변환하여 중복이 없는 데이터를 결과로 얻을 수 있습니다.

step 3 카테고리 데이터와 엑셀 행 데이터를 입력받아 분류하기(classificationData)

이번 함수는 1)과 2)의 결과를 입력받아서 원하는 열을 분류하여 딕셔너리로 반환하는 함수입니다. 먼저 코드부터 보시겠습니다.

[코드]

```python
# 함수 3 : Category list와 열 번호를 입력받아서 list 별 분류하기
def classficationData(excel_list:list, col_num:int, cat_list:list):
    result_dict={} # 결과 저장을 위한 빈 딕셔너리 생성
    for cat in cat_list: # 카테고리 [A,B]를 반복
        save_list = [] # 각 카테고리마다 분류된 데이터를 저장할 리스트
        for one_line in excel_list: # 엑셀의 각 행을 반복
            if one_line[col_num-1] == cat: # 분류를 원하는 열값과 카테고리 분룟값 비교
                save_list.append(one_line) # 같으면 배열에 저장
        result_dict[cat] = save_list # 결과 딕셔너리 저장(해당 카테고리에 대한 각 엑셀 행)
    return result_dict
```

함수의 매개변수 중 excel_list는 1) makeExcelList 함수의 결과이고 col_num은 분류할 열인 4입니다. 마지막 cat_list는 2) makeCategoryList의 결과를 입력으로 받습니다. 한번 실행 코드를 작성해 보겠습니다.

[코드]

```python
path = r"C:\...\사장님몰래하는파이썬업무자동화\실전프로젝트\엑셀데이터분류"
file_name = "6월_제품_출하현황.xlsx"
wb = op.load_workbook(path+"/"+file_name)
ws = wb.active
data_list = makeExcelDataList(ws, offset_num=1) # 1) 함수 호출
cat_list = makeCategoryList(data_list, 4) # 2) 함수 호출
classification = classficationData(data_list, 4, cat_list)
for cat, excel_data in classification.items(): # 딕셔너리 반복문(key=cat, value=excel_data)
    for one_row in excel_data: # value 형태를 다시 반복
        print("분류 카테고리 : {}, 엑셀 행 : {}".format(cat, one_row))
```

[결과]

```
분류 카테고리 : B, 엑셀 행 : ['SSW001', 'S7694134', datetime.datetime(2023, 6, 20, 0,
0), 'B']
```

```
분류 카테고리 : B, 엑셀 행 : ['SSW001', 'S7694135', datetime.datetime(2023, 6, 23, 0,
0), 'B']
분류 카테고리 : B, 엑셀 행 : ['SSW005', 'SW713244', datetime.datetime(2023, 6, 25, 0,
0), 'B']
…
<생략>
…
분류 카테고리 : A, 엑셀 행 : ['JYB002', 'J8811333', datetime.datetime(2023, 6, 23, 0,
0), 'A']
분류 카테고리 : A, 엑셀 행 : ['JYB002', 'J8811334', datetime.datetime(2023, 6, 23, 0,
0), 'A']
분류 카테고리 : A, 엑셀 행 : ['JYB002', 'J8811335', datetime.datetime(2023, 6, 23, 0,
0), 'A']
```

함수의 결과인 classification을 출력하기 위해 이중 for문을 사용했습니다. 결과 변수의 형태는 딕 셔너리이며 딕셔너리의 값 형태가 이차원 리스트이기 때문입니다. 딕셔너리 타입의 키(key)와 값 (value)을 동시에 출력하려면 반복문에 items( ) 함수를 사용하시면 됩니다. items( )는 딕셔너리 의 키와 값을 쌍으로 반환해 줍니다.

step 4 분류 딕셔너리를 입력받아 새로운 엑셀 파일로 저장함(writeCategoryData)

마지막은 결과 데이터를 각 분류 카테고리별로 새로운 엑셀 파일에 시트를 생성한 뒤 데이터를 입 력하는 함수입니다.

[코드]

```python
# 함수 4: 새로운 분류 데이터를 엑셀로 저장
def writeCategoryData(cat_dict:dict, save_path:str, row_offset=1):
    wb = op.Workbook() # 새로운 Workbook 객체 생성
    for cat_name, data_1row in cat_dict.items(): # 딕셔너리 반복문
        ws = wb.create_sheet(cat_name)
        row_idx = row_offset # 입력을 시작할 엑셀 행(기본값 1)
        for one_data in data_1row:
            ws.cell(row=row_idx, column=1).value = one_data[0] # 제품명
            ws.cell(row=row_idx, column=2).value = one_data[1] # Serial number
            ws.cell(row=row_idx, column=3).value = one_data[2] # 날짜
            ws.cell(row=row_idx, column=4).value = one_data[3] # 대리점
            row_idx+=1
```

```
wb.save(save_path+'/'+'result.xlsx') # 결과 파일 저장
wb.close() # 엑셀 객체 닫기
```

[결과]

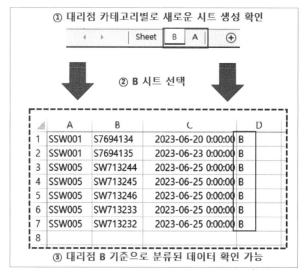

[그림 11-14]

프로그램을 실행하면 결과 파일 'result.xlsx'이 설정한 경로에 생성됩니다. 결과 파일을 열었을 때
대리점별 시트가 생성된 것을 확인할 수 있습니다.(①) 그다음, 원하는 시트를 선택하면 해당 분류
시트별로 데이터가 입력되어 있는 것도 확인할 수 있죠.(②, ③) 함수의 매개변수인 col_num을 4
가 아닌 다른 숫자로도 변경하여 정상적으로 분류가 되는지 프로그램을 테스트해 보세요.

[전체 코드]

```
# 엑셀 데이터를 자동으로 시트로 분류하기
import openpyxl as op

# 함수 1 : 엑셀의 각 행 데이터를 저장해서 이차원 리스트 만들기
def makeExcelDataList(ws:object, offset_num:int=None):
    result=[] # 빈 리스트 생성(결과 저장)
    for one_line in ws.rows: # 각 행을 for loop문을 통해 반복
        list_1row =[one.value for one in one_line] # 리스트 컴프리헨션 엑셀 1행 저장
        result.append(list_1row) # 결과 리스트에 추가
    if offset_num is not None: # 제목 행 제외 조건
        result = result[offset_num:]
```

```python
        return result


# 함수 2 : 열 번호를 받아서 해당 열의 데이터를 카테고리화
def makeCategoryList(excel_list:list, col_num:int):
    data_list=[] # 빈 결과 리스트 생성
    for one_line in excel_list: # 엑셀 리스트를 for loop문을 통해 반복
        data_list.append(one_line[col_num-1]) #4번 열일 경우 배열에서는 3번 열 참조
    category_set = set(data_list) # 중복을 제거하기 위해 set 사용
    return list(category_set) # 결과를 리스트로 리턴


# 함수 3 : Category list와 열 번호를 입력받아서 list별 분류하기
def classficationData(excel_list:list, col_num:int, cat_list:list):
    result_dict={} # 결과 저장을 위한 빈 딕셔너리 생성
    for cat in cat_list: # 카테고리 [A, B]를 반복
        save_list = [] # 각 카테고리마다 분류된 데이터를 저장할 리스트
        for one_line in excel_list: # 엑셀의 각 행을 반복
            if one_line[col_num-1] == cat: # 분류를 원하는 열값과 카테고리 분류값 비교
                save_list.append(one_line) # 같으면 배열에 저장
        result_dict[cat] = save_list # 결과 딕셔너리 저장(해당 카테고리에 대한 각 엑셀 행)
    return result_dict


# 함수 4: 새로운 분류 데이터를 엑셀로 저장
def writeCategoryData(cat_dict:dict, save_path:str, row_offset=1):
    wb = op.Workbook() # 새로운 Workboom 객체 생성
    for cat_name, data_1row in cat_dict.items(): # 딕셔너리 반복문
        ws = wb.create_sheet(cat_name)
        row_idx = row_offset # 입력을 시작할 엑셀 행(기본값 1)
        for one_data in data_1row:
            ws.cell(row=row_idx, column=1).value = one_data[0] # 제품명
            ws.cell(row=row_idx, column=2).value = one_data[1] # Serial number
            ws.cell(row=row_idx, column=3).value = one_data[2] # 날짜
            ws.cell(row=row_idx, column=4).value = one_data[3] # 대리점
            row_idx+=1
    wb.save(save_path+'/'+'result.xlsx') # 결과 파일 저장
    wb.close() # 엑셀 객체 닫기


if __name__ == '__main__': # 프로그램 실행부
    path = r"C:\...\사장님몰래하는파이썬업무자동화\실전프로젝트\엑셀데이터분류"
```

```
file_name = "6월_제품_출하현황.xlsx"
wb = op.load_workbook(path+"/"+file_name)
ws = wb.active
data_list = makeExcelDataList(ws, offset_num=1) # 함수 호출
cat_list = makeCategoryList(data_list, 4)
classification = classficationData(data_list, 4, cat_list)
writeCategoryData(classification, path)
```

리스트 컴프리헨션(List Comprehension)

이번 참고상자에서는 파이썬의 리스트 컴프리헨션 구문에 대해 알아보겠습니다. 리스트 컴프리헨션 구문은 파이썬의 자료형 중 리스트 내부 데이터를 바탕으로 또 다른 리스트를 생성하는 것을 말합니다. 간단한 예시를 통해 개념을 이해해 보겠습니다. 아래 코드는 숫자 리스트인 num_list를 짝수인 숫자 리스트 even_list로 재구성하는 코드 예시입니다.

[코드]

```
num_list = [1,2,3,4,5,6,7,8,9,10] # 숫자 리스트 정의
even_list = [] # 짝수를 저장할 빈 리스트 정의
for one in num_list: # for loop
    if one%2 == 0: #2로 나눈 나머지가 0이면
        even_list.append(one) # 빈 리스트에 추가
print(even_list)
```

[결과]

```
[2, 4, 6, 8, 10]
```

위처럼 짝수를 리스트로 재구성하는 코드는 리스트 컴프리헨션을 사용하면 1줄이면 됩니다.

[코드]

```
even_list = [x for x in num_list if x%2 == 0]
```

리스트 컴프리헨션의 장점은 단순 for 반복문을 통해 리스트를 재구성하는 것보다 속도가 빠르며, 코드 구문이 간결해진다는 점입니다. 파이썬의 장점을 활용하려면 컴프리헨션 구문에 익숙해지시면 좋습니다. 비슷한 종류로 딕셔너리 컴프리헨션이 있다는 것을 참고해 주세요.

파이썬의 set(집합) 자료형

파이썬의 set은 집합 자료형입니다. set은 파이썬에서 집합에 관련된 것을 처리하기 위한 자료형입니다. 대표적으로 아래 2가지 특징을 가집니다.

- 리스트, 튜플과 다르게 데이터의 순서가 없습니다.
- 중복을 허용하지 않습니다.

set은 중복을 허용하지 않는다는 특징 때문에 리스트나 튜플의 자료형을 중복 없이 반환받을 때 필터 역할로 사용하기도 합니다. 중복 제거 후 반환 시 순서가 달라질 수 있으므로 순서가 중요한 데이터라면 주의해야 합니다.

아래 몇 가지 예시를 통해 파이썬의 set 자료형에 대해 이해해 보도록 하겠습니다.

[예시 코드1]

```python
A = [1,2,3,4,5,6] # 리스트 A
B = [2,4,6,2,2,2] # 리스트 B, 중복 포함
a = set(A) # 리스트 A -> set으로 변환
b = set(B) # 리스트 B -> set으로 변환
print('A 집합 변환 : ', a)
print('B 집합 변환 : ', b)
```

[결과]

```
A 집합 변환 : {1, 2, 3, 4, 5, 6}
B 집합 변환 : {2, 4, 6}
```

[예시 코드2]

```python
# 집합 연산
print('합집합 : ', a|b)
print('교집합 : ', a&b)
print('차집합 : ', a-b)
```

[결과]

```
합집합 : {1, 2, 3, 4, 5, 6}
교집합 : {2, 4, 6}
차집합 : {1, 3, 5}
```

11.5 홈쇼핑 방송 정보 크롤링해서 PDF 형태로 저장하기

몰래컴퍼니는 놀랍게도 홈쇼핑 방송까지 하고 있습니다. 매일 2시간 간격으로 경쟁 홈쇼핑 회사의 10개 방송들을 녹화하고, 이를 저장해 두고 있죠. 그런데 문제는 어떤 제품군에 대한 경쟁사의 영상을 분석하기 위해서는 녹화된 방송들을 직접 열어보아야 알 수 있다는 것이었습니다.

다행히 홈쇼핑 채널들의 방송 정보들을 정리해 놓은 '홈쇼핑모아'라는 사이트가 있어, 이를 참고해서 찾기는 하지만 번번이 어느 날에 어느 채널에서 찾고자 하는 제품을 방송했는지 알아내는 것이 쉽지가 않았습니다.

e-커머스팀은 키워드를 통해 찾고자 하는 상품이 포함된 녹화방송 파일이 검색되는 시스템을 기획하였고, 이를 위한 첫 단계로 '홈쇼핑모아' 사이트에서 경쟁사들의 어제 방송 일정표를 pdf 형식으로 저장하기로 잡았습니다.

그러나 e-커머스팀에는 관련 기술자가 없었기 때문에 어떻게 구현해야 하나 머리 아파하던 중, 상품기획팀이 업무 자동화 TF팀에게 도움받았다는 소문을 듣고 연락을 했습니다.

구현하고자 하는 프로그램을 한눈에 이해하기 위하여 도식화해 보았습니다.

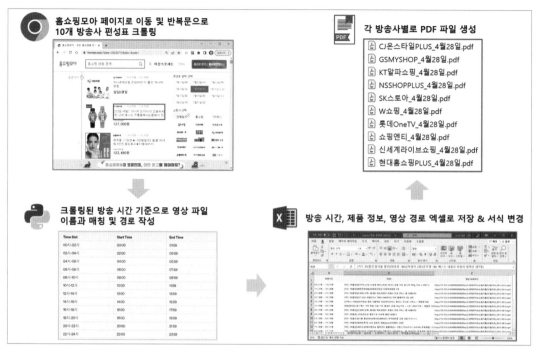

[그림 11-15]

- 크롤링할 사이트(hsmoa)에서 방송사 탭을 클릭하며 페이지 이동 및 정보를 크롤링

- 크롤링한 방송 시간을 영상 파일 네이밍 규칙을 기반으로 영상 파일 경로 작성

- 크롤링 및 가공한 데이터를 엑셀로 정리하고, 서식을 변경해서 예쁘게 꾸미기

- 시트별로 저장된 각 방송사 편성표를 PDF 파일로 변환 및 저장

- **사용 라이브러리** : selenium, pandas, openpyxl, time, win32com, os, datetime

step 1 필요한 패키지와 모듈들을 불러옵니다. 앞에서 다루었던 것들을 제외하고 새로운 모듈인 datetime만 설명해 드리겠습니다.

- datetime: 파이썬 표준 라이브러리에 포함되는 모듈로 날짜와 시간을 조작하는 데에 사용합니다. 이번 프로젝트에서는 크롤링한 방송 시간을 영상 파일 네이밍 규칙을 기반으로 변경할 때 datetime.time 함수를 사용합니다.

[코드]

```
# step 1. 필요한 패키지와 모듈 불러오기
from selenium import webdriver # 셀레니움 웹 드라이버 제어 모듈
from selenium.webdriver.common.by import By  # HTML 인덱싱을 위한 클래스
```

```
from selenium.webdriver.common.keys import Keys # 크롬 드라이버로 원하는 키를 입력하기 위한
클래스
import time # 시간 지연을 위한 모듈
import pandas as pd # 크롤링한 데이터를 표 형태로 정리하기 위한 패키지
import datetime # 현재 날짜를 파악하기 위한 모듈
import os # 폴더 및 파일의 경로를 생성하기 위한 모듈
import win32com.client as win32 # 엑셀을 꾸며주기 위한 모듈
from openpyxl import load_workbook
from openpyxl.styles import Alignment, PatternFill
from openpyxl.styles.borders import Border, Side
```

step 2 코드가 너무 길어져서 가독성이 떨어지는 것을 방지하기 위해서 단계별로 함수 4개를 만들어서 진행하였습니다.

[함수 설명]

함수 1. 홈쇼핑모아 사이트에서 어제의 편성표를 크롤링하고 필요한 정보를 가공한 후, 엑셀 파일로 저장하는 함수

함수 2. 방송 시간에 따라서 방송 녹화 파일의 이름과 맵핑하는 함수(함수 1에서 사용됨)

함수 3. 저장된 엑셀 파일을 사람이 보기에 좋은 형태로 변환하는 함수

함수 4. 저장된 엑셀 파일을 방송사 시트별로 분리하여 별도의 PDF 파일로 저장하는 함수

함수 1에서 추가적으로 설명해 드릴 내용은 time.localtime( ) 함수와 zfill( ) 함수입니다.

time.localtime( ) 함수는 파이썬의 내장 모듈인 time 모듈에서 제공하는 함수 중 하나로, 현재 시스템의 지역 시간(Local Time)을 기준으로 현재 시간을 시간 정보를 가지는 튜플(Tuple) 형태로 반환하는 함수입니다.

반환된 튜플을 살펴보면 아래와 같으며, 튜플 안의 요소를 필요한 것만 추출해서 사용 가능합니다.

```
time.struct_time(tm_year=2023, tm_mon=7, tm_mday=3, tm_hour=21, tm_min=41, tm_sec=26,
tm_wday=6, tm_yday=204, tm_isdst=0)
```

사용 방법은 아래와 같고 tm_mon과 tm_mday를 사용할 때에는 zfill(2)를 붙여주었는데 이는 월과 일이 한 자리 숫자일 때, YYYYMMDD의 포맷이 YYYYMD와 같이 되는 것을 방지하기 위해서 사용합니다. 이렇게 해주면 2023년 7월 3일인 경우 20230703으로 출력되고, 2023년 12월 25일 에

는 20231225로 출력할 수 있게 됩니다.

[코드]

```
yesterday = str(now.tm_year) + str(now.tm_mon).zfill(2) + str(now.tm_mday-1).zfill(2)
```

참고로 이 yesterday는 url의 중간에 들어가서 해당 날짜의 이전 날짜 편성표 페이지로 바로 이동할 수 있게 해줍니다.

그 외의 내용은 앞서 다루었던 내용이므로 주석으로 설명을 대체하도록 하겠습니다.

[코드]

```python
# func 1. hsmoa 사이트에서 어제 방송 시간, 방송명 크롤링 & 방송 녹화 파일 링크 추가하여 엑셀 파일
로 출력
def hsmoa_crawling_info_to_excel():
    # 오늘 날짜 파악
    now = time.localtime()
    yesterday = str(now.tm_year) + str(now.tm_mon).zfill(2) + str(now.tm_mday-1).zfill(2)

    # 크롬 드라이버 실행
    driver = webdriver.Chrome()
    # 홈쇼핑 사이트 접속
    url = "https://hsmoa.com/?date="+yesterday+"&site=&cate="
    driver.get(url)
    time.sleep(1)

    # 채널명, 채널 클릭용 class명, mp4저장 시 사용할 이름을 담을 리스트 선언
    shopping_channels = ['신세계라이브쇼핑', 'KT알파쇼핑', 'W쇼핑', '쇼핑엔티', 'SK스
토아', '현대홈쇼핑PLUS', 'CJ온스타일PLUS', '롯데OneTV', 'GSMYSHOP', 'NSSHOPPLUS']
    channels = ['bt-channel.ssgshop', 'bt-channel.kshop', 'bt-channel.wshop', 'bt-
channel.shopnt', 'bt-channel.bshop', 'bt-channel.hmallplus', 'bt-channel.cjmallplus',
'bt-channel.lotteonetv', 'bt-channel.gsmyshop', 'bt-channel.nsmallplus']
    channels_save_mp4 = ['SSG', 'KT', 'W', 'ST', 'SK', 'Hmall', 'CJ', 'Lotte', 'GS',
'NS']

    # 크롤링한 결과물을 담을 리스트 선언
    list_airtime = []
    list_pgm= []
```

```
list_mp4 = []

# 엑셀 파일에 채널별 크롤링 정보를 시트별로 저장하기 위하여 크롤링 초반에 엑셀 객체 생성
writer = pd.ExcelWriter(f'hsmoa 방송 편성표_{yesterday}.xlsx', engine='xlsxwriter')

# 10개의 채널을 동일한 규칙으로 반복 크롤링하기 위한 for문
for num, channel in enumerate(channels):

    # 미리 저장해 뒀던 각 채널별 class명을 이용해서 채널을 하나씩 클릭
    driver.find_element(By.CLASS_NAME, channel).click()
    time.sleep(2)

    # 크롤링할 내용들을 웹브라우저가 인식할 수 있도록 스크롤 다운
    driver.find_element(By.TAG_NAME, 'body').send_keys(Keys.END)
    time.sleep(2)
    driver.find_element(By.TAG_NAME, 'body').send_keys(Keys.PAGE_UP)
    time.sleep(1)

    # 편성 시간
    airtime = driver.find_elements(By.CLASS_NAME, "font-12.c-midgray")
    list_airtime = [i.text for i in airtime if i.text != ""]

    # PGM
    title = driver.find_elements(By.CLASS_NAME, "font-15")
    list_pgm = [i.text for i in title if i.text != ""]

    # 방송 바로 보기 링크 (func2 여기서 사용)
    list_mp4 = [f"http://10.10.5.0.44:8080/files/{shopping_channels[num]}/{now.tm_mon}
월/{now.tm_mday-1}일/{channels_save_mp4[num]}_{match_time_slot(airtime)}.mp4" for
airtime in list_airtime]

    # list 취합한 후 DataFrame 생성
    list_sum = list(zip(list_airtime, list_pgm, list_mp4))
    col = ['방송 시간', 'PGM', '영상 바로 보기']
    df = pd.DataFrame(list_sum, columns=col)

    # Save DataFrame to Excel sheet with shopping channel name as sheet name
    sheet_name = shopping_channels[num]
```

```
        df.to_excel(writer, sheet_name=sheet_name, index=False)


    # 엑셀 파일 저장 및 크롤링 종료
    writer._save()
    driver.quit()
```

함수 2번을 이해하기 위해서는 datetime.time 클래스에 대한 이해가 선행되어야 합니다.

datetime.time은 파이썬의 내장 모듈인 datetime 모듈에서 제공하는 클래스 중 하나로, 시간 정보를 다루기 위한 클래스입니다. datetime.time 클래스를 사용하여 시간을 표현하고 조작할 수 있습니다.

쉬운 이해를 위해서 아래의 코드를 함께 보시죠.

[코드]

```
import datetime

# 시, 분, 초를 지정하여 시간 객체 생성
my_time = datetime.time(12, 30, 45)

print(my_time)  # 출력: 12:30:45
```

보면 아시겠지만 HH:MM:SS의 형태로 변환시켜 주기 위한 함수라고 생각하시면 되겠습니다. 변환시키는 이유는 아래의 코드와 같이 시간 개념으로 if 조건문을 판단하기 위함입니다.

[코드]

```
if start_time >= datetime.time(0, 0) and start_time [ datetime.time(2, 0):  #00:00 ~ 01:59
    return '00시-02시'
```

여기까지 이해하셨다면 아래의 긴 코드는 단순 반복이므로 빠르게 이해하고 넘어가실 수 있을 것입니다.

```python
# func 2. 방송 시간(air_time)에 따라 매칭되는 영상 파일명 결정 함수(time_str은 0시 37분 ~ 1시 38
분과 같은 형식)
def match_time_slot(time_str):
    start_hour = int(time_str.split()[0].split('시')[0]) #0
    start_minute = int(time_str.split()[1].split('분')[0]) #37
    start_time = datetime.time(start_hour, start_minute) # 00:37

    if start_time >= datetime.time(0, 0) and start_time < datetime.time(2, 0):
        return '00시-02시'
    elif start_time >= datetime.time(2, 0) and start_time < datetime.time(4, 0):
        return '02시-04시'
    elif start_time >= datetime.time(4, 0) and start_time < datetime.time(6, 0):
        return '04시-06시'
    elif start_time >= datetime.time(6, 0) and start_time < datetime.time(8, 0):
        return '06시-08시'
    elif start_time >= datetime.time(8, 0) and start_time < datetime.time(10, 0):
        return '08시-10시'
    elif start_time >= datetime.time(10, 0) and start_time < datetime.time(12, 0):
        return '10시-12시'
    elif start_time >= datetime.time(12, 0) and start_time < datetime.time(14, 0):
        return '12시-14시'
    elif start_time >= datetime.time(14, 0) and start_time < datetime.time(16, 0):
        return '14시-16시'
    elif start_time >= datetime.time(16, 0) and start_time < datetime.time(18, 0):
        return '16시-18시'
    elif start_time >= datetime.time(18, 0) and start_time < datetime.time(20, 0):
        return '18시-20시'
    elif start_time >= datetime.time(20, 0) and start_time < datetime.time(22, 0):
        return '20시-22시'
    elif start_time >= datetime.time(22, 0) and start_time <= datetime.time(23, 59):
        return '22시-24시'
    elif start_time >= datetime.time(0, 0) and start_time < datetime.time(2, 0):
        return '22시-24시'   # 다음 날 00시부터 02시까지는 전날 22시~24시에 포함됨
    else:
        return None
```

함수 3번은 앞서 3.6절에서 다루었던 내용이므로 주석 내용을 참고해 주세요.

[코드]

```python
# func 3. 크롤링된 엑셀을 정해진 양식으로 예쁘게 변환하는 함수
def format_excel_file(file_path):

    from openpyxl.styles import Font

    # 엑셀 파일 로드
    wb = load_workbook(filename=file_path)

    # 글자 크기 설정
    font = Font(size=8)

    # Border 객체 생성
    border = Border(left=Side(style='none'),
                    right=Side(style='none'),
                    top=Side(style='none'),
                    bottom=Side(style='none'))

    for ws in wb.worksheets:
        # 모든 셀에 Border 적용
        for row in ws.iter_rows():
            for cell in row:
                cell.border = border
                cell.font = font
                cell.hyperlink = None

        # 첫 번째 행 높이 설정
        ws.row_dimensions[1].height = 30

        # 열 너비 설정
        ws.column_dimensions['A'].width = 20
        ws.column_dimensions['B'].width = 60
        ws.column_dimensions['C'].width = 50

        # 첫 번째 행의 스타일 설정
        first_row = ws[1]
```

```
        for cell in first_row:
            # 셀 배경색 설정
            cell.fill = PatternFill(start_color='FFF2F4', end_color='FFF2F4', fill_
            type='solid')
            # 셀 가운데 정렬
            cell.alignment = Alignment(horizontal='center', vertical='center')

    # 수정된 엑셀 파일 저장
    wb.save(filename=file_path)
```

4번 함수의 경우는 11.2절의 "엑셀 파일 시트를 각각 PDF 파일로 변환하기"에서 다루었던 내용이므로 자세한 설명은 생략하겠습니다.

[코드]

```
# func 4. 최종 엑셀 파일을 시트마다 하나의 pdf 파일로 저장
def excel_to_pdf(excel_file_path, pdf_output_path):

    # 현재 날짜 및 시간 정보 가져오기
    now = time.localtime()

    # PDF 출력 경로가 없으면 생성
    if not os.path.exists(pdf_output_path):
        os.makedirs(pdf_output_path)

    # 엑셀 파일 불러오기
    wb = load_workbook(filename=excel_file_path)

    # Excel을 PDF 프린터로 출력
    excel = win32.gencache.EnsureDispatch('Excel.Application')
    excel.Visible = False
    excel.DisplayAlerts = False

    # 모든 시트에 대해 반복하며 PDF로 출력
    for sheet_name in wb.sheetnames:

        # PDF 파일명 설정
```

```
        pdf_file_name = pdf_output_path + sheet_name + f"_{now.tm_mon}월"+f"{now.tm_
mday-1}일" + ".pdf"

        # PageSetup 객체 가져오기
        ws = excel.Workbooks.Open(excel_file_path).Worksheets(sheet_name)
        ws.PageSetup.Orientation = 2   # 1: 가로, 2: 세로
        ws.PageSetup.FitToPagesWide = 1
        ws.PageSetup.FitToPagesTall = False
        ws.PageSetup.TopMargin = 0.5
        ws.PageSetup.BottomMargin = 0.5
        ws.PageSetup.RightMargin = 0.5
        ws.PageSetup.LeftMargin = 0.75

        # ExportAsFixedFormat 함수를 이용해서 엑셀 시트를 PDF 형식으로 내보내기
        ws.ExportAsFixedFormat(0, pdf_file_name)

    # Excel 종료
    excel.Quit()
```

step 3은 앞서 정의했던 함수들을 main 함수 내에서 실행시켜 주는 일입니다.

```
# step 3. main 함수 실행
def main():
    # hsmoa 크롤링 및 엑셀 파일에 저장
    hsmoa_crawling_info_to_excel() # func 1 (func 2는 func 1 안에서 작동)

    # 오늘 날짜 파악
    now = time.localtime()
    yesterday = str(now.tm_year) + str(now.tm_mon).zfill(2) + str(now.tm_mday-1).
    zfill(2)

    # 저장한 엑셀 파일을 포맷에 맞게 예쁘게 수정
    format_excel_file(f'hsmoa 방송 편성표_{yesterday}.xlsx') # func3

    # 엑셀 파일의 각 시트를 pdf 파일로 변환하여 하나의 폴더에 저장
    excel_file_path = os.getcwd() + f'\\hsmoa 방송 편성표_{yesterday}.xlsx'
    pdf_output_path = os.getcwd() + '\\hsmoa_daily_pdf\\'
```

```python
    print("PDF 생성 중...")
    excel_to_pdf(excel_file_path, pdf_output_path) # func4
    time.sleep(1)

    # 변환이 완료되면 엑셀 파일은 삭제
    try:
        os.remove(excel_file_path)
    except:
        print("Fail to delete Excel file")

# main 함수 실행
main()
```

파일, 폴더 규칙에 따라 자동 분류 하기

손 사원은 법무팀으로부터 한 가지 의뢰를 받았습니다. 현재까지 법무팀에서 다뤄온 법 위반 사례 자료들이 있는데, 오래전부터 체계 없이 쌓아온 자료들이라 날 잡아서 정리를 해보려고 하지만 양이 많아서 엄두가 안 난다고 합니다. 손 사원은 이 의뢰를 받고 각 파일들을 규칙에 따라 분류하는 자동화 프로그램을 기획했습니다. **11.6**에서는 파이썬의 os 모듈과 shutil 모듈을 사용해서 기획한 프로그램 코드를 작성해 보겠습니다.

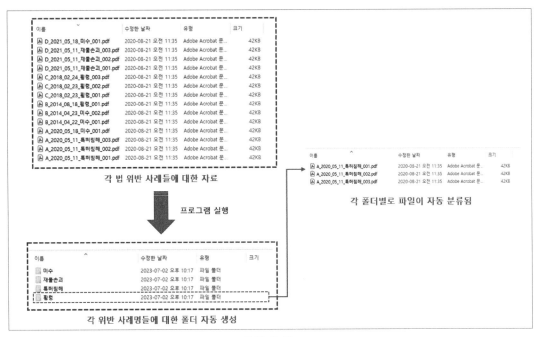

[그림 11-16]

먼저, 코드에 대한 콘셉트를 간단하게 설명해 드리겠습니다

- 각 법 위반 사례들에 대한 pdf 파일이 대량 존재함.

- 각 파일에 대한 파일명은 다음과 같은 규칙을 가지고 있음.
  ex) 구분 알파벳(A, B, C, ...)_날짜_법 위반명_인덱스
- 파일명 규칙에 따라 파일명 중 법 위반명을 읽어 들여 폴더를 자동으로 생성함.
- 자동으로 생성된 폴더에 맞는 파일을 자동으로 이동시킴.
- 파이썬의 내장 모듈인 os와 shutil 2가지를 사용함.

이번 프로젝트는 "Chapter 6. 파일과 폴더"에서 배웠던 os와 shutil 모듈을 사용해서 코드를 구현해 볼 겁니다.

step 1 Import하기

[코드]

```
# step 1. File Move를 위한 각 라이브러리 import
import os # 파일명, 폴더명 정보를 읽어오기 위한 모듈
import shutil # 파일 이동을 위한 모듈
```

Chapter 6에서도 다뤘지만 os는 파일과 폴더의 경로를 다루는 모듈이며, shutil은 파일과 폴더의 복사를 담당하는 모듈입니다. 설명해 드린 2개 모듈은 파이썬의 내장 라이브러리에 속해 있는 모듈이므로 따로 설치 없이 사용하실 수 있습니다.

step 2 정해진 경로의 파일명들을 리스트로 저장하여 반환

[코드]

```
# step 2. 정해진 경로의 파일명들을 리스트로 저장하여 반환한다.
path_before = r"C:\...\사장님몰래하는파이썬업무자동화\파일, 폴더 자동 분류하기\원본"
file_list = os.listdir(path_before) # 폴더의 파일명을 리스트화
category = [] # 분류 데이터 저장을 위해 빈 리스트 생성

for file in file_list: # 위에서 저장한 list
    temp_list = file.split("_") # 파일명 중 "_"로 분리하여 리스트화
    category.append(temp_list[-2]) # 리스트의 -2 인덱싱 데이터를 category에 추가
print("최종 category : ", category)
```

최종 category : ['특허침해', '특허침해', '특허침해', '미수', '미수', '미수', '횡령', '
횡령', '횡령', '횡령', '재물손괴', '재물손괴', '재물손괴', '미수']

step 2는 정해진 경로의 파일들을 가져와서 파일명의 일부 단어를 추출하는 기능을 수행합니다.
중요한 부분만 몇 가지 설명해 드려보겠습니다. 3번재 줄의 os.listdir(path_before)는 파일 경로
path_before에 있는 파일들의 이름을 리스트(file_list)로 받아옵니다.

그다음 for 반복문에서 file_list의 각 파일명에 대해 split 구문을 반복 실행합니다. split은 특정 문
자를 기준으로 문자를 분리하여 리스트화합니다. 위 코드에서는 분리된 리스트 temp_list의 -2를
인덱싱하고 있는데 아래 그림을 보시면 인덱싱에 대해 이해하실 수 있습니다. 즉, -2번째인 "미수"
를 category 변수(리스트)에 추가하게 됩니다. split은 "3.10 연습하기" 참고상자에서도 다룬 적이
있으니 궁금하신 부분은 참고해 주세요.

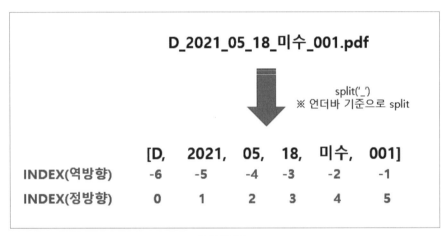

[그림 11-17]

step 3 category 중복 제거하기

[코드]

```
# step 3. 저장한 category 리스트의 중복 제거
temp_set = set(category) # 중복을 제거하기 위해 set 사용
folder_name_list = list(temp_set) # 중복 제거 후 다시 리스트화
print("중복 제거 결과 :", folder_name_list)
```

> 중복 제거 결과 : ['횡령', '특허침해', '재물손괴', '미수']

step 3에서는 step 2에서 저장했던 category 리스트 요소의 중복을 제거합니다. 그 후 폴더를 생성하고 분류에 활용할 겁니다. 중복을 제거하는 방법은 set을 활용합니다. set은 중복을 허용하지 않는다는 특징이 있습니다. 리스트를 set으로 변환함으로써 중복을 제거하는 효과를 가집니다.

step 4 각 category에 대한 폴더를 생성

[코드]

```
# step 4. 앞 리스트 결과를 받아와서 명칭에 대한 폴더를 새로 생성한다.
path_after = r"C:\...\파일, 폴더 자동 분류하기\결과"
for folder_name in folder_name_list:
    try: # 폴더가 이미 생성되어 있을 경우를 위한 예외처리
        os.makedirs(path_after+"/"+folder_name)
    except: # 에러가 발생하면 pass한다.
        pass
```

[결과]

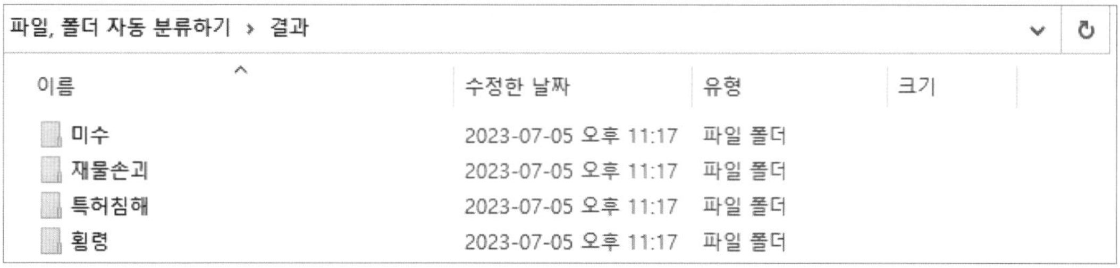

파일, 폴더 자동 분류하기 › 결과				
이름 ^	수정한 날짜	유형	크기	
미수	2023-07-05 오후 11:17	파일 폴더		
재물손괴	2023-07-05 오후 11:17	파일 폴더		
특허침해	2023-07-05 오후 11:17	파일 폴더		
횡령	2023-07-05 오후 11:17	파일 폴더		

[그림 11-18]

이번 step은 앞에서 생성했던 folder_name_list의 결과 리스트 '['횡령', '특허침해', '재물손괴', '미수']'를 활용해서 정해진 경로에 각 폴더를 생성하는 부분입니다. os.makedirs( ) 함수는 괄호 안에 경로 및 폴더를 입력해 주면 해당 폴더를 새로 생성하게 됩니다. 위 코드 중 try~except 구문을 사용한 이유는 이미 같은 이름의 폴더가 생성이 되어 있는 경우 오류가 발생하기 때문입니다. 오류가 발생할 경우 그냥 해당 루프는 지나가도록 pass를 작성했습니다. 참고로, pass처럼 반복문(loop)을 조건에 따라 끝내는 부분을 '반복문 탈출'이라고 표현하기도 합니다. 이 내용은 아래 참고 상자에서 간단히 다뤄보겠습니다.

step 5 원본 파일 리스트를 통해 폴더명을 매칭하는 정보 딕셔너리 생성

[코드]

```
# step 5. 원본 파일 리스트 통해 폴더명 매칭 정보 딕셔너리 생성
filelist = os.listdir(path_before)
print("원본 파일 리스트 : ", filelist)
tmp_dict = {} # {'파일명' : '폴더명'} 매칭을 위한 빈 딕셔너리 정의
for file_name in file_list:
    tmp_list = file_name.split('_') # 파일명을 "_" 기준으로 분리하여 리스트화
    # print("파일명 분리 리스트화 : ", tmp_list)
    # print("필요한 문자열 : ", tmp_list[-2])
    tmp_dict[file_name] = tmp_list[-2]

print('최종 결과 딕셔너리')
print(tmp_dict) # 최종 결과 딕셔너리 출력
```

[결과]

```
원본 파일 리스트 :  ['A_2020_05_11_특허침해_001.pdf', 'A_2020_05_11_특허침해_002.pdf',
'A_2020_05_11_특허침해_003.pdf', 'A_2020_05_18_미수_001.pdf', 'B_2014_04_22_미수_001.
pdf', 'B_2014_04_23_미수_002.pdf', 'B_2014_08_18_횡령_001.pdf', 'C_2018_02_23_횡
령_001.pdf', 'C_2018_02_23_횡령_002.pdf', 'C_2018_02_24_횡령_003.pdf', 'D_2021_05_11_
재물손괴_001.pdf', 'D_2021_05_11_재물손괴_002.pdf', 'D_2021_05_11_재물손괴_003.pdf',
'D_2021_05_18_미수_001.pdf']


최종 결과 딕셔너리
{'A_2020_05_11_특허침해_001.pdf': '특허침해', 'A_2020_05_11_특허침해_002.pdf': '
특허침해', 'A_2020_05_11_특허침해_003.pdf': '특허침해', 'A_2020_05_18_미수_001.
pdf': '미수', 'B_2014_04_22_미수_001.pdf': '미수', 'B_2014_04_23_미수_002.pdf': '
미수', 'B_2014_08_18_횡령_001.pdf': '횡령', 'C_2018_02_23_횡령_001.pdf': '횡
령', 'C_2018_02_23_횡령_002.pdf': '횡령', 'C_2018_02_24_횡령_003.pdf': '횡령',
'D_2021_05_11_재물손괴_001.pdf': '재물손괴', 'D_2021_05_11_재물손괴_002.pdf': '재물손
괴', 'D_2021_05_11_재물손괴_003.pdf': '재물손괴', 'D_2021_05_18_미수_001.pdf': '미
수'}-
```

이번에는 원본 파일이 있는 경로를 os.listdir( ) 함수를 통해 파일명을 모두 리스트화합니다.(원본
파일 리스트) 그다음, 이 원본 파일 리스트를 활용해서 각 파일들이 어떤 폴더에 해당되는지 정보

를 매칭하는 딕셔너리를 생성하였습니다. 코드는 step 2와 비슷합니다. step 2에서는 폴더를 생성하기 위해 중복 없는 카테고리 리스트를 만든 것이며, step 5에서는 각 파일을 어떤 폴더에 매칭할지 정보를 저장한 부분이라고 이해하시면 됩니다.

step 6 딕셔너리 정보를 활용하여 파일들을 분류 폴더로 이동

[코드]

```python
# step 6. 딕셔너리 정보 활용하여 파일들을 각 분류 폴더로 이동
for file_name, folder_name in tmp_dict.items():
    shutil.move(path_before+"/"+file_name, path_after+"/"+folder_name)
```

[결과]

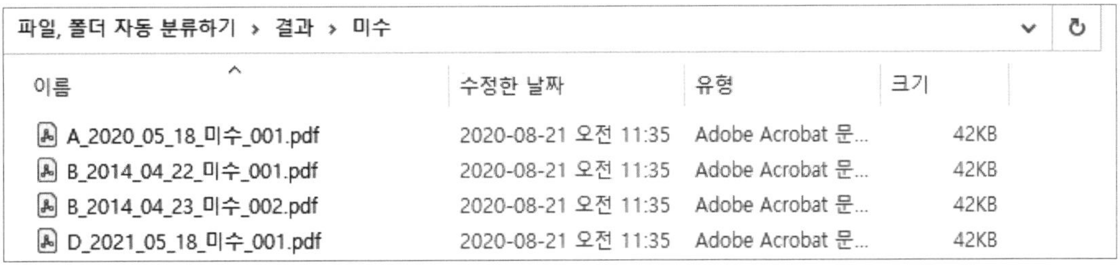

파일, 폴더 자동 분류하기 > 결과 > 미수				
이름 ^	수정한 날짜	유형	크기	
A_2020_05_18_미수_001.pdf	2020-08-21 오전 11:35	Adobe Acrobat 문...	42KB	
B_2014_04_22_미수_001.pdf	2020-08-21 오전 11:35	Adobe Acrobat 문...	42KB	
B_2014_04_23_미수_002.pdf	2020-08-21 오전 11:35	Adobe Acrobat 문...	42KB	
D_2021_05_18_미수_001.pdf	2020-08-21 오전 11:35	Adobe Acrobat 문...	42KB	

[그림 11-19]

마지막 과정은 step 5에서 생성했던 딕셔너리 정보를 활용해서 각 파일들을 분류 폴더로 이동시키는 부분으로 shutil.move( )라는 함수를 사용했습니다. shutil 모듈의 move( ) 함수는 "**6.5 파일, 폴더 이동·복사하기**"에서 배웠던 내용입니다. 해당 함수는 위 코드와 같이 (이전 파일 경로, 이동할 파일 경로) 순으로 입력해 주시면 파일이 이동됩니다. 헷갈리신다면 path_before+file_name과 path_after+folder_after를 직접 print( )를 통해 출력해 보시기 바랍니다. 이번 프로젝트의 전체 코드는 아래와 같습니다.

[전체 코드]

```python
# 파일, 폴더 자동 분류하기
# step 1. File Move를 위한 각 라이브러리 import
import os # 파일명, 폴더명 정보를 읽어오기 위한 모듈
import shutil # 파일 이동을 위한 모듈

# step 2. 정해진 경로의 파일명들을 리스트로 저장하여 반환한다.
path_before = r"C:\...\파일, 폴더 자동 분류하기\원본" # 원본 파일들이 있는 폴더 경로
```

```python
file_list = os.listdir(path_before) # 폴더의 파일명을 리스트화
category = [] # 분류 데이터 저장을 위해 빈 리스트 생성

for file in file_list: # 위에서 저장한 list
    temp_list = file.split("_") # 파일명 중 "_"로 분리하여 리스트화
    category.append(temp_list[-2]) # 리스트의 -2 인덱싱 데이터를 category에 추가
print("최종 category : ", category)

# step 3. 저장한 category 리스트의 중복 제거
temp_set = set(category) # 중복을 제거하기 위해 set 사용
folder_name_list = list(temp_set) # 중복 제거 후 다시 리스트화
print("최종 결과 :", folder_name_list)

# step 4. 앞 리스트 결과를 받아와서 명칭에 대한 폴더를 새로 생성한다.
path_after = r"C:\...\파일, 폴더 자동 분류하기\결과"
for folder_name in folder_name_list:
    try: # 폴더가 이미 생성되어 있을 경우를 위한 예외처리
        os.makedirs(path_after+"/"+folder_name)
    except: # 에러가 발생하면 pass한다.
        pass

# step 5. 원본 파일 리스트 통해 폴더명 매칭 정보 딕셔너리 생성
filelist = os.listdir(path_before)
print("원본 파일 리스트 : ", filelist)

tmp_dict = {} # {'파일명' : '폴더명'} 매칭을 위한 빈 딕셔너리 정의
for file_name in file_list:
    tmp_list = file_name.split('_') # 파일명을 "_" 기준으로 분리하여 리스트화
    # print("파일명 분리 리스트화 : ", tmp_list)
    # print("필요한 문자열 : ", tmp_list[-2])
    tmp_dict[file_name] = tmp_list[-2]
print('최종 결과 딕셔너리')
print(tmp_dict) # 최종 결과 딕셔너리 출력

# step 6. 딕셔너리 정보 활용하여 파일들을 각 분류 폴더로 이동
for file_name, folder_name in tmp_dict.items():
    shutil.move(path_before+"/"+file_name, path_after+"/"+folder_name)
```

이번 참고상자에서는 파이썬의 반복문(for, while)에서 탈출하는 2가지 방법을 알려드리겠습니다. 반복문 탈출 방법은 반복 조건에 따라 루프를 돌지만 특정 조건에서는 반복문을 탈출해야 되는 경우 많이 사용합니다. 아래 두 가지 예시를 들어보겠습니다.

Case 1. break문

break는 루프를 중간에 강제로 종료할 때 많이 사용합니다. 예를 들어, 무한 루프 구문인데 특정 조건에서 종료하는 방식으로 많이 활용합니다.

[코드]

```python
idx = 0 # 출력 인덱스
while True: # 무한 반복
    print(idx) # 인덱스 출력
    if idx == 5:
        print('종료')
        break # 인덱스 5일 때 종료
    idx+=1
```

[결과]

```
1
2
3
4
5
종료
```

Case 2. continue문

continue는 해당 루프를 건너뛰고 싶을 때 많이 사용합니다. 예를 들어, 아래 코드와 같이 특정 조건에서는 루프 내부 코드 블록을 실행시키고 싶지 않을 때 사용합니다.

```
for n in range(1,11): #1~10반복
    if n%2 == 0: continue #2의 배수인 경우 건너뛰기
    print('출력 : ',n)
```

[결과]

```
출력 : 1
출력 : 3
출력 : 5
출력 : 7
출력 : 9
```

11.7 수료증 자동 작성 후 PDF 변환하여 메일로 전송하기

'Chapter 4. 워드'에서 잠시 이야기했듯이 손 사원의 업무는 교육을 수료하는 수강생들에게 수료 증을 인쇄해서 나눠주는 것이었습니다. 하지만 손 사원의 TF팀 업무 비중이 늘어나면서 이 일을 할 수 없게 되었죠. 인수인계를 할 직원이 없어서 머리 아파하던 중, 손 사원은 수료증을 PDF 파 일로 만들어서 수강생들의 메일로 보내주는 프로그램을 만들면 어떨까 하는 생각이 스쳐 지나갔 습니다.

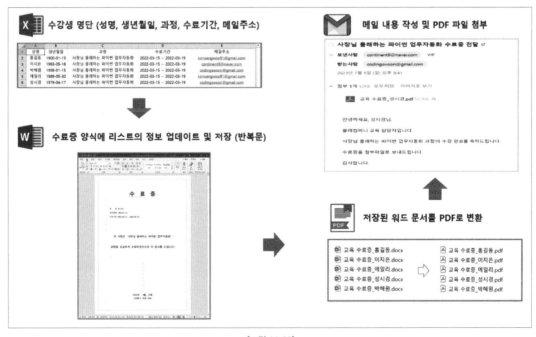

[그림 11-20]

문제해결에 필요한 조건을 정리해 보겠습니다. 프로그램을 간단히 도식화해 보았습니다.

- 기존에 작성된 수강생 명단 엑셀 파일 준비 및 해당 내용 참조
- 기존에 작성된 수료증 양식에 엑셀 파일의 내용들을 업데이트(수강생 수만큼 반복)

- 워드 파일 저장 및 PDF로 변환

- 수강생에게 PDF 파일 첨부 메일 발송

- 사용 라이브러리: openpyxl, python-docx, docx2pdf, os, smtp, email

4.6절의 연습하기에서 다루었던 내용은 엑셀 시트에 정리되어 있는 수강생의 이름, 생년월일, 수강 날짜 등을 워드 파일의 정해진 수료증 양식에 맞춰 작성하고 저장하는 것이었습니다. 이에 대한 내용은 동일하므로 설명 없이 넘어가도록 하겠습니다.

```python
# 워드 작성 및 PDF 변환 관련 패키지 import
from docx import Document
from docx.oxml.ns import qn
from docx.shared import Pt
from openpyxl import load_workbook
from docx2pdf import convert


# 기존 양식 불러오기
doc = Document('교육 수료증.docx')


# 스타일 적용하기 (글꼴, 크기)
style = doc.styles['Normal']
style.font.name = '맑은 고딕'
style.font.size = Pt(11)
style._element.rPr.rFonts.set(qn('w:eastAsia'), '맑은 고딕')


# 수강생 명단 엑셀 파일 불러오기
wb = load_workbook("수강생 명단.xlsx")
ws = wb.active

# 엑셀 명단 참고하여 워드 문서 수정 (반복문)
for i in range(ws.max_row):
    name = ws.cell(row=i+1, column=1).value
    birth = ws.cell(row=i+1, column=2).value


    if i != 0:
        # 성명 수정
        p = doc.paragraphs[3]
        p.style = style
```

```
        p.text = '성    명: ' + name

        # 생년월일 수정
        p = doc.paragraphs[4]
        p.style = style
        p.text = '생년월일: ' + str(birth)[:10]

        # 저장
        word_filename = f'교육 수료증_{name}.docx'
        doc.save(word_filename)

        # Word 파일을 PDF로 변환
        pdf_filename = f'교육 수료증_{name}.pdf'
        convert(word_filename, pdf_filename)
```

프로세스의 명확한 구분을 위해서 메일 보내는 데에 관련된 모듈 import 코드를 아래에 두었습니다.

사실 해당 내용도 Chapter 7. 메일에서 다루었던 내용이므로 메일 본문과 첨부 파일 이름을 수강생 명단 엑셀 파일을 참조해서 작성하는 것만 주의해서 보시면 큰 어려움 없이 코드를 이해하실 수 있을 것입니다.

```
# 관련 모듈, 클래스 불러오기
import os
import smtplib
from email.header import Header
from email.mime.base import MIMEBase # 메일 내용과 첨부 파일을 담는 포맷 클래스
from email.mime.text import MIMEText # 메일 내용 작성 관련 클래스
from email.mime.application import MIMEApplication # 파일 첨부 관련 클래스

# 각 메일의 SMTP 서버를 dictionary로 정의
smtp_info = {
    'gmail.com': ('smtp.gmail.com', 587),
    'naver.com': ('smtp.naver.com', 587),
    'outlook.com': ('smtp-mail.outlook.com', 587),
}
```

```python
# 메일 보내는 함수 정의 (발신 메일, 수신 메일, 제목, 본문, 첨부파일 경로, 비밀번호)
def send_email(sender_email, receiver_emails, subject, message, attachments=(),
password='', subtype='plain'):

    # 멀티 파트 포맷을 객체화
    mail_format = MIMEBase('multipart', 'mixed')

    # 입력한 이메일 주소, 제목, 본문 등을 암호화하여 메일 형식으로 입력
    # 발신 메일을 포맷에 입력
    mail_format['From'] = sender_email
    # list에 담긴 수신 메일들을 ','로 이어붙여서 하나의 문자열로 변환
    mail_format['To'] = ', '.join(receiver_emails)
    # utf-8로 인코딩 후, Header 모듈로 메일 제목 입력
    mail_format['Subject'] = Header(subject.encode('utf-8'), 'utf-8')
    # 메일 본문 인코딩
    message = MIMEText(message.encode('utf-8'), _subtype=subtype, _charset='utf-8')
    mail_format.attach(message) # 인코딩한 본문 mail_format에 입력

    # 여러 개의 파일을 하나씩 첨부
    for file_path in attachments:
        # 파일 이름을 경로에서 분리 (첨부 시, 파일명으로 사용)
        folder, file = os.path.split(file_path)
        # 첨부 파일 열기
        with open(file_path, 'rb') as file_obj:
            attachment_contents = file_obj.read()
        # 첨부 파일을 MIMEApplication 클래스로 감싸고 인코딩
        attachment = MIMEApplication(attachment_contents, _subtype=subtype)
        filename = Header(file, 'utf-8').encode()
        attachment.add_header('Content-Disposition', 'attachment', filename=filename)
        # 멀티 파트에 첨부파일 추가
        mail_format.attach(attachment)

    # 발신인 메일 종류에 따라 TLS/SSL 구분 및 SMTP 서버 접속
    # 발신인 메일 주소의 @를 기준으로 username과 host로 나눔
    username, host = sender_email.rsplit("@",1)
    # 앞에서 만든 dict를 이용해서 host와 port 정보들을 받아옴
    smtp_server, port = smtp_info[host]
```

```python
# SMTP 서버 접속
if port == 587:
    smtp = smtplib.SMTP(smtp_server, port)
    rcode1, _ = smtp.ehlo()
    rcode2, _ = smtp.starttls()
else:
    smtp = smtplib.SMTP_SSL(smtp_server, port)
    rcode1, _ = smtp.ehlo()
    rcode2 = 220
if rcode1 != 250 or rcode2 != 220:
    smtp.quit()
    return '연결에 실패하였습니다.'

# SMTP 서버 로그인 및 작성된 메일 보내기
smtp.login(sender_email, password)
smtp.sendmail(sender_email, receiver_emails, mail_format.as_string())
smtp.quit()
```

웹로그(.txt) 파일 파싱하여
CSV 파일로 저장하기

몰래컴퍼니의 전산지원팀은 회사 홈페이지에 들어오는 웹로그 파일을 관리하고 있습니다. 전산지원팀에서는 이 웹로그 파일을 분석해서 하루 단위로 트래픽 분석을 하려고 하는데 해당 기능을 지원하는 툴 개발을 손 사원에게 요청했습니다. 손 사원은 해당 웹로그 파일의 샘플을 받아 형태를 분석하고 필요한 데이터를 파싱하는 툴 개발을 기획했습니다.

아래는 전산지원팀으로부터 받은 웹로그 파일의 형태입니다.

[그림 11-21]

웹로그 파일(.txt)의 형태가 굉장히 복잡해 보이는데 아래와 같은 정보로 구성되어 있습니다. 처음에 있는 192.168.0.1에 대한 정보를 분리해 보겠습니다.

- IP 주소(Client IP Address): 192.168.0.11

- 시간 정보(Timestamp): 16/Jul/2023:15:30:21

- 요청 메소드(Request Method): GET

- 요청된 리소스(Requested Resource): /Images/logo.png

- 상태 코드(Status Code): 200

- 참조 페이지(Referring Page): http://example.com/home

- 사용자 에이전트(User Agent): Mozilla/5.0 (Windows NT 10.0; Win64; x64)
  AppleWebKit/537.26 (KHTML, like Gecko) Chrome/91.0.4472.164 Safari/537.36

위와 같은 정보가 IP, 날짜, 시간별로 대량 있는 로그 파일입니다. 이번에 다룰 웹로그 파일은 연습용 파일로 Chat GPT를 통해 임의로 구성한 것입니다. 해당 파일을 활용하여 작성한 프로그램의 콘셉트는 아래와 같습니다.

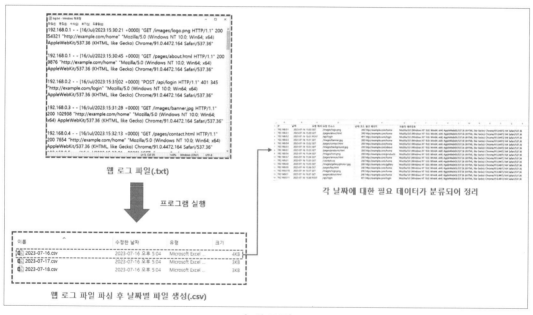

[그림 11-22]

- 웹로그 파일(.txt)에는 날짜/시간별로 로그 정보가 기록되어 있음.

- 파싱(parsing)이 필요한 정보는 위에 정리한 내용을 따름.

- 날짜별로 파일이 분리되어야 하며, 각 파일에는 필요한 데이터가 열별로 정리되어 기록됨.

- 파이썬의 표준 라이브러리 중 csv 모듈과 datetime 모듈을 활용함.

마찬가지로 각 step별로 코드를 작성해 보겠습니다.

step 1 필요한 모듈 import

[코드]

```
from datetime import datetime
import csv
```

이번 프로젝트에는 datetime 모듈과 csv 모듈을 사용합니다. datetime 모듈은 웹로그에 기록되어 있는 시간을 다른 형식으로 바꾸기 위해 사용합니다. csv 모듈은 날짜별 로그 파일을 정리해서 csv 파일로 저장하는 용도로 사용합니다.

step 2 웹로그 파일(.txt)의 각 행을 리스트로 저장

[코드]

```
# 웹로그 파일의 각 행을 리스트로 저장
def read_log_file(fpath):
    logs = [] # 로그를 한 줄씩 리스트로 저장하는 코드
    with open(fpath, 'r') as file:
        for line in file:
            logs.append(line.strip())
    return logs
```

step 2에서 작성한 코드는 read_log_file이라는 함수입니다. 이 함수는 웹로그 파일(.txt)의 경로를 입력으로 받아서 각 라인을 리스트로 저장합니다. 웹로그의 한 줄이 1개의 리스트가 됩니다. 이렇게 말씀드리면 감이 안 오실 수 있으니 위 함수를 직접 실행해 보겠습니다.

[코드]

```
fpath = r"C:\Users\...\실전프로젝트\웹로그 파싱\log.txt" # 웹로그 경로
logs = read_log_file(fpath) # 함수 실행
for one_line in logs: # 함수의 결과가 리스트이므로 for문을 통해 출력
    print(one_line)
```

[결과]

```
192.168.0.1 - - [16/Jul/2023:15:30:21 +0000] "GET /images/logo.png HTTP/1.1"
200 54321 "http://example.com/home" "Mozilla/5.0 (Windows NT 10.0; Win64; x64)
```

```
AppleWebKit/537.36 (KHTML, like Gecko) Chrome/91.0.4472.164 Safari/537.36"

192.168.0.1 - - [16/Jul/2023:15:30:45 +0000] "GET /pages/about.html HTTP/1.1"
200 9876 "http://example.com/home" "Mozilla/5.0 (Windows NT 10.0; Win64; x64)
AppleWebKit/537.36 (KHTML, like Gecko) Chrome/91.0.4472.164 Safari/537.36"
...<생략>
```

함수를 실행하여 리턴된 결과를 for 반복문을 통해 출력해 보면 각 웹로그의 1줄이 순서대로 출력되는 것을 확인하실 수 있습니다.

step 3 웹로그에서 필요한 정보를 추출하여 저장하는 함수

먼저 코드를 작성하기 위해 step 2에서 결과로 출력된 웹로그 한 줄을 가져와 보겠습니다.

```
192.168.0.1 - - [16/Jul/2023:15:30:21 +0000] "GET /images/logo.png HTTP/1.1"
200 54321 "http://example.com/home" "Mozilla/5.0 (Windows NT 10.0; Win64; x64)
AppleWebKit/537.36 (KHTML, like Gecko) Chrome/91.0.4472.164 Safari/537.36"
```

파이썬으로 위 로그 파일과 같은 문자열(텍스트)을 파싱하기 위해서는 먼저 웹로그의 형태를 확인해야 합니다. 프로젝트 서론에서 설명했던 필요 정보들을 가지고 위 로그를 분리해 보겠습니다.

[그림 11-23]

위 그림에서 보시다시피 프로그램에서 읽어와야 할 정보를 표시해 보았습니다. 파이썬으로 필요한 정보를 분리하여 읽어오려면 먼저 문장 구조를 확인하고 규칙을 찾아야 합니다. 위 웹로그의 경우 복잡해 보이지만 필요한 정보들 사이에 공백(space)으로 구분되어 있음을 알 수 있습니다. 파이썬의 문자열 처리 함수인 split( )을 통해 분리하여 출력해 보겠습니다. split( )은 괄호 안의 문자를 기준으로 문자열을 분리하여 리스트화하는 함수입니다. **3.10** 참고상자에서도 다룬 적이 있는 내용

이니 필요하신 분은 참고해 주세요.

[코드]

```
fpath = r"C:\Users\...\실전프로젝트\웹로그 파싱\log.txt" # 웹로그 경로
logs = read_log_file(fpath) # 함수 실행
for one_line in logs: # 함수의 결과가 리스트이므로 for문을 통해 출력
    print(one_log.split(' '))
```

[결과]

```
['192.168.0.1', '-', '-', '[16/Jul/2023:15:30:21', '+0000]', '"GET', '/images/logo.
png', 'HTTP/1.1"', '200', '54321', '"http://example.com/home"', '"Mozilla/5.0',
'(Windows', 'NT', '10.0;', 'Win64;', 'x64)', 'AppleWebKit/537.36', '(KHTML,', 'like',
'Gecko)', 'Chrome/91.0.4472.164', 'Safari/537.36"']
['']
['192.168.0.1', '-', '-', '[16/Jul/2023:15:30:45', '+0000]', '"GET', '/pages/about.
html', 'HTTP/1.1"', '200', '9876', '"http://example.com/home"', '"Mozilla/5.0',
'(Windows', 'NT', '10.0;', 'Win64;', 'x64)', 'AppleWebKit/537.36', '(KHTML,', 'like',
'Gecko)', 'Chrome/91.0.4472.164', 'Safari/537.36"']
['']
…
<생략>
```

결과 데이터가 많으므로 앞 2개의 웹로그만 표시해 보았습니다. 그런데 ['']와 같은 이상한 데이터가 보이시나요? 원본 웹로그 파일에 공백이 있는 줄은 아무 데이터가 없기 때문에 빈 공백이 1개 요소로 있는 리스트가 생성된 것입니다. 이 부분은 조건을 걸어 생략하시면 됩니다.

각 리스트의 요소를 보시면 IP(192,168.0.1)와 같이 그대로 리스트 요소를 사용하면 되는 데이터도 있지만 [16/JUL/2023:15:30:45나 "GET 과 같이 필요 데이터 이외에 다른 문자가 들어가서 사전 처리가 필요한 경우도 있습니다. 위 조건들을 고려하여 log_parser라는 함수를 작성합니다. log_parser 함수는 step 2의 결과 리스트를 입력으로 받아서 필요한 정보만을 추출하는 함수입니다.

[코드]

```
# 웹로그 parser, 필요한 정보만을 추출하여 리스트로 저장
def log_parser(log_list:list):
    parser_list=[] # 최종 결과 저장을 위한 빈 리스트 생성
    for one_line in log_list:
```

```
            line_info = [None] * 7 # 필요한 정보 저장을 위한 배열 생성(size=7)
            split_data = one_line.split(' ') # 공백을 기준으로 split

            if len(split_data) == 1: continue # 빈 줄일 경우 루프 건너뛰기

            # 필요한 정보 추출
            ip = split_data[0].replace(' ',"") # 공백 제거

            date = split_data[3].replace("[","") # 날짜 괄호 [ 제거
            date_obj = datetime.strptime(date,"%d/%b/%Y:%H:%M:%S") # 웹로그의 날짜 형태
            date = date_obj.strftime("%Y-%m-%d %H:%M:%S") # 2023-07-16 15:30:21 형태로 변환

            get_post = split_data[5].replace('"',"") # 큰따옴표(") 제거
            request = split_data[6] # 요청 메소드
            status_code = split_data[8].replace('"',"") # 큰따옴표(") 제거
            referring = split_data[10].replace('"',"") # 참조 페이지
            user_agent = ' '.join(split_data[11:]).replace('"',"") # 공백으로 구분하여 join
            # 한 줄씩 정보를 리스트에 저장(line_info)
            line_info = [ip, date, get_post, request, status_code, referring, user_agent]

            parser_list.append(line_info) # 각 라인을 결과 리스트에 추가
            print(line_info) # 한 줄 출력
    return parser_list
```

[결과]

```
['192.168.0.1', '2023-07-16 15:30:21', 'GET', '/images/logo.png', '200', 'http://
example.com/home', 'Mozilla/5.0 (Windows NT 10.0; Win64; x64) AppleWebKit/537.36
(KHTML, like Gecko) Chrome/91.0.4472.164 Safari/537.36']
['192.168.0.1', '2023-07-16 15:30:45', 'GET', '/pages/about.html', '200', 'http://
example.com/home', 'Mozilla/5.0 (Windows NT 10.0; Win64; x64) AppleWebKit/537.36
(KHTML, like Gecko) Chrome/91.0.4472.164 Safari/537.36']
…
<생략>
```

log_parser( ) 함수에서는 각 웹로그를 분리한 리스트 요소를 replace( ) 함수나 리스트 슬라이싱 기능을 통해 원하는 문자열만 추출하여 다시 리스트로 저장합니다.

중간에 날짜 "16/JUL/2023:15:30:45"의 형태를 "2023-07-16 15:30:21" 형태로 바꾸기 위해 datetime 모듈의 strptime( ) 함수와 strftime( ) 함수를 사용했습니다. 간단히 설명해 드리면 strptime( ) 함수는 괄호 안의 문자열을 원하는 형식에 맞게 객체로 반환합니다. 이 객체를 strftime( ) 함수를 통해 다른 형식으로 변경할 수 있습니다. strptime( ) 함수와 strftime( ) 함수에 대해서는 참고상자에서 짧게 다뤄보도록 하겠습니다.

step 4 날짜별로 분리하여 csv 파일 생성하기

step 3까지는 웹로그 파일(.txt)을 파싱하여 필요한 정보를 배열로 만드는 과정이었습니다. step 4는 이전까지 만든 배열 정보를 활용하여 실제 csv 파일에 정리하여 저장하는 코드입니다. 단순히, csv 파일에 나열하는 게 아니라 배열 정보의 날짜 정보를 활용해서 같은 날짜별로 분류하여 파일을 따로 저장합니다.

[코드]

```python
# 날짜별로 분리하여 csv 파일 생성
def write_csv_file(save_path:str, log_parse_data:list):
    day_info = return_day_info(log_parse_data) # 날짜 정보 저장
    for one_day in day_info: # 날짜별 반복 ex) 2023-07-17, 2023-07-18
        one_day_log = return_one_day_log(one_day, log_parse_data) # 날짜별 데이터 필터링
        save_fpath = save_path+'/'+one_day +'.csv' # 저장 경로 및 파일명 설정
        with open(save_fpath, 'w', newline='') as file: # csv 파일 쓰기 및 저장
            writer = csv.writer(file)
            writer.writerows(one_day_log)


# 웹로그 저장 배열에서 날짜 정보를 읽어옴(중복이 없는 날짜 배열)
def return_day_info(log_parse_data:list):
    day_list = [x[1] for x in log_parse_data] # 날짜, 시간 부분만 리스트 컴프리헨션
    day_list = [x.split(' ')[0] for x in day_list] # 날짜만 분리
    day_list = list(set(day_list))  # 중복 제거
    return day_list


# 날짜 문자열 정보를 입력으로 받아서 필요한 데이터만 분류하여 반환함.
def return_one_day_log(day:str, log_parse_data:list):
    one_day_log=[] # 날짜별 정보를 저장하기 위한 빈 리스트 생성
    for one in log_parse_data: # 웹로그 배열을 1개씩 반복
        if one[1].find(day) != -1: # 날짜가 같은 경우에만 실행 (-1: 날짜가 같음)
            one_day_log.append(one) # 결과 배열에 추가
```

```
one_day_log.insert(0, ['IP','날짜','요청 메소드','요청 리소스','상태 코드',
                       '참조 페이지','사용자 에이전트'])  # 제목 행 추가

return one_day_log
```

이번 step 4에서 작성하는 코드는 다른 부분과 다르게 크게 함수 3가지로 구분하였습니다. 복잡해 보이지만 잘 보시면 실제 실행해야 하는 코드는 첫 번째의 write_csv_file( ) 함수입니다. 남은 2개의 함수인 return_day_info( )와 return_one_day_log( )는 write_csv_file( ) 함수 내부에서 필요한 정보를 얻기 위해 사용되는 함수입니다. 먼저, 위 코드의 실행 코드 및 결과를 보시고 중요한 부분을 짚고 넘어가 보겠습니다.

[코드]

```
fpath = r"C:\...\실전프로젝트\웹로그 파싱\log.txt"  # 웹로그 경로
logs = read_log_file(fpath)  # 함수 실행
parser = log_parser(logs)  # log parser 함수 실행
write_csv_file(fpath, parser)  # log parsing 데이터 csv 파일 저장
```

[결과]

이름	수정한 날짜	유형	크기
2023-07-16.csv	2023-07-20 오후 10:39	Microsoft Excel ...	4KB
2023-07-17.csv	2023-07-20 오후 10:39	Microsoft Excel ...	3KB
2023-07-18.csv	2023-07-20 오후 10:39	Microsoft Excel ...	3KB

[그림 11-24]

코드를 실행하면 웹로그에 있는 데이터 날짜별로 csv 파일이 생성된 것을 확인할 수 있습니다. 각 csv 파일은 날짜별 웹로그 데이터를 저장하고 있습니다.

이번 step 4의 write_csv_file( ) 함수는 크게 3가지로 구분할 수 있습니다. return_day_info( ) 함수, return_one_day_log( ) 함수와 실제 csv 파일을 쓰고 저장하는 부분입니다.

1. return_day_info( )

return_day_info( ) 함수는 웹로그에서 추출해야 할 날짜 정보를 반환합니다. step 3의 결과인 parser data를 입력으로 하여 그중 날짜 데이터만을 배열로 분리합니다. 그다음, set 자료형을 활용해 중복을 제거하여 파싱에 필요한 날짜 정보 배열을 읽어올 수 있습니다. 코드의 실행 결과는 아래와 같습니다. 리스트 컴프리헨션 구문과 set 자료형이 궁금하신 분들은 **11.4** 참고상자에서 소

개해 드린 적이 있으니 참고해 주세요.

[코드]

```
fpath = r"C:\...\실전프로젝트\웹로그 파싱\log.txt" # 웹로그 경로
logs = read_log_file(fpath) # 함수 실행
parser = log_parser(logs)
print(return_day_info(parser))
```

[결과]

```
['2023-07-17', '2023-07-16', '2023-07-18']
```

2. return_one_day_log( )

return_one_day_log( )는 날짜 정보와 웹로그 전체 배열을 받아와서 날짜에 맞게 필터링해 주는 함수입니다. 날짜 정보를 '2023-07-17'로 임의로 입력하여 함수 결과를 출력해 보겠습니다.

[코드]

```
fpath = r"C:\...\실전프로젝트\웹로그 파싱\log.txt" # 웹로그 경로
logs = read_log_file(fpath) # 함수 실행
parser = log_parser(logs) # log parser 함수 실행
# return_one_day_log 함수 직접 실행
day_filter = return_one_day_log(day='2023-07-17', log_parse_data = parser)
for one_line in day_filter: # day filter 한 줄씩 출력
    print(one_line)
```

[결과]

```
['IP', '날짜', '요청 메소드', '요청 리소스', '상태 코드', '참조 페이지', '사용자 에이
전트']
['192.168.0.1', '2023-07-17 09:12:34', 'GET', '/images/logo.png', '200', 'http://
example.com/home', 'Mozilla/5.0 (Windows NT 10.0; Win64; x64) AppleWebKit/537.36
(KHTML, like Gecko) Chrome/91.0.4472.164 Safari/537.36']
['192.168.0.2', '2023-07-17 09:15:18', 'GET', '/pages/about.html', '200', 'http://
example.com/home', 'Mozilla/5.0 (Windows NT 10.0; Win64; x64) AppleWebKit/537.36
(KHTML, like Gecko) Chrome/91.0.4472.164 Safari/537.36']
...
<생략>
```

결과는 csv 파일에 쓰일 형태 그대로 출력됩니다. 함수의 입력인 day에 '2021-07-17'을 입력했기 때문에 전체 웹로그 데이터 중 '2023-07-17'의 데이터만 필터링되어 출력됩니다. 함수 내부에서 날짜를 비교하는 방법은 파이썬 문자열 처리 함수인 find( )를 사용했습니다. find( )는 해당 문자열에 찾고자 하는 문자가 있다면 그 위치(인덱스)를 반환하고, 없다면 -1을 반환합니다. 아래는 find( )의 예시 코드입니다.

[코드]

```python
date_str1 = '2023-07-17 09:53:00'
date_str2 = '2023-07-18 09:44:00'
find_date = '2023-07-17' # 찾고자 하는 날짜
print("str1 : ", date_str1.find(find_date)) # 있으면 인덱스 출력
print("str2 : ", date_str2.find(find_date)) # 없으면 -1 출력
```

[결과]

```
str1 : 0
str2 : -1
```

3. csv를 쓰고 저장하는 부분

write_csv_file( ) 함수의 마지막 부분은 실제 데이터를 csv 파일에 작성하고 저장하는 코드입니다.

먼저 해당 코드 블록을 다시 가져와 보겠습니다.

[코드]

```python
with open(save_fpath, 'w', newline='') as file: # csv 파일 쓰기 및 저장
    writer = csv.writer(file) # csv 파일 writer 객체 생성
    writer.writerows(one_day_log) # 리스트를 파일에 씀
```

위 코드를 한 줄씩 분해하여 차례대로 설명해 보겠습니다.

① `with open(save_fpath, 'w', newline='') as file:` # csv 파일 쓰기 및 저장
  - with open(...): 파일을 열고 작업을 수행하는 경우 사용합니다. 파일을 열고 닫는 작업에는 필수적으로 파일을 닫는 코드를 작성해야 합니다. 'with' 구문을 사용하면 파일 닫기 코드를 명시하지 않아도 작업이 끝나면 자동으로 파일을 닫습니다.

- save_fpath : 저장할 파일의 경로 및 파일명
- 'w' : 파일을 쓰기 모드로 열 것을 의미함. 파일이 이미 존재한다면 덮어씀.
- newline='' : csv 파일을 쓸 때 줄 바꿈 처리 옵션 지정. window에서는 ''를 기본으로 설정해 주는 게 좋음.

② writer = csv.writer(file) # csv 파일 writer 객체 생성
- csv.writer( ) 함수를 사용하여 파일에 CSV 형식으로 데이터를 쓰기 위한 객체를 생성합니다.
- file : file은 ①에서 지정했던 파일 객체 'file'입니다.

③ writer.writerows(one_day_log) # 리스트를 파일에 씀
- writerows( ) : 여러 개의 행을 파일에 한 번에 쓸 때 사용함.
- one_day_log : "2) return_one_day_log"의 결과인 2차원 리스트

[전체 코드]

```python
from datetime import datetime
import csv

# 웹로그 파일의 각 행을 리스트로 저장
def read_log_file(fpath:str)->list:
    logs = [] # 로그를 한 줄식 리스트로 저장하는 코드
    with open(fpath, 'r') as file:
        for line in file:
            logs.append(line.strip())
    return logs


def convert_day(str_data:str):
    date_obj = datetime.strptime(str_data, "%d/%b/%Y:%H:%M:%S")
    formatted_date = date_obj.strftime("%Y-%m-%d %H:%M:%S")
    return formatted_date #2023-07-16 15:30:21 형태로 변환


# 웹로그 parser , 필요한 정보만을 추출하여 리스트로 저장
def log_parser(log_list:list):
    parser_list=[] # 최종 결과 저장을 위한 빈 리스트 생성
    for one_line in log_list:
        line_info = [None] * 7 # 필요한 정보 저장을 위한 배열 생성(size=7)
        split_data = one_line.split(' ') # 공백을 기준으로 split
```

```python
        if len(split_data) == 1: continue # 빈 줄일 경우 루프 건너뛰기

        # 필요한 정보 추출
        ip = split_data[0].replace(' ',"") # 공백 제거

        date = split_data[3].replace("[","") # 괄호 "[" 제거
        date_obj = datetime.strptime(date,"%d/%b/%Y:%H:%M:%S") # 웹로그의 날짜 형태
        date = date_obj.strftime("%Y-%m-%d %H:%M:%S") # 2023-07-16 15:30:21 형태로 변환

        get_post = split_data[5].replace('"',"") # 큰따옴표(") 제거
        request = split_data[6] # 요청 메소드
        status_code = split_data[8].replace('"',"") # 큰따옴표(") 제거
        referring = split_data[10].replace('"',"") # 참조 페이지
        user_agent = ' '.join(split_data[11:]).replace('"',"") # 공백으로 구분하여 join
        line_info = [ip, date, get_post, request, status_code, referring, user_agent]

        parser_list.append(line_info) # 각 라인을 결과 리스트에 추가
    return parser_list

# 웹로그 저장 배열에서 날짜 정보를 읽어옴(중복이 없는 날짜 배열)
def return_day_info(log_parse_data:list):
    day_list = [x[1] for x in log_parse_data] # 날짜, 시간 부분만 리스트 컴프리헨션
    day_list = [x.split(' ')[0] for x in day_list] # 날짜만 분리
    day_list = list(set(day_list)) # 중복 제거
    return day_list

# 날짜 문자열 정보를 입력으로 받아서 필요한 데이터만 분류하여 반환함.
def return_one_day_log(day:str, log_parse_data:list):
    one_day_log=[] # 날짜별 정보를 저장하기 위한 빈 리스트 생성
    for one in log_parse_data: # 웹로그 배열을 1개씩 반복
        if one[1].find(day) != -1: # 날짜가 같은 경우에만 실행(-1: 날짜가 같음)
            one_day_log.append(one) # 결과 배열에 추가
    one_day_log.insert(0, ['IP', '날짜', '요청 메소드', '요청 리소스',
                    '상태 코드', '참조 페이지', '사용자 에이전트']) # 제목 행 추가
    return one_day_log

# 날짜별로 분리하여 csv 파일 생성
def write_csv_file(save_path:str, log_parse_data:list):
```

```
        day_info = return_day_info(log_parse_data) # 날짜 정보 반환(csv 생성 대상)
        for one_day in day_info: # 날짜별 반복 ex) 2023-07-17, 2023-07-18
            one_day_log = return_one_day_log(one_day, log_parse_data) # 날짜별 데이터 필터링
            save_fpath = save_path+'/'+one_day +'.csv' # 저장 경로 및 파일명 설정
            with open(save_fpath, 'w', newline='') as file: # csv 파일 쓰기 및 저장
                writer = csv.writer(file) #
                writer.writerows(one_day_log)


if __name__ == '__main__':
    fpath = r"C:\...\실전프로젝트\웹로그 파싱\log.txt" # 웹로그 경로
    logs = read_log_file(fpath) # 함수 실행
    parser = log_parser(logs)
    write_csv_file(fpath, parser)
```

 ## datetime 모듈의 strftime( ) 함수와 strptime( ) 함수

파이썬의 datetitme은 날짜와 시간 데이터를 처리할 수 있는 내장 모듈입니다. datetime 모듈에서는 날짜와 시간을 문자열로 변환하거나, 문자열을 다시 날짜와 시간 형태로 변환하는 2가지 함수가 있습니다. 바로 strptime( ) 함수와 strftime( ) 함수입니다.

1. strptime( ) 함수

strptime( ) 함수는 입력된 문자열을 정해진 형식에 맞게 파싱하여 datetime 객체로 반환합니다. 이 datetime 객체는 strftime( ) 함수를 통해 다른 형태로 변환할 수 있습니다.

[코드]

```
from datetime import datetime

current_date = "2023-07-22" # 날짜 문자열
date_format = "%Y-%m-%d" # 날짜 형식

parsed_date = datetime.strptime(current_date, date_format)
print("현재 시간 : {}".format(parsed_date))    # 출력 : 2023-07-22 00:00:00 형태
print('변수 타입 : {}'.format(type(parsed_date)))
```

```
현재시간 : 2023-07-22 00:00:00
변수 타입 : <class 'datetime.datetime'>
```

결과에서 보시다시피 변수 타입이 datetime 객체인 것을 확인하실 수 있습니다.

2. strftime( ) 함수

strftime( ) 함수는 위에서 잠시 설명해 드렸지만 datetime 객체를 입력으로 받아서 원하는 다른 형태로 날짜를 출력할 수 있습니다.

[코드]

```
from datetime import datetime
current_date = datetime.now() # 현재 시간 datetime 객체로 저장
print('현재 시간 : {}'.format(current_date))
print('변수 타입 : {}'.format(type(current_date)))
date_format = "%Y/%m/%d %H시%M분%S초"
formatted_date = current_date.strftime(date_format)
print("형식 변경 : {}".format(formatted_date))
```

[결과]

```
현재 시간 : 2023-07-22 16:02:42.644080
변수 타입 : <class 'datetime.datetime'>
형식 변경 : 2023/07/22 18시50분06초
```

코드에서 current_data는 datetime 모듈의 now( )라는 함수를 통해 현재 시간 정보를 가지고 있습니다. 이때, 출력한 내용과 같이 변수 타입은 datetime의 객체가 됩니다. 이 객체에 대해서 strftime 함수(메소드)를 실행합니다. date_format은 변경할 형태의 날짜 형식 정보를 가지고 있습니다. 이 date_format을 통해 변경된 형식의 날짜 정보를 출력할 수 있습니다.

사장님 몰래하는 파이썬 업무 자동화
나만 알고 싶은 칼퇴 비법, 파이썬으로 컴퓨터 부려먹기

출간일	2024년 01월 12일	1판 1쇄

지은이	정용범, 손상우
펴낸이	김범준
기획·책임편집	임민정, 유명한
교정교열	양은하
편집디자인	나은경
표지디자인	이수경

발행처	(주)비제이퍼블릭
출판신고	2009년 05월 01일 제300-2009-38호
주 소	서울시 중구 청계천로 100 시그니쳐타워 서관 9층 949호
주문/문의	02-739-0739 **팩스** 02-6442-0739
홈페이지	http://bjpublic.co.kr **이메일** bjpublic@bjpublic.co.kr

가 격	32,000원
ISBN	979-11-6592-259-7(93000)

한국어판 © 2024 (주)비제이퍼블릭